DEBRIS

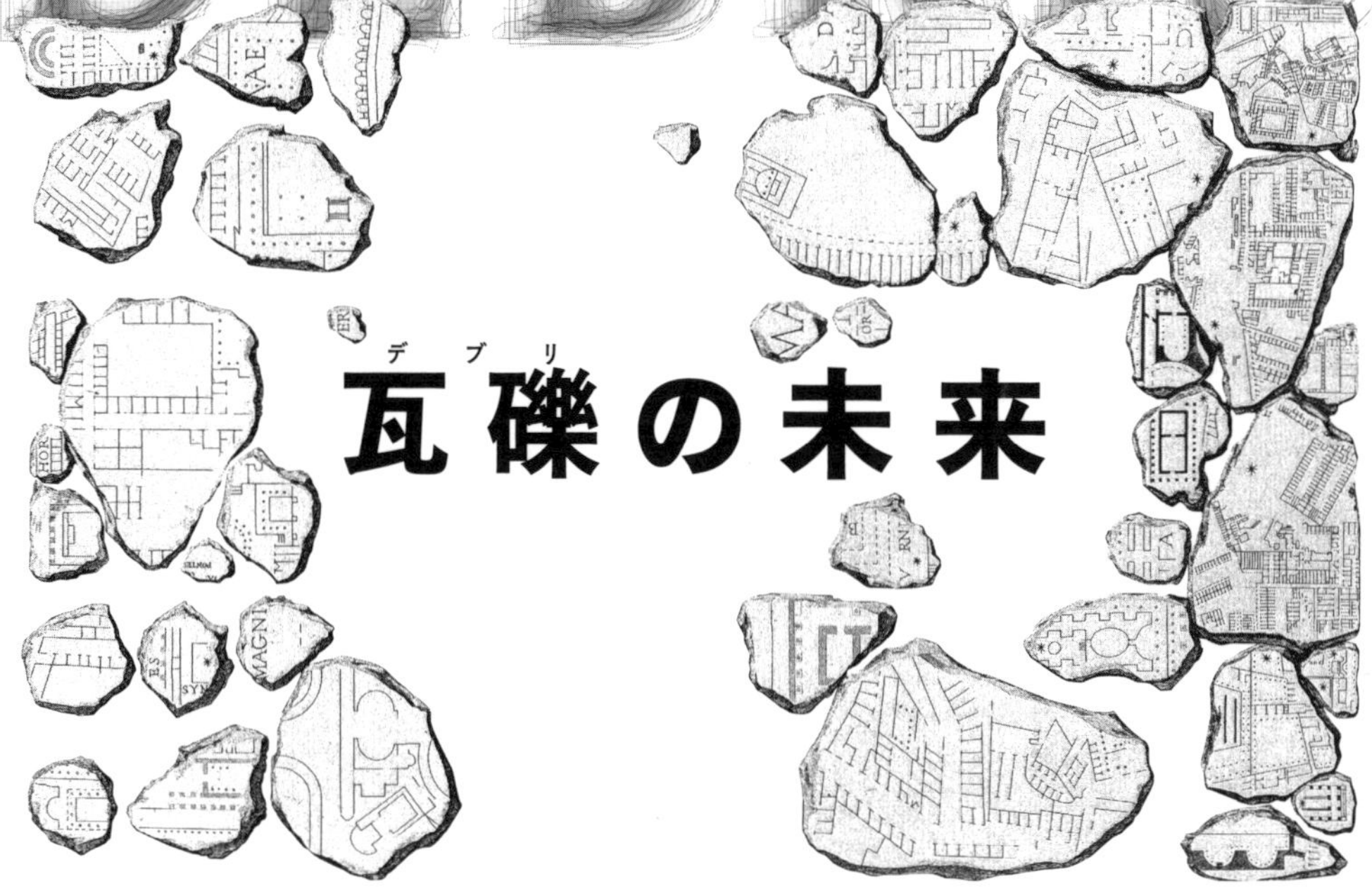

瓦礫《デブリ》の未来

磯崎新

Arata Isozaki

青土社

瓦礫《デブリ》の未来

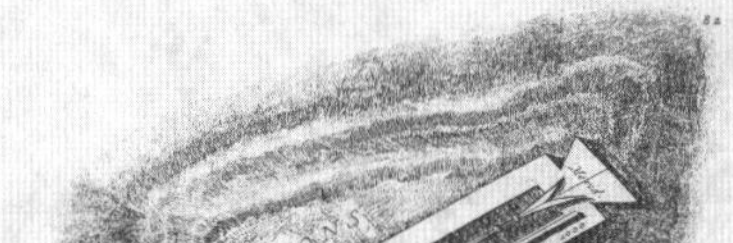

目次

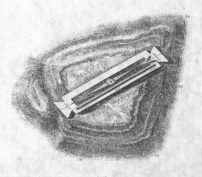

瓦礫《デブリ》の未来

縁起——序に代えて

実務的(建築家)であろうが学術的(研究者)であろうが、〈アーキテクチュア〉にかかわる仕事をするならば、アンドレア・パッラディオ(一五〇八—一五八〇年)を避けるわけにはいかない。この国ではカツラ(桂離宮)と対峙するようなものだ。カツラを問題構制したのは亡命者ブルーノ・タウト(一八八〇—一九三八年)であった。パッラディオを問題構制したのは、英国マンチェスターからコーネル大学に職を得て教職についたコーリン・ロウ(一九二〇—一九九九年)である。両者とも建築史的遺産となっていた建物を手がかりにして、近代建築を批判する契機をつくった。近代建築の始祖であるマスターたちが一様に歴史主義を拒否し、それが教則のようになっていた二〇世紀の中期に、モダニズムそのものを内側から批判した。タウトは「日本的なるもの」への道筋をつけた。コーリン・ロウは、ル・コルビュジエでさえ、パラディアニズムの枠から逃れ得ないことを形式論理学的に証明した。

アンドレア・パッラディオ生誕五百年祭記念展が、ロイヤル・アカデミー・オブ・アーツ(ロンドン)とパッラディオ研究センター(ヴィチェンツァ)で開催された。このとき私は実行委員会のひとりとして両方での講演を依頼された。関係者は全員専門的な研究者である。ただひとり実務的な建築家であった。その頃までに、カツラを現代思想の一環として批評的に論考するアンソロジーを出版した（"Katsura la villa imperial" Electa, 2005）ので、同様な視点をかねてから表明していたパッラディオへの関心を整理する機会も得られるだろうと考えて承認してはあったが（パラディアニズムまで含めると、おそらく世界の建築関係書としてはトップの数になるだろう）、さて、まったく異なる視点が組みたて得るか。この展覧会を通じて理解できたのは、多くのヴィッラのプロトタイプを設計しても、完成したものは極小で、ほとんどアンビルト、中断、拒絶されていたことだ。最晩年の一〇年間には、もっぱらカエサルの『ガリア戦記』とポリビウスの『歴史』の挿画を描いており、領主や荘園主からの直接注文はなく、商人組合が寄り合いをするための小劇場つきの施設の設計ぐらいしか仕事はなく、残されたスケッチや図面はグランド・ツアーのために立ち寄ったイニゴ・ジョーンズに遺族が売り払ったらしい。この一部が大英図書館に残り、史上初めて日の目をみる。ドローイングの実物を目近かにみることができた。

二つのエッセイを書いた。

ヴィチェンツァのテアトロ・オリンピコと有度山に私が設計した楕円堂を比較して、パッラディオ論とした「ディオニュソス」（『演劇の思想　鈴木忠志論集成II』二〇一七年）。『ガリア戦記』と『歴史』の挿画を、戦闘配置図や夜営宿泊図から〈都市〉の原型が発生する過程の都市生成論へとつなぐ。その一部分はこのエッセイ集に先行する『偶有性操縦法』（青土社、二〇一六年）に未完のまま収録した。

一九七二年、文化大革命がまだ決着しない頃でも、考古学的発掘は続行された。湖南省長沙で始皇帝と同時代を生きたと思われる、馬王堆夫人の遺体が生けるような姿で発見された。周恩来が完全保存を指示し、極秘の処置がなされた。膨大な副葬品の数々は中国の文化史を書き換えるほどだった。この全発掘を収容する湖南省博物館を再編するコンペのプレゼンテーションが終わって室外にでたとき、「いま二〇メートルの津波が日本列島に向かっているようだ」と報告をうけた。中国時間二〇一一・三・一一午後二時。審査委員会にステルス戦闘機のようなデザインを説明した。「俺の航空母艦(都市)もつくってくれよ」が、委員長役をやったハンス・ホラインが残したコメントだった。この施設は中国共産党第一九次全国代表大会にあわせて仮オープンした。さらに二年が過ぎてそろそろ全館が完成する。ツナミ情報は長沙市には殆ど届かない。東京に戻れず流民生活となり、帰宅と同時に倒れた。ツナミの光景をTVでハラハラしながら繰り返しみた。心因性《ストレス》に違いあるまい。大動脈解離と診断された。瘤が発生しつつある。病床に伏り高熱で意識が朦朧とするなかで何かがうねる。マーラーの交響曲第十番《アダージョ》に違いない。ルツェルン音楽祭をアバドの指揮で成功させたヘフリガーが現れる。ARK NOVAのアイディアがうまれた。キルクークの現代美術館の相談にクルディスタンを訪れたとき、このあたりがARK神話の誕生地に違いあるまいと、その輪郭でシルエットをつくることを思いついたが、政治情勢が動かずに宙吊りになったことを思い出した。あらためてARKに挑戦してみよう。この度はニューマティック・ストラクチュアでどうか。アニッシュ・カプーアに電話する。キャスティングが成立。

　ARKの手がかりは、ルイジ・ノーノの『プロメテオ』初演の会場スケッチにある。彼と最後に逢ったのは、マッシモ・カッチャーリ、フランチェスコ・ダルコと一緒のディナー。癌が急速に進行していた。次に逢ったのは私の設計《デザイン》した墓(サン・ミケーレ島)の除幕式。ノーノは難曲『プロメテオ』においてARKを生き残りのメタフォアにしていた。そのスケッチが初演で具現されはしたが奴隷船にみえた。タルコフスキーの『ノスタルジア』で、カンピドリオの丘で焼身自殺する預言者を見守る群衆シーンは、大写しされるノーノの顔からはじまる。未亡人ヌーリア(シェーンベルクの長女)から託された秋吉台国際芸術村(日本初演)では、音源を浮遊させるような演奏会場を構成した。そして初演を指揮したアバドの縁で、三・一一救援プロジェクトであらためてARKを呼びだす。洪水(ツナミ)の跡に散乱する瓦礫《デブリ》、その未来。

ARKは生き物を生き永らえさせることのメタフォアである。漂着地点は何処か。どの仏教経典に記されているのだろう。華厳経に違いあるまい。マーラー交響曲第十番《アダージョ》が響いている。水没した都市が衛星写真のように輝いている。グリッドだ。街灯の列だろうか。意識がさまよっている。アラヤ識にあの水中都市は浮遊しているのだな。いや平清経が西方に傾く明月を求めて入水した豊前国柳浦沖の光景かも。九州地方の盲目の好事家が唱えていた消えた邪馬台国かもしれない。いや『第四間氷期』(安部公房)の水中実験都市では、ここで飼育された水中人間を、地球温暖化のあげく水没する人類の唯一の救済策にする話だった。『海底牧場』(アーサー・C・クラーク)の鯨牧場の境界パターンなのか。鯨が交尾のために年に一度だけ琉球の慶良間諸島に集合する。ここは補陀落ではないのか。四方に鳥居を建て密閉された虚船(補陀落船)、その姿が「那智参詣曼荼羅」に描かれていたな。南島へと流れる船に乗り込むのはミロク(弥勒《ミロク》菩薩)神、伊勢、鹿島の神々をひきつれている。ミロクとは「未来」を表象する徴《しるし》としてのカミだ。熊野沖に押しだされた虚船は琉球に漂着する。水底に向かって落下する。身動きできない。ウルトラマリンの液体のなかで意識がさまよう。拘束衣をまとわされてベッドにしばりつけられている。

——おわりましたよ。眠りこまないでください。

冠状大動脈にはじまり両頸動脈まで、三ヶ所目のステント・グラフト手術だった。覚醒しはじめた。

大津波のあと、大量の「巨大数《グレーターナンバー》」としか呼び得ない瓦礫《デブリ》をみた。意識を失った。無意識のさらにその下層にあるに違いないと想われるイメージが渦巻く世界をみた。〈イメージ〉が立ち現れたというべきか。覚醒してからその〈イメージ〉の存在がまとわりついた。補陀落山系の寺院のセンターには弥勒菩薩がいる。浙江省の寺院を巡って、それが「未来」であることを知った。瓦礫をみたことによって私のアラヤ識を埋める〈イメージ〉が立ち現れた。ここには文字《ロゴス》がない。形象《イメージ》だけが不定形に渦巻く。論理《ロゴス》を組み立てる意味も消えている。無意味？　ナンセンス。意味がないという意味だ。文字を記述する手の順序が狂いはじめた。ツクリとヘンが入れ替わる。簡略体ではない。声が聞こえない。〈イメージ〉だけがある。これが記号なのか。ふたたびウルトラマリンの溶液のなかを、泳ぐ。ロゴスとイメージの関係を媒介しているのは泳いでいる身体。まずは補陀落渡海を「もどく」ことにしよう。

脱東京流民
擬冬虫夏草
登記民琉球

回文を知人に送って沖縄に移住した。この地はいまだに占領下である。かつてこの南島列島は地域ごと、丘のうえに城《グスク》を構えた。構築のなされかたは、インドの神話に語られる補陀落山の形状を想わせる。歴史的には文珠、観音、阿弥陀が中心に位置したが、いまは弥勒になっている。すなわち「未来」仏。

「瓦礫《デブリ》の未来」と題した由縁である。

ジャン＝リュック・ゴダールにとって〈イメージ〉は言語《ロゴス》。歴史《ノスタルジア》が「モンタージュ」される。クリント・イーストウッドは黙って一線を越える。彼らと同世代の私は言語《ロゴス》の支配する西欧世界と、文字《ロゴス》が支配する中華世界の辺境〈間〉にいて、相補する論理《ロゴス》を〈イメージ〉＝形象に転位させる。「未来なんてない」と語りつづけたのに、外部の世界は「未来《ミライ》」＝弥勒《ミロク》ばかりだ。まだ麻酔から醒めていない。

I

ザハ、無念

1

訃報が伝えられて一週間後、ロンドンのセントラル・モスクで、ザハ・ハディドのための礼拝が行われた。通知には、レディは正装、ヘッドスカーフ着用、手足は露出しないこと、と注意書きがあった。

私は短いコトバだけを送った。

ザハ・ハディドへ

〈建築〉が暗殺された。

ザハ・ハディドの悲報を聞いて、私は憤っている。

三〇年昔、世界の建築界に彼女が登場したとき、瀕死状態にある建築を蘇生させる救い主があらわれたように思った。

彼女は建築家にとってはハンディキャップになる二つの宿命——異文化と女性——を背負っていたのに、それを逆に跳躍台として、張力の漲《みなぎ》るイメージを創りだした。ドラクロワの描いた三色旗にかわり、〈建築〉の旗をもかかげて先導するミューズのような姿であった。その姿が消えた、とは信じられない。彼女のキャリアは始まったばかりだったではないか。デザインのイメージの創出が天賦の才能であったとするならば、その建築的実現が次の仕事であり、それがいまはじまったばかりなのに、不意の中断が訪れた。

彼女の内部にひそむ可能性として体現されていた〈建築〉の姿が消えたのだ。はかり知れない損失である。

そのイメージの片鱗が、あと数年で極東の島国に実現する予定であった。ところがあらたに戦争を準備しているこの国の政府は、ザハ・ハディドのイメージを五輪誘致の切り札に利用しながら、プロジェクトの制御に失敗し、巧妙に操作された世論の排外主義を頼んで廃案にしてしまった。その迷走劇に巻き込まれたザハ本人はプロフェッショナルな建築家として、一貫した姿勢を崩さなかった。だがその心労の程ははかり知れない。

〈建築〉が暗殺されたのだ。

あらためて、私は憤っている。

ザハ・ハディドの訃報がＴＶニュースで流れたのは三月三一日。死因は心臓麻痺と伝えられた。

前々日、先制攻撃も可能になる「安保法制」関連法案が発効した。先制攻撃にはドローンを使うのだろうか、それとも暗殺隊を極秘に送り込むのだろうか、などと考えていた矢先のことだ。ザハはロンドン住まいだった。一〇年前にはこの地で、ロシアから逃亡していたリトビネンコなどが毒を盛られている。昨年プーチン政権からの逃亡者、レーシンがワシントンのホテルにて心臓麻痺で死亡したということも、メディアは類似の事件扱いにしている。私がイスラム世界とつき合うきっかけになったカタールの王子、シェイク・サウド・アルタニもロンドンに亡命中、やはり心臓麻痺で亡くなった。彼は若くして文化大臣となり、剛腕をふるい、イスラム美術館をはじめいくつものプロジェクトを立ち上げた人だったが、当然のこととして政敵をつくり、スキャンダルに巻き込まれた。ロンドン亡命後も、彼がアートフェアやオークション会場に姿をみせたことだけで、業界新聞のフロント記事になるほどだったが、会議中に心臓発作に襲われた。このときも陰謀説が流れた。私は家族から詳細を聞いていたので、心因性《ストレス》であったことは確実であり、ザハも同様に心因性《ストレス》の発作であっただろうと感じている。としても、まず、二〇一五年夏に新国立競技場案が「ゼロ・ベース」に戻され、次に「設計施工一貫方式」というアーキテクトの署名を必要としないシステムにより「撤退宣言」をせざるを得なくなったあげく、残務処理をめぐって日本政府と係争中であった。同じ政府が先制攻撃を可能にする「安保法制」関連法案を発効させた直後の悲報であり、戦争犠牲者第一号ではないかという陰謀論的推論が流れるほどに、これらの日付は符合している。

二〇一五年当時、『現代思想』誌に連載していた『偶有性操縦法』では、「安保法制」と「新国立競技場」問題にかかわる政治的な諸決定がメディアに向けて発表された日付が、何ものかに演出された如く符合していたことに気付いて、事態の発生を追いかけるように月代わりの報告をしたわけだったが、二〇一六年の三月末の「安保法制」発効と、ザハ・ハディドの悲報は、あらためてこの迷走劇の結末をひとつの証拠記事として全世界に通知することになった。その日付が年度替わりの最終日、翌日のエイプリル・フールの予定原稿が誤って配信されたのではないかと思うほど、あざやかに事件の幕引きがなされた。

「ザハ・ハディドへ」のなかで、私は「彼女は建築家にとってはハンディキャップになる二つの宿命を背負っていた」と説明した。異文化《カルチャー》と女性《ジェンダー》。このうち女性《ジェンダー》については、ザハのキャラクターについて知る人も多い。慇懃無礼でなりたっているようなジェントルマンの社会で、大川周明が『回教概論』でいうようにアラブ民族の「激昂しやすい」性質を、そのまま表情にあらわすだけでなく振る舞いにもみせたりする数々のエピソードなどは、いずれこの地の人々に語られるだろうから、もうひとつの異文化を背負っている私が軽々しく語る話ではない。むしろ近代社会をつくりあげた西欧文化にたいして、まずは受容することによって近代化をはじめざるを得なかった二つの異文化、「イスラム」と「わ」=倭=和をそれぞれ背景にせざるを得ないというこみいった関係に留意したうえで、私はザハ・ハディドの建築デザインの特性について語らねばならない。

なぜ私は「ザハ撤退」の最後の日までザハ・ハディドを擁護しつづけたのか。当初の「ザハ案」はとっくに反故になっていた。私は次段階では、基本設計案が改悪され、ダメになってしまったと考えていた。これが実施設計に廻され、精算結果が高騰《スパイラリング》したことが理由で廃案になった。ザハ事務所はその次段階でも設計の継続に意欲を示し、内閣総理大臣にその意向を伝える手紙を送りもした。首相がこれに目を通したかどうかは知らない。結果は「ゼロ・ベース」にさし戻す、つまり廃案とされたのであった。残務処理についてはいまだに係争中である。

日本政府と対立している相手は大組織事務所にふくれあがり、ほとんど多国籍企業のようなビジネスを継続している、設計事務を営業している法人組織である。ここではいま全世界で展開している何十というビッグプロジェクトをこなしており、この建築設計事務所は、ザハ・ハディドの名をエルメスやイヴ・サンローランのようなブランド名にしているに過ぎず、ファッション業界において、このようなブランドに雇われるアレクサンダー・マックイーンやジョン・ガリアーノのようなタレント・デザイナーの果たす役割はない。

不幸だったのは、建築設計業界の世界の国際的マーケット対応の後進性であって、ザハ・ハディドがこの両者、つまりブランド名とデザイナー名両役を引き受けていると、メディアや建築業界だけでなく、クライアントになった日本政府も同様に認識していたことであるまいか。

ザハ・ハディドは、家具やプロダクトのデザインもこなしていた、ガリアーノ程のタレントだった。ブランドのジバンシィで発表したマックイーンやクリスチャン・ディオールで発表したガリアーノのように、マーケットがその才能だけを買うことで世界が注目する革命的なデザインがうみ出される。

ポップ・ミュージックだけでなく、現代美術のようなマーケット・オリエンテッドなアートがうみだされてきたロンドンで学び、その地で独立し、アトリエを構えた。流行市場オリエンテッドな孵化装置のようでもあったロンドンのアンダーグラウンドからそのキャリアをはじめたことは注目されておいていい。私が彼女の宿命的ハンディキャップと呼んだもうひとつの異文化としてのイスラムが、この奇怪な坩堝のようなパンク世界と絡み合っていたことは容易に推定できるだろう。先ほど名前を出したロンドン下町育ちの悪ガキ達はファッション界のパンクであった。パリに拠点を置くファッション・ブランドを介して登場したのは、世界をパンク・ロックが席巻したことに併行していたともいえよう。建築のデザインにおいては、一九七〇年代にアルヴィン・ボヤルスキーが学長をしていた、かつては建築家徒弟養成学校であった「ＡＡスクール」がこの種の孵化器であった。ザハ・ハディドも一九七五年頃ここの学生であった。ちなみに私は一九七六年に、この「ＡＡスクール」で教えているピーター・クックが組織した連続シンポジウム「ラリー」❖に出席し、はじめて自分の仕事を総合的に講演する機会を得た。このときの個展資料を基にして、翌年、『Architectural Design』誌（一九七七年一月号）で私の特集号が組まれた（この号の表紙にはどうも私らしい東洋人の似顔絵が使われた。ヨーロッパ人の手によって描かれたらしく、目元や口元がモンゴル系ではなく、ヨーロッパ人種の特徴をもっている。線描きであったから、つい描法の癖がでたのであろう）。風変わりな東洋人が珍奇なデザインをやっている。それでもあの地では建築物として実

一九七六年七月に、ピーター・クックが主催するギャラリー「アート・ネット」において二週間に渡って開催された連続シンポジウム。レイナー・バンハム、ハンス・ホライン、ベルナール・チュミ、ヨナ・フリードマンほか多数が参加した。

現しているらしい。サワー・グレープス（すっぱい葡萄）と評されたことに私はひっかかった。どっちが負け惜しみをいっているというわけではなく、飛び上がらないと手が届かない東西文化の距離間だ。アーキグラムのメンバー達とパブに行って、シンガポール捕虜収容所からの帰還兵にからまれた。戦争に加わらなかったとはいえ、異文化の歴史を背負った極東からやってきたことを思い知った。このときザハ・ハディドは引き廻されていた私の近くにいたらしい。私が彼女に同情するのは、彼女がロンドンの非エスタブリッシュメントのポジションを堅持しているアルヴィン・ボヤルスキーの注目するひとりの学生であったとしても、私にとってはもうひとつの異文化であるイスラム世界から、オリエントのシュメール文化の発祥地あたりから、この地へ渡り、正統を自負しているパンク・アヴァンギャルドの強者たちのなかにいきなり取りこまれたわけだから、彼らに伍して競うにあたりいくつものハンディキャップを自ら噛みしめねばならなかったであろうことだ。

一九七〇年代の中期、私にとっては異文化であるイスラムについての知識は皆無であった。勿論、その一〇年前にシルクロードをたどる旅に出たので、イスラム圏の建築物はかなり訪れた。この頃関心を持っていたのは二つの文化が混ざり合って変成するときに成立した建築だ。アーグラ郊外にあるファテプール・シクリやアルハンブラや、セビリアの聖堂などは、この国の美術愛好家用の雑誌などに紹介したことがあったけれど、純粋結晶したようなタージマハルやイスタンブールのシナンの設計になるスレイマニアなどに立ち向かうと、たじろぐばかりで語ることもできないでいた。つまりイスラム的なものなど何もわかっていなかった。いま思い出してみれば、この列島の文化はすべて渡来した他国の文化が時間の経つ間に変成して「日本的なもの」になっていく、それ以上でも以下でもない。イスラム文化もそれが帝国へと拡張されていく途中で土着の何ものかと混淆し、変成されてハイブリッドとなり、キメラのような姿をみせる。

個人的には、受容変成過程で働いていたヴェクトルを反転させる。私が列島の外へと出向くのは、その地で出逢う異文化とあらためて別種の変成を起こすためだ。とするならば、他者たるその地の文化をまずは理解すべきとは分かっている。イスラムについては無知であることは自覚していた。

ナデル・アルダランというイラン出身の建築家に『MAN trans FORMS』展（一九七六年、ニューヨーク、クーパーヒューイット美術館）が準備されている過程で出逢った（ハンス・ホラインがコンセプチュアライザーをつとめ、エットレ・ソットサスと私が立ちあがりのキュレーションを行った）。当時のイランのパフラヴィー王朝で彼は建築活動をしていたが、イラン革命後はアメリカに移住し、イスラム建築をハーバード大学で講義した。現在はクウェート在住である。この展覧会はハンス・ホラインが構想してこだわったタイトルにあるように、今日「デザイン」と呼ばれている概念の根源にかかわるような展示を組み立てたものだった。しかし、バックミンスター・フラーやウンガースのような招待者に比較して、アルダランは場違いと思われるほどに実務的な建築家でありながら、自らデザインした仕事に目ぼしいものはみつからない。現代的なデザインのコンセプトを組み立てる気もない風だった。それでも、イスラム世界からその空間のコンセプトを視覚化できるとすれば彼だろう、と呼びこまれた人だった。

私はこの展覧会で、後に『間——日本の時空間』展のコンセプトの一部になる「はし」と題した部屋（「エンジェル・ケージ」）をデザインしたが、ナデル・アルダランは、みずからの部屋を「サチュレーション」と呼んだ。光線が散乱する世界がその究極の瞬間に過飽和状態に到達する。イスラムの装飾《アラベスク》も建築空間《ドーム》もコーランに描きだされているイメージも、その究極の一点に収斂する、と説明した。まるで華厳経の世界じゃないか。私に向かって、実はこんなコンセプトはイヅツ教授から学んだんだよ、とこっそり伝えた。はずかしいことに、私は井筒俊彦氏の著作を読んだことがなかった。折口信夫の著作は読みあさっていたけれど、イヅツ教授がそのすぐ横にいて、超人的な博学で人々を畏怖させるほどの仕事をやった人であるなど、街頭と建築現場をひたすら歩きまわっていた当時の私は知るよしもない。まだイラン革命の起きる前のことである。私の建築現場のひとつはパフラヴィー女王がらみのテヘラン中心部開発のマスタープラン制作で、ルイス・カーンと丹下健三の下でプロジェクト・アーキテクト風の役割を振り当てられていた。そこで両巨匠の柔和ではあるがテンションのかかった会話のすみずみを聞きもらすまいと、ヒアリング能力の乏しい耳をそばだてていたりした。といっても、両者はそれぞれの育ちの文化に発想の根拠は置いてはいてもモダニストであり、その口からイスラム文化についての見解は聞くことはなかった。光のみなぎる過飽和状態のイメージは、空《うつ》の世界へと収斂する「わ」＝倭＝和の文化にもっぱら発想の手がかりを捜そうとしていた当時の私にとっては、もうひとつの異文化を理解する、つまり列島にみなぎっているようにみえる「空《うつ》」のイメージの対極なるものが存在するのだ、と考える手がかりを与えてくれたようにも感じる。さらに一〇年近く遠まわりをしないと、ザハ・ハディドというかつてゾロアスター教(そしてツァラトゥストラ)がうまれた土地出身のひとつの個を私はみいだせない。

〔**附記**〕 ロンドンのザハ・ハディド事務所に送付した英文を以下に掲載する。

For Zaha Hadid.

Architecture has been assassinated.

Upon hearing the tragic news about Zaha Hadid, I became angry.

When she appeared in the world of architecture thirty years ago, I thought of her as the savior who would revive architecture from its moribund condition.

As an architect, she was fated to bear two handicaps – her culture and her gender – but she turned these into a launching pad for the creation of an image of diffused tension. Instead of the tricolor banner depicted by Delacroix, she raised the flag of architecture and guided us like the figure of a Muse. I cannot believe that figure has vanished. It seemed that her career had just begun. If we assume her creation of design imagery to be an innate talent, the next task is its architectural realization, which has been unexpectedly suspended despite having just begun.

The figure of architecture that she embodied as latent potential has vanished. It is an immeasurable loss.

There had been a plan to realize, several years from now, a glimpse of this imagery on an island nation in the Far East. However, the government of this country, as if preparing for a new war, used the imagery of Zaha Hadid as a trump card to attract people to the Olympic Games, but failed to control the project and discarded it due to a skillful manipulation of the xenophobia of public opinion. Zaha herself, caught up in this opportunistic drama, never compromised her integrity as a professional architect. But her level of anxiety is unimaginable.

It was an assassination of architecture.
Once again, I become angry.
Arata Isozaki
April 6, 2016

(Translation by Thomas Daniell)

2

「ザハ・ハディドへ」が、唐突に「〈建築〉が暗殺された」ではじめてあったのは、私なりのひそかな連想があったからだ。

ナデル・アルダランがおそらくテヘランのイラン王立研究所で学んだ、イヅツ教授による日本語の著作（私が読めるのはこの言語だけ）のなかで、教授がとりわけ情熱的《パッショネート》に記述しているアラムートの「山の老人」ハサン・サッバーフこそは暗殺の語源となる「暗殺団」の祖であった。❖ その教団イスマイル派の末裔で今日のイマームであるといわれているアガ・カーンの財団がある建築賞をはじめた。その一九九八年度の審査会にフレドリック・ジェイムソンと一緒に呼ばれたとき、ザハ・ハディドも同席していたことを思いだした。

テヘラン中心地区開発計画は、ルイス・カーンが一九七四年三月にニューヨークのモルグ（路上歩行者死体保管所）で発見されるという突発事故で中断された。ユダヤ人であるルイス・カーンは、イェルサレムで大きいシナゴークの提案もしたが、勿論アンビルトとなっていた。このときはバングラデシュの国会議事堂の建設現場を訪れた帰途にペンシルバニア・ステーションで心臓麻痺の発作に襲われ、通行人に身ぐるみ剥がされたらしく、身元不明の行き倒れ人としてモル

❖ 井筒俊彦「イスマイル派「暗殺団」——アラムート城砦のミュトスと思想」（『コスモスとアンチコスモス』、岩波書店、一九八九年）

グに移されたといわれている。この旅行の出発前、フィラデルフィアのアトリエにテヘラン開発計画の自筆スケッチを残しており、東京のURTECで私は丹下健三の指示に従い、両巨匠の水と油ほど違うコンセプトを無理やり合成するという無茶をやらざるを得ないはめに陥った。ともかくひとつのマスタープランらしく模型にしたりしたとはいえ、現地はイラン革命前夜に至り、混乱がはじまっており、まもなく仲介人であった国籍不明のディベロッパーは姿を消した。年譜をみると、この時期に井筒俊彦氏はギリギリまでテヘランに滞在されていた。

ナデル・アルダランはパフラヴィー王家と同じくアメリカに亡命した。ハリウッドでは、革命防衛隊に占領されたアメリカ大使館員の脱出物語が製作されたりしているが、❖かつての十字軍の末裔がつくりだした近代世界システムでは近代国家間戦争しか発想できないため、謀略エンターテインメントとなってしまい、たんなる異文化無理解に陥ってしまう。その文化的ひずみを真剣に思考していた知識人たちは、亡命するという受難の道を選ばねばならなかった。第二次世界大戦前夜、フランス知識人救済プログラムが最後に送った輸送船にはアンドレ・ブルトンと一緒にクロード・レヴィ=ストロースも乗っており、早くから移住していたマルセル・デュシャンと共に両名は、ニューヨークの下町で細々とプレ・コロンビア・アートの贋作を取り扱って鞘稼ぎして、戦争をしのいでいた。そう聞くと、流民と簡単にいうけれど実情は列島の住人である私たちが想像できないほどの困難であっただろう。

ともあれ、イスラム文化ともイスラム文化人とも深く知り合うこともできずに、それでも私は機会をみつけてはイスラム建築物を訪れる旅を繰り返した。テヘランのホテルで、後に『深夜特急』でベストセラーになった沢木耕太郎とも逢っている。彼がマカオのカジノにはじまり、バスを乗り継いでヨーロッパの果てまで流れる旅の途中であったことは、この旅行記の後半に

❖マイケル・ベイ監督『13時間 ベンガジの秘密の兵士』（二〇一六年）

くわしいが、私はそのときの旅ではアフガニスタンのバーミヤンの大仏を訪れ、テヘランからイスファハン、シラーズを経てニューヨークに渡り、できたばかりのＷＴＣの南棟の最上階のレストランに座った記憶がある。奇しくも二一世紀のはじまりの事件、それもタリバンとアルカイダによる巨大構造物の破壊の場所をその四半世紀前に順々に訪れていたことになるのだが、それにしてもイスラム文化を理解する手がかりさえつかめない有様だった。

当時、私は『間――日本の時空間』展（一九七八―一九八一年）で、近代科学が手がかりにしていたｎ次元の存在論とは違う、古代日本の事物間のギャップに立ち現れる「空《うつ》」の文化を感知させることに目標をしぼりこもうとしていた。しかし、その理論的根拠を探す手続きは容易なものではなく、物体や身体の展示・上演というかたちで観客の視聴覚にうったえることしかできていなかった。エキゾチックにはみえぬとしても、何やら秘教的異文化が透明性をもった理性の国に割り込もうとしているのではないかと疑念をもちながら、うーん、これもまた間＝ギャップのなせる事態かと戸惑いつづけている最中であった。

イヅツ教授が語るイスラム哲学が、私たち異文化を背負ったものに魅力的に思えるのは、イスラム正統の世界に育ったはずのナデル・アルダランにさえ目を見開かされるようだと映るほどに、外側にある異教がつくりあげてきた独自の哲学がこの正統の思想に混入し、変成し、イスラム的なものの根源を開示させながら、さらに異端が分岐し、過激化し、さらなる異端をつくりあげていくという、イスラム文化の内部にかつて幾度も繰り返されていた思想的展開についての該博な研究がなされているからだ。私は個人的に「スーフィー」の扱われかたに関心をもった。

中近東から地中海に向かって、私はその地の風土と建築物を含めての都市や集落の生成のされかたに興味をもち、ひたすら歩いていた。そのなかで、例えばギリシャ神話でさえ、プロメテオが岩山に閉じ込められたコーカサスの地とか、方舟の漂着したアララット山とか、ダイダロスの栖まうクノッソス宮殿の迷路が、サントリーニ島の大噴火に連動して出現したものであり、プラトンがこれを「アトランティス」大陸の存在の根拠にしているとか、ニーチェの呼びだすゾロアスター、つまりツァラトゥストラが東方の神ディオニュソスそのひとだったらしいということをまぜこぜにしており、澄明といわれるエーゲ海でさえ「非透明性の空間」(『エーゲ海の村と街』)(A.D.A. EDITA Tokyo、一九七三年)なのだと説明してはみた。とはいえ、イェルサレムの「涙の壁」につづく洞穴の奥に残る十字軍兵士の遺した落書きの痕跡に折り重なるように、黄金のモスクが覆い被さっている有様を直接目にすると、単に異文化の重層などと呑気に説明することもできずにおろおろするばかりであり、やっと地中海の西のはずれのアンダルシア、コルドバの大モスクにたどりついて、私の信ずることのない神が示現するのはこんな空間なのだとばかりに床にへたり込んでしまう。建設テクノロジーとしてみればロマネスクの技法でしかないとしても、砂漠のノマドであったが故に、視覚と聴覚に敏感となり、その頭脳にはさまざまな心象《イマージュ》が溢れかえっていると説明されるアラブ民族の心性が建築空間化されたと感じる。勿論、イスファハンやシラーズの散乱する光とはまったく異なって分節されながら氾濫する光線である。イヅツ教授が語るイスラーム神秘主義《スーフィズム》の極めつけは、このアンダルシア、コルドバ出身の二人の哲学者、イブン・ルシドとイブン・アラビーである。❖

東から西へとペルシャにはじまり、トルコ、エジプト、シチリア、モロッコ、そしてアンダルシアに至る西欧文明の周縁で、異教と合成反応が起こったらしい建築空間に私は興味をもっていた。とはいえ、これらの地ではすでに哲学の大物たちが奇矯に振る舞っていた。アレクサ

❖井筒俊彦『イスラム思想史——神学・神秘主義・哲学』(岩波書店、一九七五年)

ンドリアに住んだプロティノス、シチリア島東南部シラクサへの移住を試みたプラトン。異端審問にもかけられた偽書『アリストテレスの神学』のスコラ学的思考の地としてのコルドバにも興味を引かれた。とはいえ私は理由も説明できないまま、世間のシルクロードブームにひっかかるように中東から西へと建築的空間を感知したい一心で旅をしていたに過ぎない。その空間は、建物ができあがった時代の他の文明と連続していたであろうと察知はしたが、ここには私が若年期に学んだ古代の東洋的、そして近代の西欧的な文明とは異質の、いまはイスラムと呼ばれている文明が存在している。そしてこの地にはゆたかな建築的空間が今日でも息づいているにもかかわらず、極東のはずれの日本語か西欧近代が開発した論理か、その混用でしかその建築空間を説明しえず、たしかに私の身体が感知している何かが存在するとしてもコトバにできない。

　ノートをとることをやめ、不随意筋が反応する背中と足裏の感覚だけで記憶するしかあるまい。などとあきらめ加減だった頃に、イヅツ教授が示された「スーフィズム」に数々の神秘的伏線。古代インドのスタパッチャベーダ、華厳経の光の曼荼羅、ゾロアスターの秘儀、グノーシス、背教者ユリアヌスが雄牛の生血を浴びた儀式などなど。いっぽうでテンプル騎士団からフリーメイソンを介してフランス革命期の理神論に至り、他方ではロシア・アヴァンギャルド期のマレーヴィチのシュプレマティスムが「零の形態」へ到達する。もういっぽうでは胡《ペルシャ》人が拝火教《ゾロアスター》の儀式を日本列島に運んだ遺跡があることを手がかりに、バビロンの虜囚がパレスチナにもどる際にカスピ海北方の草原に分岐移住(降臨)し、朝鮮半島経由で倭となり、大和朝廷をつくりだしたとする荒唐無稽な偽高天原神話がうまれたりする。しかしながらイヅツ教授はこんな俗説には見向かずに、私たちが地上にできあがった建造物の内部空間をこそ「現実《リアル》」と考えるのにたいし、意識の深部に垂直に掘り下げて重層する層のすべてを「現実《リアル》」と考えられており、私たちが「リアル」と考えるのは哲学の世界においてはむしろ「実体」にたいして「偶有」と呼ばれるべき領域に属するのだと説かれる。

それだけでなく、テヘランから脱出帰国された頃に、「解体《デコンストラクション》」をいう哲学者としてジャック・デリダを紹介されていた（『デリダのなかの「ユダヤ人」』、一九八三年）。その一〇年ほど昔に私は当てずっぽうに『建築の解体』（一九七五年）といい、この国では「解体の世代」などとする流行語もうまれていたけれど、私の使った「解体《ディスマントル》」（dismantle）は、より「かたち」のイメージに偏重していたし、デリダの「解体《デコンストラクション》」はこの国で一〇年位かかってもまだ訳語が定まらず、たまたまデリダ本人に会う機会があったとき（日仏文化サミット、一九八四年）、私が日本訳が定まらず、サイマルの通訳ともども苦労しているというと、「デストラクチャリング」とでもいうべきだったのかな、と「間」を「エスパスマン」として解説してくれたときにつけ加えてくれたりしたこともあった。ともあれイヅツ教授は正確を期して、「解体《デコンストラクション》」を使われた。

時代はひっくるめてPOMO（ポストモダニズム）に流れる過程にあり、アルド・ロッシがファシズム期のイタリア合理主義建築をリアリズムとして解釈しているのにたいして、同じ合理主義建築をフォルマリズムとして扱う側に私はくくられており、社会制度化している「芸術《アート》」や「建築《アーキテクチュア》」の「反《カウンター》」を、ユートピアを指向する近代アヴァンギャルドが終わった後に模索する少数過激派《ラディカルズ》になっていた。一九三〇年代うまれ世代の世界同時多発的建築運動であった、デリダのいう「解体《デコンストラクション》」について、この国では、オリジナルの用法について注目する論者が多々あらわれはじめたとはいえ、その訳語はいまだにまちまちだった、翻訳でしか読むことのない建築界での議論レベルでは、思想用語、歴史用語はほとんど誤訳しかなく頼りにならず、理屈はいうな、実物で勝負せよという言説だけが主流になっていたくらいだった。いや、今日でもそれが主流であり、『偶有性操縦法』でも触れたように、国際的な勝負を避けて、「日の丸排外主義《ショーヴィニズム》」にこりかたまってしまう。

　つまり同じく「解体」をいう建築家ではあっても、私はデコンストラクションを正しく理解できていたわけではなく、ほとんど思いつきのレベルではじまった『間――日本の時空間』展では単に古代から徐々に慣習化していた振る舞いの現代的事例を羅列するにすぎなかった。とはいえ、事後的に、近代建築《モダン・アーキテクチュア》の教則本みたいになっていたジークフリード・ギーディオンの『空間・時間・建築』(一九四一年)の三文字がカントの三批判書では批判対象にされなかった三つの基体概念であり、『間――日本の時空間』展は建築的視点から自己言及的にこれを「デコンストラクション」したのだと、説明をしながら話題にできるようにはなっていた。「間」を建築的に実体化(デザイン)できるとは、この展覧会の組織者は考えてもみなかったのだった。

　建築デザイン界の流行には仕掛人がいる。POMOからDECONへと切り換えるにあたり、ニューヨークMOMAはかつて『Modern Architecture : International Exhibition』展(『近代建築展』、一九三二年)を組織し、『近代建築《モダン・アーキテクチュア》』(ヘンリー＝ラッセル・ヒッチコック、フィリップ・ジョンソン)をカタログとして出版したことにより、アート&アーキテクチュアのアヴァンギャルドのマンハッタンへの移植に成功し、モダニズムをまるごとアメリカン・スタイルへと収奪した輝かしい歴史がある。八〇年代に至りその再演を試みるべく、同じ仕掛人であるフィリップ・ジョンソンは『Deconstructivist Architecture』展(デコンストラクティヴィスト・アーキテクチュア展、一九八八年、フィリップ・ジョンソン、マーク・ウィグリー)を組織する。POMOが日本、ヨーロッパ(それぞれ建築的に歴史的遺産をもっている)の動きによって先行され、これが言語論的、記号論的な文化論を背景にしていたのにたいし、歴史的遺産には乏しいが、プラグマティズムを方法化できていたニューヨークのアーティストのうえに、ロシア・コンストラクティヴィズムとジャック・デリダのデコンストラクションを換骨奪胎する。そしてDECONというキメラがうまれた。

DECON、「脱構築主義建築」としてMOMAが奪権することになったこの建築展に最若年で選ばれたのがザハ・ハディドである。このとき展示されたプロジェクトは「香港ピーク案」(一九八二年)であり、香港島の山頂(ケーブルカーの終点の近く)の開発が国際コンペに出された。粗選りでは落とされていたなかから私が拾い出したので日の目をみたことになっているが、コンペ条件(与件)に完全に違反していたため、無理に選んだ審査員の一人であった私は、規約無視で訴訟するぞと脅されるはめにも陥った。にもかかわらずあえて押し切れたのは、この建築的ドローイングには、通念となっていた長い歴史をもつ近代建築の正統・アヴァンギャルド両者をふくめて表現されてきたすべての描法を超えて、イマージュだけが定着されており、審査に際して建築的プロジェクトの説明に要請されるいっさいの手続きが無視されていたためであった。かつても多々制作されてきたファンタジーとは異なって、そのイマージュには「建築」が感知できる。強いて先行事例をとりあげればシュプレマティスムの時代のエル・リシツキーに近い感性をもった描法である。無記名コンペであったし、少なくとも最先端の流行とみられていたPOMO派のいずれとも違っている。とはいえ誰の手になるのか見当がつかない。私は「建築」が所在するに違いないと感知して、この発生状態のイマージュに賭けることにした。

私がこのような判断に至ったのには、一九七〇年頃に文化論的思考がシフトしたと今日では説明されているが、つまり建築界ではユートピアに向かって先導するアヴァンギャルドが進歩として定めてあった目標=テロスを見失い自滅したからだ。これはいまでは記号論的/言語論的転回と呼ばれている。「近代性《モダニティ》」を社会的に獲得するすべを見失ったなかで、絶対時間に改めて疑義をいだく自己言及性といわれることになる思考を手探りしはじめる。たまたま「空中都市」(一九六〇—一九六三年)などをスケッチしていた私は、ロシア・アヴァンギャルドには先行例があったはずと考えたが、情報や資料にアクセスするすべを知らないまま、単にナホトカ航路がはじまったという理由だけで、パリに行くにあたりアラスカ経由北極圏廻りではなく、モスクワ、レニングラード経由のシベリア廻りを試みた。トレチャコフ、エルミタージュを廻っても(死蔵されていたらしいが)ロシア・アヴァンギャルド期の作品をみることもできず、赤の広場のレーニン廟にシュプレマティスト、マレーヴィチがいう無対象としての「立方体」が下敷きになったらしいとはわかっても、やはりジグラット風のお立ち台にみえて納得できず、メルニコフのシリンダー住宅を捜して付近をうろついたが、その所在の確認もできなかった。

翌一九六八年にミラノ・トリエンナーレで、ロシアから招待されていた若い建築家アレクセイ・グトノフに逢った。ロシア構成主義の建築のいくつかが残存していると聞き、さっそくお祭り広場のカプセル展示を川添登・黒川紀章が選定しているなかに載せてもらったのだが、連絡がつかず、私のロシア・コネクションは途絶えた。そこですべては戦前にロシアから西欧へと流出していたシュプレマティスム(マレーヴィチ/リシツキー)の情報にたよらざるを得なかった。ミラノの戦後ダダイストたち、マンゾーニやカステラーニが関心をもった東欧構成主義の一派ユニズム❖もその流れにあり、これを扱っていたポーランド、ウッヂ美術館では構成主義の残影を極東の果てで造っているとみられて、群馬県立近代美術館、北九州市立美術館などの展覧会(一九七五年)をやったりすることになる。とはいえ私の関心事はこれらの実作が「ゼロ度」からモルフォロジカルに生成することの理論化で、これを「手法論」(一九七二年)と呼ぶことにしていた。

❖ポーランドの画家ヴワディスワフ・ストゥシェミンスキ(一八九三—一九五二年)によって提唱された絵画理論。一九二八年の著作『絵画におけるユニズム』において公式化された。

そのとき勿論、シュプレマティスムによる無対象絵画を理論化しようとしているシクロフスキーのマレーヴィチ論を参照したが、スウェチンがこれをフォローした「アルキテクトン」をみつけ、マルセル・デュシャンの「ストッパージュ」と並べて「手法論」に連結する。つまり私はすでに社会的に制度化されてしまっている近代建築のあらゆる技法の呪縛から脱出する手がかりを、ロシア・アヴァンギャルドたちが探索したが弾圧され、追放されてしまっていたフォルマリズムに見出そうとしたわけだったし、ちょうどその頃フレドリック・ジェイムソンの『言語の牢獄』(一九七二年)が出版され、彼もまたロマーン・ヤーコブソンやシクロフスキーなどのロシア・アヴァンギャルド期の言語論をそれぞれ下敷きにして自作を説明しようとしていた時期であった。セマンティックからとシンタクティックからというアプローチの違いはあっても、ジェイムソンとは文化状況分析の視点は共有していた。

とりわけ私はアーティスト(マレーヴィチ)が自ら造語して神秘主義的にイマージュを導きだしたシュプレマティスムに異教の臭いを感じていたとしても、それはまだ井筒俊彦の著作にめぐり合うまえのこと。「立方体のエコノミー」ばかりに気をとられ、反自然としての純粋幾何学形態による、異化作用(これもまたロシア・アヴァンギャルド用語)などと説明を加えた。形態のゼロ度が語られるなかで、群馬県立近代美術館の設計が完了したとき(一九七二年)、「空洞としての美術館」つまり「空《うつ》」を建築的メタフォアにすることを思いついた。マレーヴィチの後継のスウェチンなどが解釈して展開した形態の加算的増殖とは異なって、メタ形式の側へと移行させることにした。すなわち赤・黒・白の正方形とマレーヴィチが比喩を用いているなかで、私は黒の立方体(空洞)をえらび、いずれ形態を無化させて「間」に連結することになる。そして日本古来のカミの示現する姿が「影向」と呼ばれるように、みえない何ものかが闇のなかから立ちあらわれ、ふたたび闇へと消えていく気配そのものであろうと理解する。

七〇年代中期、世界文化大革命のなかで往来がはじまりつつあった建築ラディカルのサーベイにはじまった私の『建築の解体』コネクションは、アルヴィン・ボヤルスキーの仕切るロンドンＡＡスクール、ピーター・アイゼンマンのはじめたマンハッタンのＩＡＵＳ（建築都市研究所：Institute for Architecture and Urban Studies）の二つにしぼられた（ともに建築塾）。これらでは正統の大学とは無縁で、実務的な建築設計にもありつけぬフラストレーションのかたまりのような浪人を、梁山泊よろしくチューターに仕立てて、まっとうな建築家協会のようなプロフェッショナルから眺めれば使いものにならない設計や設計理論を教えていた。「アンビルト」であっても「ビルド」だと、私が腰を据えて国際コンペの応募と審査をわがアトリエの営業手段にすることにしたのも、梁山泊にたむろする面々の振る舞いを観察していたためであった。そのうちこの両方の塾でながれものチューター稼業をやっていたひとり、レム・コールハースが、『錯乱《デリリアス》のニューヨーク《ニューヨーク》』（一九七八年）を出版して注目を浴びた。私はその一〇年前に都市空間が虚像化する「見えない都市」（一九六七年）を書いてはあったが、これはマクルーハンのメディア論と「サイバネティック・エンバイラメント」からデメ・デクなどの「お祭り広場諸装置」をデザイン・制作するための虚像都市を理論化するものであった。その頃、アーサー・Ｃ・クラーク原作、スタンリー・キューブリック監督『２００１年宇宙の旅』（一九六八年）にも触発されていたが、いささか時代的に早まり過ぎた『電脳都市計画案』（一九七二年）などが「アンビルト」となり挫折してしまった。

同じくメトロポリス文明を扱っているとしても、コールハースの著作ではノンフィクションの手法を用いて、コニー・アイランドや資本主義の中心であるロックフェラー・センターのラジオシティ・ロケッツに着目し、共産主義の中心となったモスクワで批判され閉塞させられていたロシア・アヴァンギャルドのメルニコフによるエコノミー生活空間のアイデアが、エンタメ演出の企画へと逆輸入されていたなどと、ひねりを入れた説明がなされていた。勿論ニューディールの時期にはディエゴ・リベラなどのメキシコ社会主義革命のアーティストがロックフェラー・センターの大壁画を制作するなどしており、これはすぐに消されてしまったとはいえ、マッカーシズムの赤狩りがはじまる以前のこの時期を、ベトナム敗戦で落ち込んで荒れ果てたニューヨークに持ち込むことのアイロニーは、すぐれた文明批評であった。特記すべきは、オランダの植民地インドネシア育ちのノンフィクション作家が、やはり辺境のロシア・アヴァンギャルドのアイディアがアメリカン・ポピュリズムと補助線によって結ばれていたことを見出したことである。ついでながら、ラ・ヴィレット公園のコンペの最終案に選ばれていたルナパーク風のレム・コールハース案もまた、MOMA・DECON展に選ばれている。先走ってDECONの運命を語ると、先にロシア・コンストラクティビズムとデリダのデコンストラクションを換骨奪胎した「DECON《デコン》」というキメラと私は表現したが、メタフォアもアレゴリーも通用しない建築界は、みかけはいかにも崩れそうなデザインがファッションとなり、折からの社会主義ソヴィエトロシアの崩壊と重なって、遠い歴史的参照としてのロシア・コンストラクティビズムともデリダの比喩としてのデコンストラクションとも似ても似つかぬ、文字通り《リテラル》の崩壊状態をみせる建築ファッション・デザインが続出することになった。一九九五年一月一七日の午前中に発生した阪神淡路大震災の第一報をテレビでみて、私はDECONの終わりだと瞬時に想う。建築家、デザイナーたちが苦労して、プレートテクトニクスなど理屈をつけてバブル状態の列島の諸都市で展開をはじめていた虚構の建築デザインのファッションが、神戸という大都市のスケールで文字通り《リテラル》に発生していたのであった。消費社会論（ボードリヤール）

の事例さながらネオンサインや広告看板が「表相」的な虚像性の喩えとして議論されていた建築的装飾論などが一挙に剥げ落ち、瓦礫の山になっていた。

建築界のトップモードデザインとして擬似自然がシミュレーションされ、虚体都市がリアルに出現していた最中に、震災という自然現象に早まわりされてとどめをさされたというべきだろう。九〇年代を通じて世界の一〇都市で開催されたＡＮＹ会議は前半はデリダが参照され、以後ドゥルーズへと移行したとされている。阪神淡路大震災で瓦礫の山となった大都市の光景が、ファッションとしてのＤＥＣＯＮの擬似的虚構性の正体をみせつけたことにいち早く反応したためだったと思われる。いっぽう世界的には九・一一のＷＴＣのツインタワーの崩壊がとどめをさした。ＤＥＣＯＮ（脱構築主義）は二〇世紀末のたった一〇年間の出来事だった。

ここでやっと、「彼女の内部にひそむ可能性として体現されていた〈建築〉」と追悼のコトバに記した理由を説明する段取りになった。

3

『イコノクラッシュ』展（ＺＫＭ、二〇〇二年）は一〇〇〇年に一度の千年紀の年《ミレニアム・イヤー》に開催する予定で準備がなされていたが間に合わず、二年ほどズレ込んだ。それが幸いして、その後起きた、世界を震撼させた事件――タリバンによるバーミヤンの石窟の大仏破壊（二〇〇一年三月）、アルカイダによるＷＴＣツインタワー崩落（二〇〇一年九月）――の関連記録をカタログに包含できた。西欧の文化思想史をイコン愛好症《イコノフィリア》とイコン嫌悪症《イコノクラスム》の交代で断ち割ろうという、東洋が陰陽の循環によって宇宙観を組み立てたものを、創造（生成）と破壊（消滅）で再編しようとする、野心的な展覧会だった（カタログ編集：ブルーノ・ラトゥール＋ペーター・ヴェイベル）。

世紀のはじまりの年の聖戦布告の兆候は、イコノロジーの解釈や生命を超えた宇宙存在の原質の所在の科学論的仮説などを一挙に吹き飛ばし、新しい型の戦争に世界を引き込んでしまった。一〇年余りが経過した現在は、都市も原子力発電所も、瓦礫《デブリ》の山となり、いつか発生するはずの想定外の自然災害が不安をかきたてる。人類が想像する楽園《パラダイス》のイメージは貧弱きわまりないが、地獄の光景がバラエティに富み多様なのはなぜか。紋切型でしかない浄土変相図に比べて地獄草紙の快感をさそうような想像力の飛翔についてはダンテの神曲も同等である。いやヒロシマでは語りつくせない惨状を経験していたではないか。

『イコノクラッシュ』展では、消滅してしまっていた私のＲＡＴＳ❖（ラディカル）の時期の作品『電気的《エレクトリック》迷宮《ラビリンス》』（一九六八年五月、ミラノ・トリエンナーレ出展）が再建された。不意に回転する一六枚の大型パネルに観客を巻き込みながら、そのパネルの表面にヒロシマ・ナガサキの黒焦げ死体と、石の表面に焼きつけられた人影、憤怒する不動明王、そして餓鬼草紙。背景に一二メートル幅の大型パネルのコラージュ「ふたたび廃墟になったヒロシマ」。

イコン愛好症《イコノフィリア》にたいし、イコン嫌悪症《イコノクラスム》にはビザンツ期のイコン破壊運動から宗教改革期のキリスト磔刑像の引き降ろしや魔女裁判から、近代のアブストラクト絵画にいたるまでの非形象の系譜がある。いっぽうで大聖堂の一隅につくられる聖具室に集積される豪華な財宝類、荘厳される大礼拝堂、イグナティウス・ロヨラにはじまる法王親衛隊としてのイエズス会、その世俗化された近代の王宮の装飾品、これを価値づけるために世紀をかけて組み立てられ制度化されてきた〈芸術〉という保証の方式、これをまとめてイコン愛好症《イコノフィリア》と呼ぶこともできる。この両極を成立させているのがイコン＝〈形象《かたち》〉であることに違いはない。

❖この呼称は、建築家のアルド・ファン・アイクが一九八一年三月にRIBA（王立英国建築家協会）で行った講演に由来する。同講演においてファン・アイクは、台頭しつつあったポストモダニズムの建築家たちを「Rats, Posts and other Pests（ドブネズミ、ポスト、その他の害虫）」と呼んで激しく攻撃した。Cf. Aldo van Eyck, “Rats Posts and Pests”, RIBA Journal, April 1981.

前世紀にはパノフスキーによる「イコノロジー」がヨーロッパ系の美学界をイコン愛好症《イコノフィリア》として制覇した。彼の同窓で、ハノーバー美術館で、近代美術界において最初にインスタレーション・ワークとしてシュヴィッタース、マレーヴィチ、リシツキーなどの展示を行ったアレクサンダー・ドルナーが、一歩遅れてアメリカに亡命し、この国に渡ったプロテスタントの思考法をアメリカのオリジナルとして方法的にプラグマティズムに集成させていたジョン・デューイに序文を書かせて、反パノフスキー的な『The Way Beyond 'Art': the Work of Herbert Bayer』❖(一九四七年)を出版するが、学会には無視された。

元来、ニューヨークアートは絵画を平面、彫刻を立体へと還元するプロセスを作品と呼んだに過ぎなかったため、物体《モノ》がありのままの素材と区別できない。だがその物体が美術館のギャラリーに展示されるとアートにみえる。このトリックをマイケル・フリードが劇場的《シアトリカリティ》と呼び("Art and Objecthood"❖一九六七年)、「モダニズムのハードコア」と評価されたりしたが、「劇的なるもの」とは何か、その定義は定まっていない。

ちょうどその頃(一九七〇年)、私はRATSのままひたすら瓦礫《デブリ》ばかりを描いていたなかで、近代美術館という独特のビルディング・タイプをつくることになり、「空洞《ヴォイド》としての美術館《アートミュゼアム》」(群馬県立近代美術館、北九州市立美術館)という、立方体、直方体への還元をあらためて設計することになる。二年前にはラディカルとしてのRATSであったが、このたびはラショナルとしてのRATSの烙印を押されることになった。まだ世紀末のミレニアム・イヤーまでには三〇年ある。その間にPOMOの建築家へと烙印がつけ替えられた。私としてはいまだにRATSとしてのみ思考しデザインしていると自覚している。すなわち世間では、イデオロギーとしてのモダニズムと縁を切ったはずのモダニストをPOMOと呼んでいるらしく、「ユートピアは

アレクサンダー・ドルナー『「美術」を超えて』(嶋田厚訳、勁草書房、一九九二年)

マイケル・フリード「芸術と客体性」(『批評空間』第二期臨時増刊号『モダニズムのハードコア——現代美術批評の地平』、一九九五年、所収)

死んだ（一九六八年五月のパリの路上に記されたグラフィティ）後に大文字のテロス＝目標が消滅した瞬間を体験し、このときから建築家として思考を開始したのだから、否とはいわない。いや、あえて語りたいのは文字通り瓦礫《デブリ》になりつつある世界の出現を予告したような『イコノクラッシュ』展のために『電気的迷宮《エレクトリック・ラビリンス》』が再建されたことだった。

「ふたたび廃墟になったヒロシマ」は核抑止力が平和を擬似的に維持すると語られた時代で、二度と核爆発は起こるまいといわれた頃だった。同時に語られていたバラ色の未来のユートピアを私は信用していなかったので、核が所有される限り事故は起こるはず（ボタン戦争と呼ばれていた）、と考えてヒロシマの記録写真を手がかりにしたコラージュを制作したのだった。タルコフスキーの晩年の仕事はすべて核戦争のもたらす不安についてであった。私は彼にオマージュをささげた戦後前衛三羽烏❖といわれた作曲家ルイジ・ノーノの仕事とともにあらためて噛みしめる（「ルイジ・ノーノの墓」、一九九二年）。両者へのオマージュとして「都市ソラリス」展（ＩＣＣ、二〇一三—一四年）の編成を行うことになる。

文字通りの「イコノクラッシュ」によって、巨大な瓦礫《デブリ》がうまれ、人類がアイコン＝形象《かたち》におどらされた歴史が逆説的に浮かびあがることになる今世紀のはじまりの年を目前にして、私は『憑依都市《トランス・シティ》』（ヴェネチア建築ビエンナーレ、二〇〇〇年）を発表した。テクネーが肥大化し、核融合と電算機が世界の社会システムを組み換えはじめたときに、その展開にとり残されている人間の身体、知覚や意識の深層には、気付いていないが計り知れない能力が潜んでいて、その能力を集中できるコミュニティを〈しま〉として構想し実演した❖。展示そのものは狂気の沙汰、と評された。とはいえ、念力によって空中に浮遊する身体があり、気力をあつめることにより不可侵力《インヴィンシブル・パワー》のバリアーをつくる、結界、影向、示現、これらの不可視の可視化こそを、近代化される以前

❖ルイジ・ノーノ、ピエール・ブーレーズ、カールハインツ・シュトックハウゼンの三者を指す。

❖マハリシ・マヘーシュ・ヨーギーの弟子たちによる空中浮揚のパフォーマンスが行われた。

の〈わ〉国は表徴表現しつづけたのではなかったか。かつては列島を往来したはずの山人や海人たちが所有していた能力を、ゆるくなった環境のなかでなまってしまった現代人は失っている。彼らのつくった野生の思考をとりかえす共同体が零度《ゼロ・ディグリー》の〈しま〉として構想されうることを展覧会に組んだのだった。アナクロニックとみられた。それが私のやってきたことではあった。

ユートピアが消えたと感知したとき（一九六八年）に、それまで「都市デザイナー」と自称してはきたが、ハード（建物）およびソフト（メディア）の社会的制度と直面する「アーキテクト」になろうと決めた。それが私にとってのミッションだと考えることにした。年齢的に四〇歳に近づいていたが、やっと遅ればせながら、自立した建築家になる決心をしたのだった。「アーキテクチュア」とはアート＝建築＝都市＝社会（国家）を貫通する構造であり、その（文化的）戦略をつくるのが「アーキテクト」である、と定義できるようになってはいたが、それを思考する根拠は、焼土と化した日本の都市の瓦礫を踏んで歩いたときの残存している身体の記憶に常にあり、繰り返しその地点に立ち戻ることによってその記憶を反芻するしか手がかりがない。「ふたたび廃墟になったヒロシマ」を含む『電気的迷宮』は観客の身体を地獄の悪夢のなかへ巻き込んで体験させる展示であったことをあらためて想いだし、この展示物の再建がなされていたのとまったく同時期に『憑依都市《トランス・シティ》』ではみえない気の流れを集団的にうみだすことをプロジェクトに組もうとしていたわけだった。

あいかわらず未来の都市は見渡す限り瓦礫《デブリ》のみであり、それがさらに放射能に汚染されていることだけが確実だとすれば、憑依した巫《シャーマン》を介して何ものかの〈声〉を聞く他に道はない。何しろあらゆる（ア）イコンは自動的にクラッシュするのだから。

そもそもデザインと今日称されている領域は、一八世紀末から産業社会《インダスーリアル・ソサエティ》の生産物が商品として流通しはじめた際に、その商品に付加価値をつける過程でうまれた概念である。

歴史の記録・再現絵画や肖像彫刻の良否を判定する基準が議論されるなかから芸術《アート》がうまれたことに似ているし、装飾物が付加されれば単なる実用的な建物が建築《アーキテクチュア》（芸術建築とも訳されていた）になると理解され、その装飾《デコラティヴ・アート》の展開によって様式的建築史の大系がつくられる。すべてイコン愛好症《イコノフィリア》の系列に属しており、これがデザイン・建築・芸術の歴史となり、帝国主義的な文明史がひたすら荘厳することだけが求められた時代へ遡及して、こういった領域的な枠組みをつかって記述されていた。

二〇世紀になってからの近代美術・近代建築の思想的な展開において、私はカジミール・マレーヴィチ（無対象絵画）とアドルフ・ロース（ラウム・プラン）の仕事に決定的な重要性を認めるといまだにいいつづけている。両者がともに社会的権力から排除され、スキャンダルに巻き込まれ、不遇な生涯を送ったことに同情しているわけではない。むしろ近代絵画、近代建築ともに、イコン嫌悪症《イコノクラスム》をそのはじまりの時期から意図しており、時代の支配的権力がひたすらイコン愛好症《イコノフィリア》を示しつづけたのにたいし、一貫した独自の方法を提示しつづけたという事実（実作）によっている。彼らの仕事は、発生期の産業社会の産出する商品《コモディティ》に付加価値をつけることにより、政治・社会・資本に貢献するというデザインの本来性に反して、絵画、建築そのものを自立させることを目指していた。イコン嫌悪症《イコノクラスム》の核心をそのまま表現していた。方法的な「切断」がなされていたというべきだろう。勿論、後継者は無数にいる。例えばスウェチンやピアチェンティーニなどは先行者のスタイルだけを模倣して、スターリンやムッソリーニにつないだ。モダニズムをスタイルとして、社会的権力を装飾したに過ぎない。

時代がひとめぐりした一九七〇年前後から三〇年間ほど、RATS、POMO、

ＤＥＣＯＮが建築＝デザインの流行になったと説明したが、この世紀末の三〇年あまりはその前に産業《インダストリアル》社会のデザインとして主流だったモダニズムが失効したのだった。いや失効させるために新しい世代が組み立てたものであり、このときまで商品生産の論理が主流だったのに、商品を消費する論理がとって代わる。消費社会といわれた。いや原始社会においては不等価交換としての消尽こそが社会を成立させていたのだと文化人類学が持ち上げられたりもした。一八世紀中期以来、実務者として建築＝構築を業としてきた建築家《アーキテクト》たちは、この職業は産業社会の生産の論理を正当化してきたに過ぎず、ひたすら消費されることを目標としてきた商業建築家を小バカにしてきたことに気付き、忸怩たる思いをかみしめはじめる。「商業建築家として成功したのは俺がはじめてだ」と、フィリップ・ジョンソンがマンハッタンに非国有化《プライベータイズ》されたＡＴ＆Ｔビルを設計した頃にしゃべっていたのを知っていた私は、「国家の建築家、丹下健三は日本国家がビッグ・プロジェクトをやる能力がなくなったことを知って、オイル・マネーで好景気になったアラブ諸国の「王の建築家」を務めたあげく、商業建築家として日本に帰還したのだ」と評して建築家本人からは嫌な顔をされた。思想をもったモダニズム建築家としては、フィリップ・ジョンソンよりは早くに商業建築を手がけたのだといいたかったけれど、こんな表現はたんに悪い冗談だと受け取られてしまった（新東京都庁舎は行政的な呼称の違いだけでやはり国家の建築である）。

社会性をもった公共的な建物を設計するのがまっとうな建築家のやることとみられていた（私はそれをテクノクラート・アーキテクトと定義しなおしている）。その基準になっていた産業社会が変質を開始し、生産より消費が重視される。一品種大量生産から多品種少量生産が推奨される時代へと社会が分衆化したのに対応して物品の消費性が注目されはじめる。商品を販売すること、それが商業と呼ばれていたわけだから、国家にかわり商業資本、いずれは金融資本が主要な役割を担うことになる。まずは消費社会に世界が転換していったというわけである。モダニズムの先端を走ったフィリップ・ジョンソン、丹下健三、そしてメタボリズムの若い建築家たちにも大型商業建築のコミッションが舞い込んだ。そのとき、モダニズムをイデオロギーとして批判することによって自立をはじめたRATS、POMO、DECONの若い世代の建築家たちが、アカデミーやメディアにおいて対抗的な流行《ファッション》となる。経済活動のすべてが流通、交換を手がかりにすることになったことが背景にある。あらためて、ファッションとなった建築デザインではその流れを牽引するためのブランド化戦略がうまれ、この建築家たちがその一翼を担いはじめたのだった。

消費が経済活動の中心になったということは、使い捨て《アポテウシス》がなされるということだ。都市には巨大なゴミ捨て場がうまれる。都市には古来、そのわきに人間の墓場がつくられた。それが都市社会を維持するための必要条件だった。いまでは焼却場やゴミ捨て場が都市を維持する必須条件になっている。消費社会へと産業社会が変質したためである。

よりファッション化するこれらの建築デザイナーたちも、ファッションである限り消費対象になる。RATS、POMO、DECON達も消費社会に組みこまれ、ブランドになったが故に消費されることになる。知名度があがり、コミッションが集中し、急遽に忙しくなり、そのすべてに対応できずに事務所の規模が膨らみ、あげくにつくりだす仕事の質が低下し、短期間で注目度が失われる。かつては、いったん注目をあびた建築家たちが社会的に消費されるのにはその後半生の期間はかかっていた。RATS、POMO、DECONの時代になると、数年、よくて一〇年と、社会的に消費される期間は急速に短くなった。メディアが好む人気投票のアップ・ダウンをみるといい。誰も正確に予測できないままに事態は進行する。前世紀末頃までに、消費中心経済が、全世界のＩＴネットワーク化により本格的に情報化社会に変わり、金融資本主義へと移行する。そして、格差社会になった。

一九七〇年頃の言語論的（記号論的）転回からおよそ四半世紀がすぎると情報論的転回が起きる。文化思想（建築論もここに含まれる）は二世紀あまりテクノロジーの展開に併行していたが、このたびはＩＴ（インフォメーション・テクノロジー）が決定的な役割をもった。地上で全世界通信ネットワークが完成しただけでなく、宇宙衛星がこれを補完した。生成するイメージの記録複製の方式がアナログからデジタルに替わった。オリジナルとコピーの区別がつかなくなった。時間は序列に、空間は濃度になる。事物《コト・モノ》は影あるいは痕跡になる。「都市」は虚実いりまじってアンリアルになる。「見えない都市」（一九六七年）が現実《リアル》になりはじめたのだった。幕張がまだ海だったころ、ここに『電脳都市』（一九七二年）を構想した。これはアンビルトになり、現在ではごく普通のビジネス・センターが出現している。インターネット・システムで自動生成される『海市《ミラージュ・シティ》』（一九九四—九七年）をマカオ沖の海上に蜃気楼のように立ち上げてはみたが、まだ海のまま残っている。これらの案は、出現するか否か予測不可能な〈都市〉を任意の場所《スポット》に描き出そうとしたわけだが、それが実現されるか否かは判断基準にはしていない。「見えない」モノを眼前に出現させる、かつては示現《ヒエロファニイ》と呼ばれていた表現手法も機会があればこころみる。私は五〇年間それだけをやってきた。

勿論、建築・都市のデザインを世間とのつき合いとして実務的にやった。消費社会の時代にはそのときどきのデザインは消費対象になった。あらためて情報社会となると、そのデザインは影となって消えるだろう（記録するのは私自身ではない。私はあやしげな記憶だけしかもっていない）。とするならば、産業社会の基準になったモノも、情報社会が基準にしているコトも消失した後にのこる脳内の意識をこそ手がかりにせねばなるまいと考えて、『憑依都市《トランス・シティ》』モデルを組み立てる(二〇〇〇年)。人体から宇宙までを貫通している「気」を捻じり合わせる。私はそれが〈建築〉だと考えた。アイコン(形象《かたち》)が消され、解体され、飛沫となって燦爛していても(イコノクラッシュ)、それがアーキテクチュアなのだ。

ＤＥＣＯＮ展でデビューしながら、その流行が停止(一九九五年)した頃から、逆にザハ・ハディドは世界的に注目を浴びはじめる。元来彼女の方法はアンチ・ロゴスを騙りながらロゴス中心主義でしかないＤＥＣＯＮとは無縁だった。先述したように、イマージュだけが描かれる。その痕跡は自らの身体を介して世俗的に学習したもので、建築のフォーマットを組み立てたテクノロジーの産物である近代建築のロジックとは無縁の何か、イマージュそのものである。家具、かざりもの(物体)、絵画、建物の姿をしているが、唯識論で語られる積層される無意識の底部にひそむアラヤ識(蔵識)に埋まる姿をみせる以前のイマージュが、ロゴス(文字)を介さずに、そのまま姿をあらわしている。いや、あらわそうとしているというべきか。

香港ピークのコンペティションで私がみたのはそのようなイマージュが生成されていく萌芽的な才能であった。それは近代建築の正統がつくりだした描法とも、幻想的なファンタジー建築とも違っていた。それでも私は「建築」が所在するに違いないと感知して、「この発生状態のイマージュに賭けることにした」と記した。ロゴス(ロジック＝文字)とは無縁であるイマージュこそを「見えない都市」として感知して、これを、文字を使って説明をしてはみたが、これもまたロジックそのものであり、トートロジーに過ぎない。「みえない」モノを「みえる」モノに変換

（変相）するには、古代の〈わ〉の国において、「みえない」モノを呼びだすための呪言をこそ〈声〉にしてあった。そのような事例を、『間——日本の時空間』（一九七八年）の展覧会にはしてみたけれど、ロゴスが全面支配している世界には全く通用しないことを知り、「アイロニーなしの建築」をあらためてやらねばなるまいと考えていた。ザハ・ハディドの「香港ピーク」（一九八三年）は呪言のようにみえた。アイロニーはない。それでも〈建築〉になっている。ロゴスを介することなくイマージュだけが浮遊している。

情報として媒体《メディア》のなかに流れるのはイメージ（像）だけである。ロジック（文字）もまた図形として流れているにすぎない。アナログからデジタルに思考の型まで変相してしまった。つまり宇宙が振動だけで成立しているように（古代人はそれを感知していた）、いまは振動が情報になっているに過ぎない。とはいえ情報を伝達する媒体は、ロゴスに基づいたテクノロジーの究極の産物である。それがテクノロジーをつくりだしたロジックを超えてしまった。イヅツ教授がイスラムのなかのスーフィーに注目して、それが唯識論のいうアラヤ識に連続していると語るときの、かたちにならないイマージュの貯蔵庫へと振動（声）になった情報は直結したのではないか。呪言（文）によって呼びだされたカミの〈声〉を受信するのは、古来巫女《ミコ》（神女）であった。何ものかに憑かれた巫《かんなぎ》が、発するのは〈声〉である。ザハ・ハディドが描いた（発した）のはイマージュ（像）であった。巫のように何かの〈声〉を聞いていたに相違あるまい。

ザハ・ハディドはシャーマンだった。

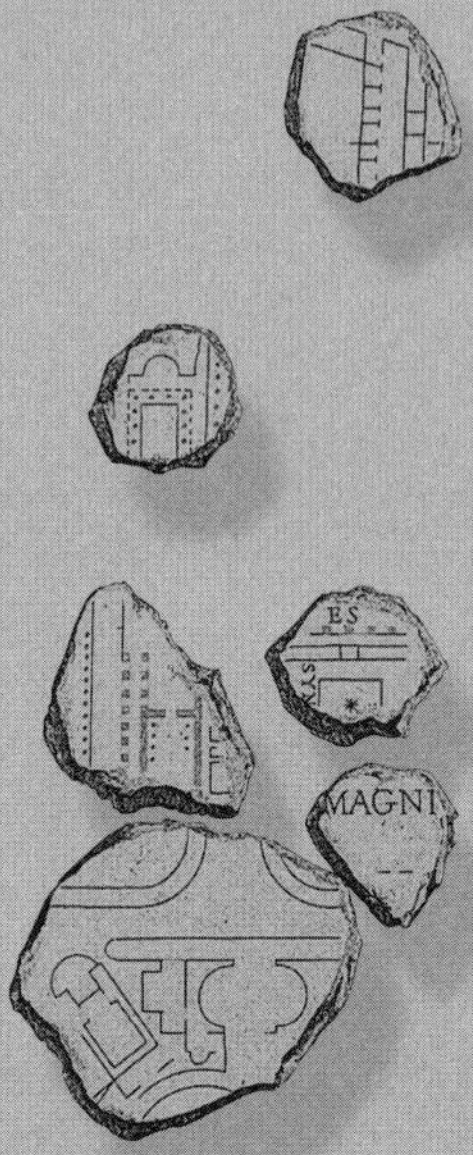
ES
MAGNI

II

クルディスタン

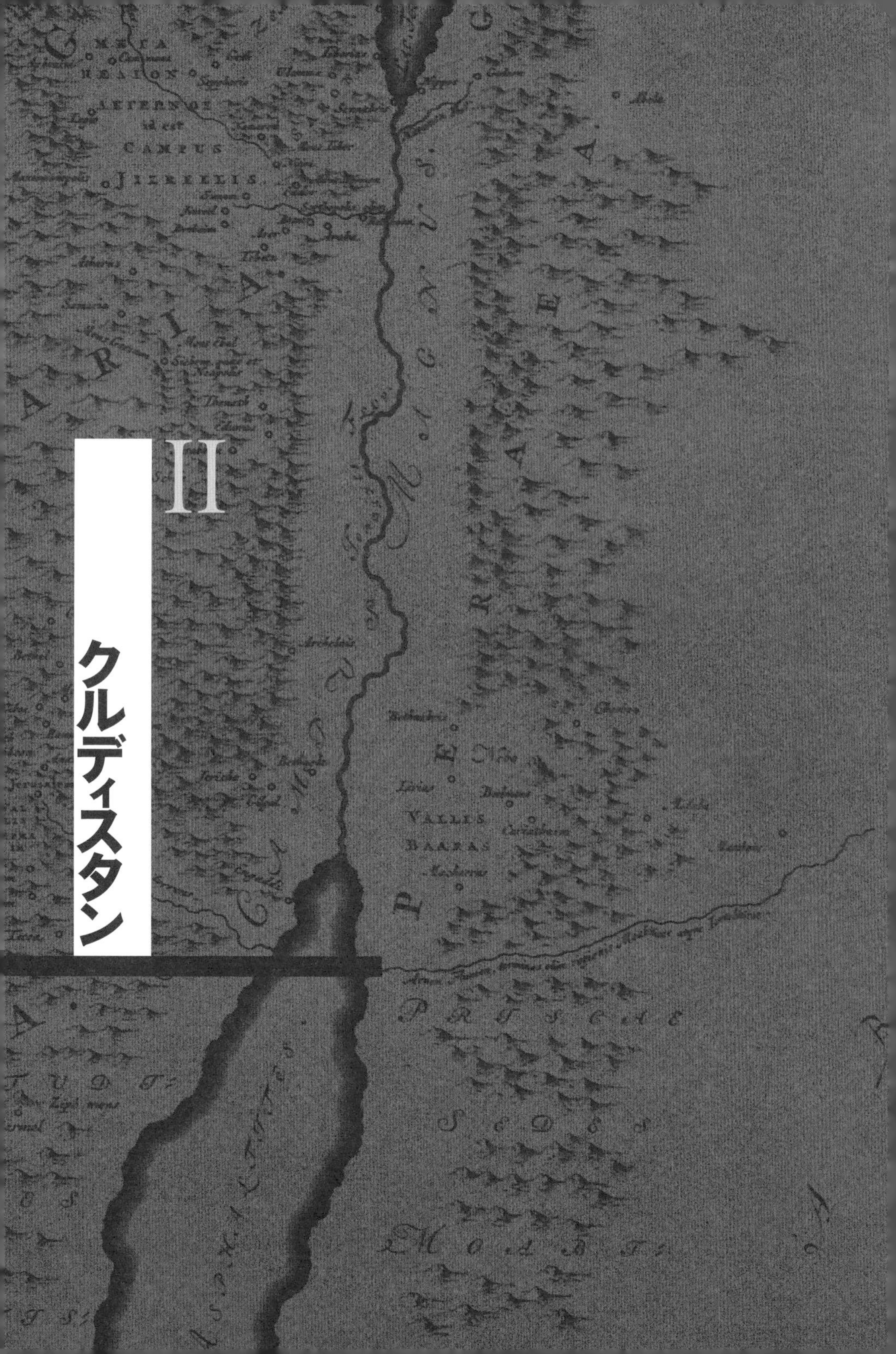

I アララット山

イラクから亡命しているひとりのアーティストに逢った(針生一郎の紹介だった)。アメリカの連合軍が全土を制圧して、グアンタナモ捕虜収容所での拷問の実態が日夜ニュースになって報道されていた時期だった。まだ戦争は終わっていない。ストックホルムに仮の宿をつくり、世界の各地を転々としているらしいこのアーティストは、必ずしも難民ではなく、むしろフセイン政権から追われて逃れていたのだった。その政権が壊滅した。次期政権で大統領に選出されたジャラル・タラバニ(クルド愛国同盟議長)と一緒に山中に籠っていたんだと、胸ポケットから一枚のグループ写真をとりだした。われわれのために現代美術館をつくって欲しいんだ、といった。

かつて古代都市の痕跡を求めて旅をしたとき、ペルセポリスを訪れた。アレクサンダー大王が東征のとき焼きはらった大宮殿の跡である。次にバビロンの宮殿跡をみたいと思っていた。シュメールの文化があった場所だ。だが行っても無駄だ。トロイアの地上に何も残っていなかったように、都市国家ウルはもっと昔に地上から姿を消している。発掘された破片はすべてヨーロッパ諸国の国立博物館が持ち去った。のちにベルリンのミュゼアム島が復旧されたとき、その断片から想像的に復原された巨大な城壁をみることはできたが、ともあれイラクをスキップしてイスタンブールに直行したため、この亡命イラク人アーティストのいう、われわれ、とは誰のことか、正直いって見当もつかなかった。

指示されたのは北部イラクのアルビルという聞いたことのない小都市名で、イスタンブールからこの街の空港へローカル線が開通した。軍用機ではなく民間航空だ。その地の宿も予約する。空港まで迎えに出るよ。そのひとことをたよりにして、私の相棒とアラブ語のできるレバノン国籍のスタッフの三人でトルコの国内線（アルビルはトルコ国境に接する街）に乗り込んだ。そして、一寸先も見通せない迷走の旅がはじまった。

ビザは日本で取得していたので、アラブ語のできない日本人二人は通関できた。ところが、レバノン人のスタッフはいつまでたっても出てこない。バグダッドではビザなしに入国できるが、この地では通用しない。この空港はイラクとはいっても自治政府の管轄らしい。入国拒否されて、彼はイスタンブールへ送り返されることになった。話し声の聞こえる壁ひとつをはさんで、日本を経由する電話の通話で話がやっと通じる。アラブ語のまったく理解できない、文字も読めない日本人二人は、東京では英語で会話したアーティストの姿を探すが、いない。そのうち空港のロビーから人影が消えた。白タクにドル札をみせてアラブ文字で記してもらっていた宿を指す。にっこり笑ったところをみると、桁違いの額だったと思われる。ともあれ宿の受付カウンターにたどりつけた。だが、深夜になってもまだ迷走はつづく。

予約は入っていない。とにかく満室だといっているらしい。日本からの長旅のあげく、野宿か。『奥の細道』の旅路では芭蕉も似た状態だったかもしれないが、言葉は通じていただろう。文字が読めない。中島敦の『文字禍』を想いだした。この地は、主人公ナブ・アヘ・エリバ博士が研究していた、粘土板に彫られたギルガメシュ神話の土地だったのではないか。文字の霊に復讐されたのかもしれないと心細くなる。

空港から街らしい地区にさしかかったとき、ひとつだけ読めた字があった。赤いネオンで

HILTONという文字が小高い丘のうえにみえた。とにかく言葉が通じるだろう。街灯のない暗闇の坂道を、荷物をさげて登った。ロイヤルスイートだけが空いていた。何カ月も使われていなかったらしいだだっぴろい部屋に倒れ込んだ。翌日おそく、亡命アーティストがニコニコ顔であらわれた。一日間違えてたよ。こののんびりさ、やっぱり彼はアーティストである。パルチザンとして山に籠っていた人だ。建設予定地はここではない。キルクークだ。油田地帯のひとつだ。フセイン政権から占拠された。いまわれわれはこの街を奪い返そうとしている。山中に籠っていた亡命政権がこのアルビルにもどってきた。キルクークにも行政官を派遣しているがまだ内戦続行中。キルクーク制圧ができればオイルを国際市場に持ちだせる。豪華な現代美術館だって何だって建設できるよ。クルド国家の美術館だ。まずは敷地をみにいこう。

ラフカディオ・ハーンが新聞記者として単身で横浜港に到着したとき、最初に目にしたのは、看板や幟に書かれた日本文字だった（『知られざる日本の面影』一八九四年）。まったく読めない。会話もできない。おそらく人力車で街頭を移動するとき、いけどもいけども立ち現れる日本文字に辟易し、これを七節虫にたとえている。幟や暖簾に書かれて揺らめいていたのだろう。私にとってアラビア文字は猪が掘り返して探すミミズのようだ。道路標識もすべて意味不明。いったいどこに向かっているのか。都市間道路上を走っている。行き先もわからない。ますます迷走の度合いは深まっていく。われわれの車はここまでだ。ここから先は乗りかえる。みると軍用ジープが三台停まっている。迷彩服を着て、カラシニコフをかかえた若者が数名立っていた。クルド自治政府の民兵

キルクーク現代美術館
現場視察時の集合写真
（2009年）
Arata Isozaki & Associates

だった。

予定地付近で小競合いが発生している。ここでしばらく待機だ。そのうち大型車輌の隊列が脇を通り過ぎる。アメリカ軍のパトロール隊だよ。定期的に巡回している連中だ。やり過ごせば三時間はもどってこない。その間に移動だな。

われわれ、と自称している、かつては山中に籠ったゲリラの一員だったアーティストたちは、フセインを殺害したアメリカ軍も、全土が制圧されてつくられた傀儡政府で再編されつつあった政府軍も、いずれも信用していない。独自の、おそらく〈くに〉を設立しようと企んでいるのだろう。それにしても、どこから銃弾がとんでくるかわからない。私たちが乗り込んだ軍用ジープには床に数台のカラシニコフがころがっていた。銃の間に足を置いた。

サンタモニカ・ビーチでの日没の光景が忘れられずに、テルアビブに滞在したとき、日想観を念じるという理由にして、SHERATONに宿をとった。目の前がビーチである。故ペレス大統領の構想を具体化する方策を相談したいと友人の建築家に誘われた。パレスチナ問題が再燃しはじめた頃だった。そのビーチで日焼けした美女がニューヨークの社交界の話題になり、ここで日焼けすることがファッションになっていた。そのビーチをねらって爆弾が仕掛けられた。私の滞在中に小さい爆発、出発してから大爆発があり、数十名の死傷者が報じられた。まだ前世紀のこと、九・一一の前と後では緊迫感が違う。だがすでにあの頃、キルクーク地方の油田制圧にのりだしたスンニ派のサダム・フセイン政府軍は、抵抗するクルド人たちを化学兵器を使って殲滅していたのだった。その場所には小さい墓標が立っている。アルビルの市内にはそのときの犠牲者を記念するメモリアル・パークが整備されている。ワシントン（ナショナル・モール）につくられたマヤ・リンによる戦死者のメモリアルのようにここにはあの戦争の死者の名前が刻まれている。ブッシュ大統領がイギリスのフェイク情報にのせられて開戦し核兵器がみつからなかったとき、それでも続行の理由にしたのが、あのときの化学兵器による大量殺人だった（そのときの将軍たちがいまはＩＳの幹部になっているという）。クルドの民兵たちが、アメリカ軍にも傀儡政権軍の動きにも注意をはらうのは長い内戦がまだ終わっていなかったからだった。

あッ、廃墟だ、と思った。工事途中で放置された文化センターらしい駆体の一部が草むらの向こうにみえる。新開地らしい周辺に小型の住宅が点在する。人影はまばらだった。その草むらが建設予定地である。察するに、キルクークから遠く離れた、むかしは交通要処であったらしい街の郊外に小さいニュータウンが開発されてはいたが、途中で放棄されたのだ。だがこの地にもどりたいという悲願のようなものを感じる。すぐ近くに化学兵器によって数十人、いや数百人のクルド人たちがフセイン政権の手にかかり虐殺された墓標がある。つまり、ここはクルド人にとっては忘れがたい聖地なのだ。イラクのクルド自治区にとっては自立を記念するモニュメントとしての美術館《ミュゼアム》がふさわしいと、亡命したアーティストは、あの未完の文化センターが廃墟になっていたことを放浪中に想いだしたのだろう。少なくとも私のアトリエが中近東プロジェクトをやっていたことは知っていた。

野ッ原とはいえ使える敷地は狭い。目測し、歩測したりして首をかしげているのを横でみて、亡命アーティストは、敷地をかえようといいだした。いずれキルクーク地方で市長役をやるだろうと思われる山中ゲリラ隊のひとりも、やっぱり無理かという顔をする。すべて英語の片言とみぶり手ぶりである。順々に関係者らしい人が増えて、もう一小隊ぐらいの人数になっていた。半数はカラシニコフをかかえ、ウォーキー・トーキーをもった迷彩服姿であった。旧市街の側にはミナレットとドームのシルエットがみえた。
スークを歩いた。さらなる迷路である。さまざまな土地で何百回も歩いた。曲がり角に、記憶の手がかりになるような特徴がみつかる。商店が種類別に並ぶので迷路とはいえ迷うことはない。入り口に旗がかかげられていた。イラク国旗と同じ三色だが中央の文様が違う。地図や紋章グッズの店で「クルディスタン」の地図をみつけた。パキスタンやアフガニスタンは近代主権国家だから世界地図に載っている。同じスタンでも、この地図上の国境線はイラン・イラク・シリア・トルコにまたがって、大きい領域が示されている。つまりクルド人による主権国家が成立したときの国境線が描かれている。これは世界中に通用している世界地図には載っていない。万国旗のリストにはまだ載っていない。入口に揚げられていたあの旗はその国旗だったのだ。ここからは私自身の迷走がはじまった。

存在していない国家のための美術館《ミュゼアム》、すなわち神が消えた近代国家が美の神《ミューズ》を祀る場としての〈ミュゼアム〉を〈アート〉という制度として組み立てた。その神殿が美術館《ミュゼアム》と呼ばれるようになって二世紀あまり過ぎた現在、クルド人たちは、国家がないために国際的には軍隊とは認知されない民兵を組織し、テロリスト呼ばわりされながらパルチザン活動をやり、トルコでもイラクでもシリアでも、イランの一部でも、ときに傭兵として、世界地図上にはまだ存在しない国家を可視化させようとしているのではないか。虚構としての国家を現実に存在させるために、まず神殿としての美術館《ミュゼアム》を建設しようとしている。「クルディスタン」の領域地図を眺めると、この地は、イラクのなかで

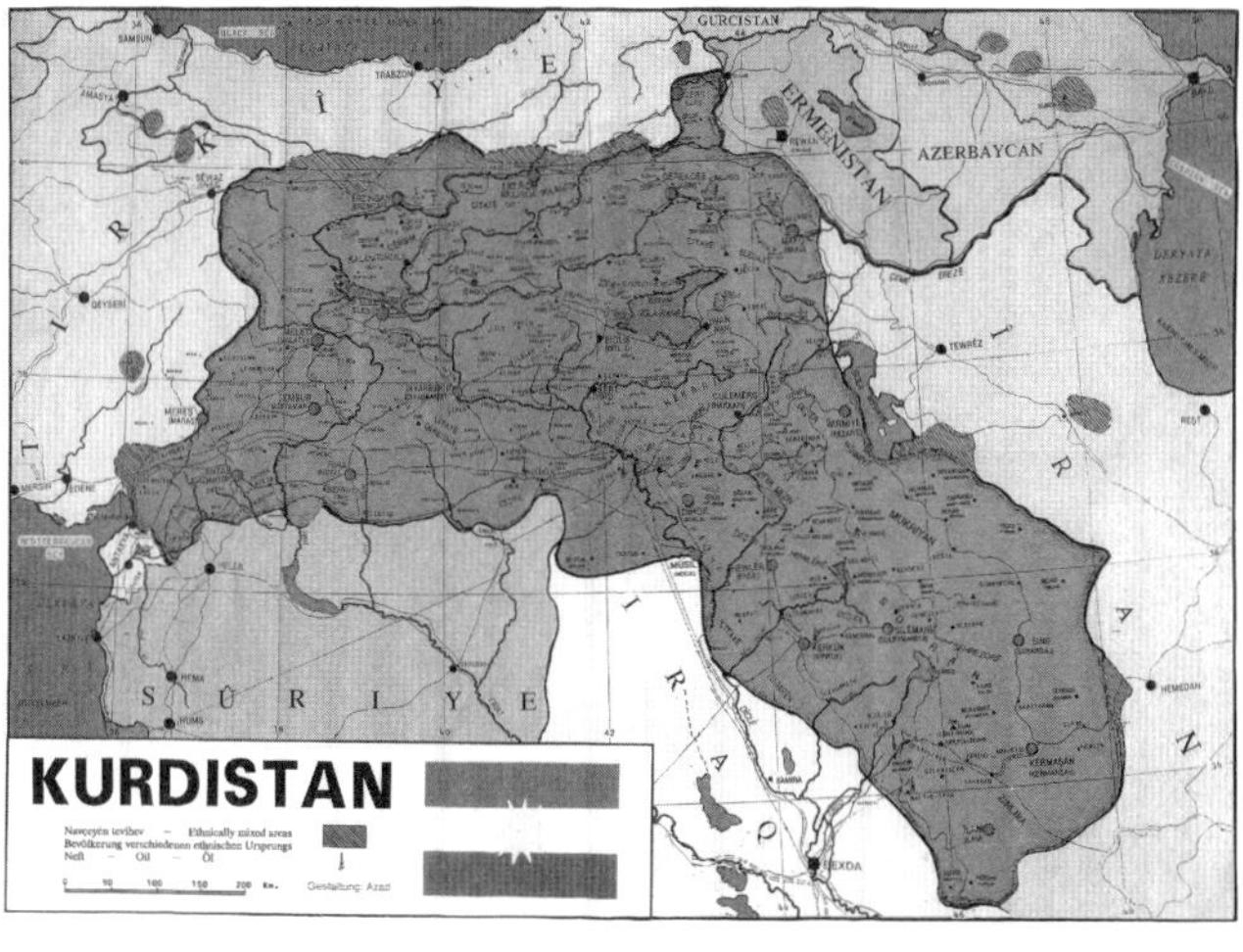

「クルディスタン」の地図

は辺境だが、想像された四つの国家にまたがる国境線のほぼ中心点にある。そして、ここに化学兵器で虐殺された聖地がある。神殿を建設するにふさわしい。神殿、だがどのような?

　オスマン帝国を解体しながら、列強が領土獲得で往来していた頃につくられたと思われる白地図がみつかった。英語の書き込みでGRATE ARARAT（アララット山）とあり、その山麗にARK（方舟《アルク》漂着地点）が示されていた。いまの世界地図ではトルコとイラクの国境線が両地点の中間を横切る。つまり、いま私たちが居る地点からさほど遠くない、はるかな地平線の起伏のどこかに方舟《アルク》は漂着したのだ。とすればスークのすぐ横の小高い丘にある城塞《シタデル》も大洪水のときには水没していたのだろう。

　アララット、という神話的な響きは、六〇年代のアングラ・アーティスト達を魅了していた。詩編にもパフォーマンスの題にも作品名にも登場した。古代詩歌で聖山としての富士山にかかる歌枕やノアの方舟《アルク》神話はあまりにポピュラーでキッチュであった。方舟《アルク》は自然災害からの地上生命体の救出の喩えである。とはいえ、使われ過ぎて新鮮に聞こえない。たいしてアララットはシュルレアリスティックに聞こえた。怪人を自称する友人の康芳夫がネッシー探検の次にアララットへ行きたいと語っていたことは知っていた。私はその頃シルクロードをくまなく歩くことを実行したいと想いながら、バーミヤン・ガンダハラ・トプカピまでは訪れたが、アララット探検には参加したいと思いつつ、これは実現しなかった。原因は、中間に国境線があることだったと怪人本人から聞いた。スークでみつけた「クルディスタン」国家が実現した暁にはそこに国境線はない。カイバル峠の両側のスタンは無視している。「クルディスタン」になれば難問は存在しない。クルド人たちは往来しているのだろう。

元来アララット山はアルメニア人にとっての聖山であった。クリミア半島での列強の蛮行が歴史的にはよく知られているが、オスマン帝国に反抗するアルメニア人への弾圧はジェノサイドであったと語られている。このときトルコの傭兵として集団殺戮に手を貸したのがクルド人であった。アルメニア人を北のほうへ押しだして、アララット山はトルコ領になった。この地方に定住しているのはクルド人である。いまではこの地のクルド人はエルドアン政権からテロリスト呼ばわりされている。ところがその地の民兵たちはアメリカが本格的に武器を供与したことでシリアのＩＳ殲滅の先鋒隊になった。彼らがへっぴり腰のイラク・アメリカ連合軍のなかで、唯一勇敢な軍隊となっているのは、あの「クルディスタン」の地図にみられる国土の失地回復のためだと私は考えている。ＩＳが地上から抹消されたとき、その地はシリア人の所有になるのだろうか。スークでみつけた「クルディスタン」の地図の国境線が世界地図に書きこまれることになるのだろうか。

まだ存在しない国家がその意思表示として美術館《ミュゼアム》を建設する。内戦の終結していない、しかも占領下である「クルディスタン」がそう考えていたとしても、おかしくない。世界地図上では四つの隣国に所属する小さい地域の集合体だ。かりにいつの日か統合が実現するとして、いったいその首都はどこに置かれるのか。プロイセンという小国の王宮の置かれていたベルリンが、ドイツの首都になる以前に、この地にフリードリッヒ二世という啓蒙君主がいた。その廟を若い建築家、フリードリッヒ・ジリー（一七七二―一八〇〇年）が提案した。直後にフランス革命が勃発し、実現はしなかった。今日のブランデンブルグ門の位置に、王の亡骸とともに収蔵品なども展示する大規模な建築物で、その頂上にギリシャ風の神殿が建てられるはずだった。英仏の幻視の建築家たちが革命的ユートピアとして理性の神殿を構想してはいたが、ほとんどがノーウェアだった。小国が都市のド真んなかに、しかも美術館《ミュゼアム》として、それが国家的記念碑として構想されていたことは、次の世紀の近代主権国家の首都としてのシンボルのつくられかたに大きい影響を与えることになる。

若死したフリードリッヒ・ジリーの徒弟《アシスタント》だったのが、カール・フリードリッヒ・シンケル(一七八一―一八四一年)であった。独立したとはいえ、仕事はなかった。オペラの舞台装置の下絵書きでナポレオン戦争下の動乱を過ごした。とはいえ、『アイーダ』や『魔笛』の背景はロマン主義的古典の傑作といわれるほどに画家としても注目をされており、何とか宮廷附属とはなるが、仕事は狩猟小屋や衛兵詰所程度。コンペを勝ち抜いてやっと公共的な建築を手がけることになった。最初の大仕事が、ベルリンのミュゼアム島の顔になる国立美術館《ミュゼアム》の設計だった。そのときまでに大英博物館《ブリティッシュ・ミュゼアム》が片翼だけできあがっている。すでにルーブル美術館は開館していた。

ユベール・ロベール(一七三三―一八〇八年)はルーブル美術館設立に当初からかかわっていたが、彼の描いた『廃墟となったルーブルのグランド・ギャラリーの想像図』には破れたヴォールト天井の大ギャラリーに、当時発掘されローマ法王庁に置かれていたはずの『ラオコーン』が瓦礫を背景にした点景として描かれている。本物か模造かは問題ではなく、このアイコンの収蔵展示は、ルーブルが全世界の「美術」を一堂に収集することを意図していた喩えとして語られる。全世界に収集の手をのばすことは、逆にいうと、全世界の傑作を一堂に、つまりフランス国家の中心に集合させ世界美術史を展示しようという意図であった。すなわち、ラオコーンを廃墟と化したルーブルに描きこむことは全世界、全歴史の「アート」を収奪する意志をあらわしており、つまり全世界を文化的植民地に見立てていたわけだ。大英博物館の目玉展示室になっている「エルギン・マーブル」もまったく同様な意図でアテネ・パルテノン神殿の軒飾りを持ちかえっている。

シンケルは設計に着手する前に、ルーブル美術館を見学にいく。このときの紀行文ではまったく関心を示していない。おそらく旧い王宮の改装だったためだろう。目的は新築された大英博物館のファサード、列柱のついた両翼である。パラディアニズムのなごりである。それにたいして、シンケルは横一直線にファサードをひろげる。無限延長する列柱を両端で切り落とす。石の壁をその存在感のみに抽象化してしまった。

その旅行でシンケルは産業革命期の工場の単純なアノニマスデザインに注目する。この無装飾の煉瓦造は半世紀後にシカゴで開発された商業オフィスのロフトのために開発されたフレーム構造とともに、二〇世紀のモダニズムがイコン嫌悪症《イコノクラスム》の兆候をみせる契機になる。しかしその前にシンケルはイコン愛好症《イコノフィリア》の判断基準しか持ち合わせぬ近代国家の国家的シンボルとなる文化施設を、プロイセンの首都ベルリンにつくりださねばならなかった。クライアントとしての国家が意図するイコン愛好症《イコノフィリア》と自らが発見したイコン嫌悪症《イコノクラスム》とのみえない葛藤が、このベルリン美術館のファサードに緊張感をただよわせる。とはいえ、これはこの時期にできたミュンヘンやドレスデンやカールスルーエやハンブルグなどそれぞれの王国の美術館より建築として卓越していたことに注目すべきで、のちにドイツ帝国が成立したとき、その国家的シンボルに認められたのだった。まだ存在しない国家にとって、ミュゼアムとは何か。私の迷走はつづく。

2 大洪水

イラクから亡命していたアーティストが、自己証明のように胸ポケットからとりだした一枚のグループ写真に一緒にうつっていたジャラル・タラバニは、クルディスタン愛国同盟の議長、そして第四共和制（第三共和制はバアス党のサッダーム・フセイン）の大統領になった人である。ウィキペディアには若い頃からクルド民族運動の活動家だったと紹介してあり、『毛沢東選集』をクルド語に訳したことがあると特記されている。ネパールで勢力を拡大しているマオイスト・グループのような存在か否かはわからない。『毛沢東選集』のどこに興味を抱いていたのだろうか。遊撃戦論であるならば山中に籠ってゲリラ戦をやっていたことに通じる。ひと頃はイラク国での軍役経験もあるというから、戦術と戦略の違いからすべての決定を組み立てた毛沢東の理論指導を参照していたのかもしれない。抗日戦下の文化政策をつくりだした「延安文芸講話」は毛沢東選集の要のひとつになっている論文である。わが友アーティストは山中でもスケッチブックをかかえていたようで、泥や土をアブストラクトに描いている。国際的な美術界ではこのアーティストの作品はコンテンポラリーと呼ばれる傾向であるから、プロパガンダ的マオアートとは無関係かのようだ。何しろ彼は最初に逢ったとき、われわれのために現代美術館をつくってほしい、と私にいったのだ。私は世界で最初に現代美術館《ミュゼアム・オブ・コンテンポラリー・アート》と呼ばれることになったLA MOCA（一九八六年）の設計者にえらばれて、私としては海外ではじめての建築作品として実現した。このことを知って東京にあらわれたのであろう。

　ポンピドゥー・センター（一九七六年）が開館したときまで、新しい美術を収蔵展示する美術館は近代美術館《ミュゼアム・オブ・モダンアート》と呼ばれていた。このような名称のはじまりは、ニューヨーク近代美術館（NY MOMA）（一九二九年）であり、ポンピドゥーは企画段階でルーブルやパレ・ド・トーキョー❖と異なった活動を目標にしてはいたが、定義や枠組みが決まらないため、ひっくるめてセンターと呼んでいる。つまり、私がLA MOCAと呼ばれることになる現代美術館の設計に着手したとき、ミュゼアムとしてモデルにする型がなかったわけである。たとえばその二世紀前にルーブル美術館が近代主権国家の中心的役割をいずれ担うことになるその予備的な制度を模索しはじめたなかから、ひとつの美術館《ミュゼアム・オブ・アート》としてのモデルがうみだされる。引きつづいて全世界で近代国家の中心に文化のシンボルとして神殿のように建設された。あげくにブルジョワジーが近代美術を内部変革として運動につくりあげ、さらには並行して展開する、テクノロジーが虚像をうみだすメディア（複製芸術）によって、アートという制度が根底から揺るぎはじめる。これもまたアートであることに変わりはない。

　決定的な相違は展示性であった。これが現代アーティストの基本的手法になりはじめた。そのような展示が可能な場を現代美術館と呼ぶとすれば、その建築的な形式はいかなるものか。これが一九八〇年時点で、私が直面した問題であった。ともあれ、はじめて現代美術館と名づけられた建物が開館した。特記しておきたいのは、美術館《ミュゼアム》と呼ばれてはいるが、近代国家の「美神《ミューズ》の館」としての美術館とも、一九世紀ブルジョワジーたちが自邸を飾るためのコレクションを公開展示することからはじまった近代美術館とも異なって、国家・社会的制度から自立した「アートらしいもの」までを包含する、新しい型のアートが創りだされていくための場である

❖一九三七年のパリ万博に際して、近代美術の展示場として建設された。現在のパレ・ド・トーキョーは二〇〇二年開館。

ことだ。日曜礼拝に通わなくなった一般市民がそれでも日曜日に集まってくるだけの魅力をそなえた場と、その施設である。いずれ、私がこのとき手探りでデザインした、「ホワイト・キューブ」を乗り越える「サイト・スペシフィック」がたちまちひろがって、現代アートギャラリーの代名詞になったとはいえ、さてイランからの亡命アーティストがいうクルド国家のための美術館とは、形式やシステムがズレているかもしれない。彼個人のためだけなら現代美術館でいい。だがまだ存在しない国家のための、その中心的な「美神の館《ミューズ》」とするならば、具体的な施設とともにその文化的制度の始源をいったんはたどるべきではないか。やはり私の迷走はつづいている。

遊撃戦から大長征を経て延安に拠点を築き、八路軍として国共合作で抗日戦を勝ち抜き、さらに国民党相手の内戦のあげく一九四九年一〇月一日に天安門上から新中国の建国宣言を発した毛沢東は、その前夜に政治協商会議の委員全員を参列させ、みずから人民英雄記念碑の鍬入れ式のスコップを握った。いま建っている記念碑の文字はその式の直前に揮毫した書である。天安門の中心軸上に国旗掲揚台がある。その軸線上に人民英雄記念碑が建ち、さらに同じ軸線上に毛主席記念堂がある。その中央に彼の遺骸が永久保存されて公開されている。

フリードリッヒ・ジリーが提案したフリードリッヒ大王記念堂では頂上に亡骸が置かれ、アクロポリスの丘のように巨大に盛りあげた基壇の内部には大王のコレクションが展示される計画であった。その記念堂の位置と展示物品は近代帝政共和国家の首都の中心に置かれる構成要素のすべてである。〈ミュゼアム〉という制度が成立していなかった時代に、後にビルディング・タイプとしての美術館がうみだされていく原型をフリードリッヒ大王の記念堂としての廟堂に垣間見ることができる。国家の成立に貢献した英雄の亡骸を祀る建物に美術品が同時に収められている点では、エジプトのピラミッドも始皇帝の廟も同じ意味合いをもっている。この組み合わせを理解すれば、天安門広場に人民大会堂と革命博物館が向かい合い、中央軸線上に人民英雄記念碑と毛沢東記念堂が置かれねばならない理由も判明しよう。

北京においては、国宝級の重要物品はすべて国民党によって台湾へ持ち去られたが、故宮そのものが建物ごと〈ミュゼアム〉と見立てられている。中味が国外流出したわけではない。北京にとっての天安門前広場はパリにとってのコンコルド広場である。軸線はルーブル宮を貫き、シャンゼリゼからエトワールへ、現在ではさらに延長してラ・デファンスへ、この軸は国土の端部まで延長されようとする。軸線のおわりが国土のおわりである。グリッドのおわりの両端が太平洋と大西洋に沈んでいるアメリカは、それを空中を飛ぶネットワークに取り換えた。軸線、グリッド、ネットワークによって近代主権国家はその統治範囲の拡張を図っているわけだが、キルクークの道路上をパトロールしていたアメリカ駐留部隊の車列をクルド人たちはまったく信用していなかった。クルド愛国同盟議長であったタラバニ大統領も、スンニ派とシーア派とのバランスのおもしにされていただけで、クルディスタンが分離独立するにはかなりの難路が予想される。とはいえ〈ミュゼアム〉の軸線が存在すれば、フランスも新中国もこれが国土の輪郭をえがく手がかりになっている。その単純な軸線がグリッドになりネットワークの網目になっていたとしても、覆いかぶさってくる既成の統治の枠組みを無視し逃れる術をクルド人たちはこころえているようにもみえる。

さて、クルド国家の美術館はいかなるものにしたらいいか、最初に訪れた

スークの側に立つ城塞

候補地は魅力に乏しい。「クルディスタン」の地図を購入したスークをでて、私は眼前にそびえ建っている巨大な城塞《シタデル》を見上げた。あれはモロッコかアルジェリアの話だったが、サン＝テグジュペリの小説❖にでてくるような城塞《シタデル》のようだ。民兵たちはもう姿を消していた。山岳ゲリラから下山したらしい一人が携帯で話している。あそこはかつてフランスの発掘調査隊が寄り道したらしい。事情のわかる人間を呼んだよ。

サン＝テグジュペリ『城砦』（一九四八年）

アララット山は標高五一六五メートル、ヨーロッパ最高峰のモンブランよりはるかに高い。元来東トルコ全域にアルメニア人が居住していたのを、トルコ政府が北側に押し出してその後にクルド人が住みついた。アタテュルクはクルド人のトルコ人への同化政策をとった。いまでは分離独立派が勢力をのばしている。

かつてアルメニアはロシアの一部であった。登頂不可能といわれていたアララット山はロシア人が最初に登頂を試みた。そして方舟が氷河のなかに漂着したまま残存しているとロシアの最後の皇帝ニコライ二世に報告をあげ、さっそく一二〇名の軍隊が派遣された。一説によると、彼らは旧約聖書の記述のように三層になった方舟の残骸を発見したと本国に報告したが、そのときにはすでにレーニンによる革命政権が樹立しており、文化政策を担当していたトロツキーが破棄を命じたため、証拠はすべて消失したといわれる。ロシア人好みのジョークに過ぎないとしても、アララット山には方舟伝説がまとわりついている。

アララット北壁へ向かうアルグリ渓谷に聖ヤコブ僧院跡がある。中世のアルメニア派の修道院であった痕跡は残っているらしい。その山麓のアルメニア側にエチミアジンという観光地がある。ここのアルメニア使徒教会大聖堂の聖具室に二種の聖物が収蔵されている。ひとつは十字架上のキリストの脇腹を刺したロンギヌスの槍の鉾先、もうひとつは化石化した方舟の木片、いずれも旧約と新約両方の聖書の記述が事実であることを証明する物品である。とはいえこれは単なるいいつたえである。神学的に取り扱われているとはいえ、歴史的事実である証拠はないらしい。

方舟《アルク》はバイブルの創世記には「ノアの方舟」、クルアーンには「ヌーフの方舟」としてまったく同じ記述になっている。「十字軍以来、クリスチャンとモスレムは不倶戴天の間柄のはずだが、始源の神話は共有しているではないか」という事例に方舟の神話が引き合いにだされはするが、楔形文字の解読がすすむと、これはすでにギルガメシュ叙事詩に記されていたことが判明し、大洪水は紀元前二九〇〇年頃に起こったと推定されるにいたる。この楔形文字を記した粘土板はアルメニア側ではなく、反対側、チグリス川の源流に近いトルコ領のジューディー山の麓の古都ニネヴェの遺跡から発掘された。ここは現在イラク領である。いずれも「クルディスタン」の領域に包含されている。

「やがて、声あって曰く、「大地よ、汝の水を呑みほせ。大空よ、鎮まれ」と。すると洪水は引き、事件は完全に了って、船はジューディー山の上に止まった」(井筒俊彦訳『コーラン』岩波書店)。このジューディー山とはアラビア語では「高み」を意味する。創世記には「アララテの山」と記されているようだ。それはもともとアッシリア語でアルメニアの一部を指すといわれているから、地質学的には会津磐梯山型の噴火をしたアララット山を必ずしも指したわけではないらしい。「高み」をそのまま名前にしているジューディー山がチグリス川の源流近くに存在する。同じ名称の山が各地にあるらしいが、東トルコのイラクとの国境線付近がもっとも方舟漂着地点である可能性が高い。このことは宗派を問わず、神話学的にも共通認識とされているようだ。

スークをでて見上げた城塞《シタデル》をフランスの発掘調査隊が掘りかえしていったということは、この高台の城塞跡も「高　み《アル・ジューディー》」のひとつと見立てられていたのだと思われる。何の予備知識も土地の方向感覚もなかった現地訪問のとき、地平線の起伏のあたりが方舟漂着点だよと聞かされた。いまこの城塞を見上げて、とすればあの頂部も大洪水のときには水没していたんだな、とは思ってみたが、フランスの発掘隊が掘りかえしていったと聞かされ、洪水が引いた後に「船はジューディー山の上に止まった」とあるところをみると、眼前にそびえ立つ城塞がクルアーンのいう「高　み《アル・ジューディー》」とみなされていたのは事実だろう。

　トルコの旅行案内にはその地のジューディー山麓の東側（いまわれわれがいるのはチグリス川中流、イラク圏内だ）の国境線すれすれにノアの方舟ビジター・センターがつくられている。これを航空写真でみると、地表の断層の亀裂が舟の形になった場所のようだ。箱舟（方舟）であるからには船体も矩形ではないのか。いかにも怪しいでっちあげに違いない。トルコがアララット山、方舟《アルク》、すべての神話を政治的にわがものにする魂胆が丸みえである。同化政策によってクルド人はトルコ人にされている。とにかく、「クルディスタン」にはギルガメシュ叙事詩も含め方舟神話のすべてが包含されているわけだから、あげつらうことはやるまい。いまは、まだ存在しない国家「クルディスタン」のための美術館の候補地を捜しているのだ。

　眼前にそびえたつ岩塊はアテネのアクロポリスの丘よりも大きい。都市門、つまりプロピュライアがみえる。城内のなかに入ってみよう、と考えたとたん、アテネのアクロポリスのプロピュライアへ向かう急勾配の大理石階段を想いだした。現在は壊れていて岩盤が露出してすべりやすい。オスマン・ヴェネチア戦争のときは難政不落と思われた要塞だった。私はアテネを一〇回以上訪れる機会があり、少なくとも五〇回はこの丘に登り降りした。かなりきつい。かつては重い機材もかついだ。アクロポリスの丘ぐらい、いやもっと高いかもしれない。大洪水が引いて、最初にあたまをだした「高み」というコーランの記述がたよりになる。見渡す限り、この付近では要塞《シタデル》がもっとも高いのだ。

あらためてフリードリッヒ・ジリーの描いたフリードリッヒ大王の廟を想った。一七九七年に制作されたこの案は、当時勃興しはじめたドイツロマン派の精神が国家的な中心を象徴する記念碑として、もっとも的確に描かれているとする歴史的評価が定まっている。都市のド真んなかに巨大な基壇を積みあげ、その上にギリシャ神殿を載せる。

ヴィンケルマンのギリシャ憧憬。レッシングの『ラオコーン』。ロベスピエール政権が企画し、画家ダヴィッドが構想とセッティングを行った「最高存在の祭典」(一七九四年)に登場するオリーブの冠をかぶり白布のプリーツを巻いたギリシャ風の巫女。そしてミュンヘン郊外レーゲンスブルクの河畔の「高み」に建築家クレンツェが設計した『ヴァルハラ』(一八四二年)は、後にリヒャルト・ワーグナーが『神々のたそがれ』(一八七六年)の終幕でトネリコの枝を周りに積みあげ、炎上する。ターナーもまたその光景を想像しながら絵画作品(一八四二年)をのこすことになる。一九世紀の前半にあらゆる領域のアーティストたちのモチーフになったそのプロトタイプが、ジリーの描いた廟《モスレウム》案であると考えられる。そのモデルとなったイメージがアテネのアクロポリスであったことに間違いはない。

城塞《シタデル》につくり変えられたとはいえ、その「高み《アル・ジューディー》」は「ヌースの方舟」漂着地点と推定するに充分な地政学的条件をそなえている。何しろギルガメシュ伝説の地である。はるか後世に、ギリシャが都市国家をつくりだしたときの記録、たとえば、七つの門のあるテーバイは、ギリシャ悲劇のテーマとして語り伝えられており、その都市の細部は、スフィンクス、オイディプ

フリードリッヒ・ジリーによる
フリードリッヒ大王廟、1797年

ス、アンティゴネー、クレオーンなどの物語とともに残っている。すなわち都市国家テーバイはその都市の細部にいたるまで復原可能であり、想像的に復原図も描かれている。ところが眼前にそびえる岩塊はギルガメシュの時代からすでに数度の文明的断絶を経たらしく、廃墟が重なり、今日でも発掘がなされ、その廃墟のなかに住まう人影もあり坂道がみえる。とにかくプロピュライアまで登ってみたいなというと、ゲリラ戦から下山したわが友たちは引きとめる。自動車があるよ。裏道から登れるようだ。何しろわれわれは四輪駆動の軍用ジープに乗ってきているのだった。

大洪水神話は世界各地にあり、いずれも文明の発祥と結びつけられている。方舟の物語はアッシリアの地であるが、時代をさらに遡ると、黄河の治水にかかる禹を祖神として夏・殷・周が中華文明をつくりだした。中原地方を流れる黄河は巨大な暴れ河で、流域を変え、都市、集落を丸ごと水没させていた。その治水に成功した禹が祖神として尊ばれている。この両文明に比較すればナイル河など定期的に増水するだけで実におとなしい。

宋の首都になった開封で都市生活者の日常が社会学的に記録された。現存する『東京夢華録』(孟元老)は盛時の繁栄を知る手がかりになっている。また、春をつげる清明節にこの都市を貫く運河を遡行しながら行幸する皇帝の一行を描いた長大な画巻『清明上河図』(張択端画)も同時期のものである。これは中国の国宝中の国宝とされているが、画法のみならず都市の風景描写も絶品である。『清明上河図』に惚れ込んだ人、たとえば乾隆帝は、レオナルドの『モナ・リザ』なんぞクズ扱いにしていたと思われる。この開封市には風水論に従って高い壁で囲われた市内の隅に人工的に巨大な築山がなされ、あらゆる外敵や魔神の侵入も防ぐ完璧な防御体制が整えられていたはずなのに、この都市は十数回も黄河の氾濫によって水没したと記録されている。古図と現況図とを比較すると、『清明上河図』に描かれた皇帝の巡路としての運河はほぼ同じ位置にあるので、この運河ぞいを画巻順序に従って歩いて、『東京夢華録』の記述を想い浮かべたいなと考えながら、訪れたことがある。

「宋時代から開封は一〇回近く水没してるのですよ。その都度城壁も含めて改修されてきたのだから、皇帝が通った運河は洪水で埋まり、清国軍隊が駐屯したときに要塞につくり変えましたね」。その後国民党が抗日戦の重要基地にしていた。「あげくに日本軍から占領されたんですよ」。ちょうど法勝寺の九重塔があたりを睥睨《へいげい》していた京都の町並を、新幹線が横断した現在、古図をたよりに捜すようなものなのだろう。

開封にはかつてユダヤ人や胡人(ペルシャ人)のコミュニティがあったという記録を手がかりにリービ英雄はその痕跡を捜す旅にでて、シナゴーグの洗礼に用いられた井戸をみつける。❖たしかに今日ではそれらしい標識がたっている。ダビデのマークが彫ってあるよというけれど、いまは囲いがしてあって近づけず、私には判別できなかった。一〇回近くも開封市内は洪水をかぶっているというから、この洗礼用の井戸はそのたびに泥から掘り出されたのだろうか。いまは宮殿や城門や鼓楼、鐘楼が、堂々たるスケールで建っている。『東京夢華録』のあの宮殿なのだろうか。案内してくれた都市計画担当の市の当局者ははにかみながらいう。「いやあれはすべて現代につくられたんですよ。人工的に築造された築山に建つ小さい石碑は年代物でしょうがね。その他の都市的施設はすべて毎晩八時から上演される大スペクタクルの背景に使われます。まあ御覧下さい。シルクロードの向こうからやってくる胡人(ペルシャ人)たちの隊商のラクダの列にはじまり、モンゴル騎馬隊の侵入があり、最後は日本軍の侵略で集中砲火をあびてす

❖ リービ英雄『我的中国』(岩波書店、二〇〇四年)

べて火の海になります」。

開封の旧都城は国家的易学である風水説に基づいており、人工築山も、ダビデのマークが彫られているといわれる六角形の洗礼用井戸も、すべてをひっくるめた大テーマパークになっていたのだった。それでも開封市は中原経済圏の一隅を占める重要な位置にあるから、新市庁舎をはじめ、すべての都市的施設は新区に移されている。殷墟もあり、周の王城があったといわれる鄭州との間の農村は都市化を開始しており、いまではほとんど街がつらなっている。

鄭州の黄河ぞいの堤防に、花園口という標札がある。支那事変の際、日本軍は北京から南下して開封を占領し、鄭州を根拠地としていた国民党軍と対峙した。国民党軍は開封がかつて幾度も暴れ黄河の洪水に見舞われたことは熟知していて、開封を水攻めにすることを考えた。戦国時代には水攻め、兵粮攻めは常識的な戦術であった。秀吉の朝鮮出兵の際は逆に水攻めに会い苦戦を強いられたことも両軍は知っていただろう。花園口はその時の爆発地点である。戦跡として、いまは名所になっている。ところがその爆発によって、河南省全域が大洪水に見舞われた。一説では溺死者二〇〇万人と推定されている。元来、黄河は西方の蘭州付近で、黄土地帯とよばれる広西省の大地を北方に迂回し、大同、五台山、太原などの東側を南下、洛陽を横切る洛河と合流して、鄭州、開封の北側を東進する。開封を直撃するには花園口はすこし西に寄りすぎた。黄河の主流がわずかばかり北向きにカーブする開封の近くであったら開封の日本軍を壊滅できただろうが、失敗した。

黄河の濁流は開封をかすめて、現在は日本と同じ人口を持つ河南省の農村全域を水びたしにしてしまった。もう一説の溺死者は五〇万人から九〇万人である。それでも、東京大空襲（三・一〇）、ヒロシマ（八・六）、ナガサキ（八・九）をあわせた数より多い。二〇〇万人説も根拠がないわけではない。花園口破壊による洪水はその翌年、河南省の農村に大飢饉をもたらし、難民が発生した。日本の侵略軍がまだうろうろする地帯を難民たちが延安方面の開放区へ向かって移動したのは事実であって、その数が二〇〇万人だったといわれている。当時の日本の新聞には、日本軍がボートをだして、溺れる農民を救出したという美談がのこっている。すべて国民党が悪者になっているところは、化学兵器を使用したのがサーダム・フセイン軍だったというのと似ていなくもない。孫子の兵法とクラウゼヴィッツの戦略論のどちらが役立っているのだろうか。どちらにせよ瓦礫や廃墟しか残らない。その跡は開封のように丸ごとテーマパークにつくりかえるしかないのだろうか。フロリダのオーランドのように、ワニとヘビの住み処である湿地帯へ逃げこむべきなのだろうか。孫子もクラウゼヴィッツも、大洪水問題を解決できないことだけは確実である。

とはいえ、今日の大洪水問題は一九七二年のローマクラブの報告書『成長の限界』にはじまる。

3 第四間氷期

ローマクラブのレポート『成長の限界』(一九七二年)を政治問題化させたのが、アルバート・ゴアの『不都合な真実』(二〇〇六年)であったとすれば、バックミンスター・フラーの『宇宙船地球号操縦マニュアル』(一九六八年)を文化問題化したのはジョンとヨーコの『イマジン』(一九七一年)であったといえるだろう。

地球を水の惑星と考えている点では共通している。いまでは生命が水中で発生したことは常識になっている。しかし人間もいまだ浸透膜を介して水を内外で移動させて生命を維持しているわけで、水蒸気を含めて水中に栖息しているとみたほうがいい。フラーが、岸辺に立った人間が掌を丸めて椀状にして水を汲みあげる行為から、テンセグリティーからシナジーにいたるみずからの思想を展開するのにたいして、ゴアはヴェトナム戦から帰還した足でロッキー山中の川下りに行く、歯の浮くような想い出から説明をはじめる。あまりの落差で比較するわけにもいかないが、水だけが共通項である。

フラーは「地球号」乗組員全員を救済する基礎的手段を開発しようと考えている。私は追悼文で彼を弥勒菩薩にたとえた。ある国際会議で同席した。議論が膠着状態になったとき、バッキー・フラーがすっと席を立って姿を消した。席にもどってこないので、私は心配して捜しにいった。薄暗がりの別室でただひとり瞑想しているバッキーの姿をみつけた。半跏思惟像を思った。フラーのシナジー論はエネルギー問題が語られる際の熱力学の第二法則と必ずしも合致せずむしろ東洋の気の循環説に近いようにもみえるが、現代の錬金術師だったと考えれば半跏思惟のポーズのままでいるから尊敬できる。

アル・ゴアは『不都合な真実』の核心を南極大陸の氷が溶けていくことからはじめている。だが根本的な解決法を求める地球サミットの京都議定書《プロトコル》の策定に副大統領として参与しながら批准できず、市場資本主義に丸投げして政治問題を金融市場に移してうやむやにしてしまった。彼はさまざまな科学的データ（事実）を集め、それを「不都合」とみている市場資本主義に解法を依頼して、後進国の空気が取引材料にされてしまう結果を生んだ。つまり八〇パーセントの氷河が消え、北極海の氷が溶ける地球温暖化に警鐘を鳴らしたはずの善意(?)が、いやあまりにもイノセントであったが故の悪意となって温暖化に拍車をかけている。ふりかえってみれば京都、つづいてパリの議定書は市場資本主義が仕掛けた政治的詐欺事件だったのではないかと疑われてくる。

本来議定書《プロトコル》と呼ばれるものは誰かが起案し特定の目標を協議して決められた際の取り決めの文章である。その全過程で何段階もの不確実な決定や不都合な要請を切り捨てたり、妥協したり押し切られたりもする。とりわけ京都・パリの議定書はCO_2排出量規制の協約だったため金融市場から狙い打ちされ、地球温暖化の本質的な対策は全く顧みられることなく（当初はフロンガスによるオゾン層破損があまりにもけたたましく宣伝された）、かえって議定書《プロトコル》の有効性が疑問視されてもいる。アル・ゴアは地球温暖化を政治問題化する意図をもって京都議定書の策定にかかわった。アメリカ議会は批准しなかった。

この民族の存在が絶え間ない嘘の上にあることは有名な『シオン賢者の議定書』に書かれている。『議定書』は偽作であると、『フランクフルター・ツァイトゥング』紙が毎週訴えている。そのこと自体が『議定書』が真正であるという証拠に他ならない……この本が民族すべての共通の財産となった時に、ユダヤの脅威は排除されたとみなせるだろう。

（ヒトラー『わが闘争』（第一部一一章））

アル・ゴアは、偽書であった『議定書』をメディアが偽書だというから本物だといいくるめて、ジェノサイドを実行したヒトラーと同じあぶみを踏みたくなかったのだろうか。金融業によって地球上に存続してきたユダヤ人がさらに文化・芸術・科学の領域において、世界中に進出するべきだと語っているシオン賢者たちの『議定書』の内容をそのまま真実として受けとったユダヤ人嫌いが偽書として捏造したに違いあるまいという推定をしたうえで、あらためて博識を駆使してフィクションに仕立てたのがウンベルト・エーコの『プラハの墓地』である。ここに登場する人物はすべて歴史的に実在したと記録されており、ただ一人ウンベルト本人らしい人物が架空の存在として狂言回しをやったと本人が本文中で種明かししている。異端、秘密結社、陰謀、策略などを通じて本流となっている歴史の通説にハッキングするノン・フィクション仕立てのフィクションでもある。

コケにされているのは『議定書』という国際法に基づく協定である。ローマクラブのレポート『成長の限界』は地球上のエネルギー資源が枯渇する警告であったから、発表された際には市場経済がオイルショックと呼ばれた混乱におちいり、あげくに世界中で資源獲得競争が起こり紛争が激化する。

私は小康状態がおとずれた七〇年代中期にパキスタンからアフガニスタンとの国境となっているカイバル峠を通過したことを想いだす。このとき山中の曲がりくねった道路がトラックの列で交通渋滞になっていた。鉱物資源が国境をまたいで運ばれていた。そのなかにまじって日常品を運ぶトラックはすぐに見分けがついた。全車体が満艦飾というかあらゆる種類の電燈で飾りつけられて走り抜ける。街灯などまったくない禿山で囲われた山道を走るこの種の長距離輸送トラックは、コンボイ映画の怪物のようなディーゼル車よりはるかに美的で衝撃的だった。後に私がデザインしたマンハッタンのナイトクラブ、パラディアム(一九八五年)でグラフィティアートを展開し今日では現代美術市場で世界最高額を記録しているバスキアなどのアーティストたちは、あのときの満艦飾トラックを表層的になぞっていたに過ぎない。それはさらに一〇年後のことだ。いっぽう資源を満載したトラックの列はどこに向かっていたのか。中国本土へ向かっていたのであろう。ここもシルクロードの支線のひとつである。同時に仏教が伝播したときに通過した道でもあった。京都議定書は一三〇余国が批准している。パキスタン・アフガニスタンが批准しているかどうか知らない。先進国家から資源開発のねらいうちにあっていたのだ。これは市場資本主義のさしがねである点に相違あるまい。

ギリシャにドクシアディスという都市計画家がいた。ローマクラブができる前から環境問題に注目をしており、国際的な有識者を集めて、世界に向かって提言するためデロス島で賢人会議を主催した(一九六三年―)。都市計画家が主だったが、建築家としてバックミンスター・フラーと丹下健三も招待された。廃墟になった半円形劇場の最前列で全員が並んだグループ写真が残っている。その三〇年前にＣＩＡＭが「アテネ憲章」(一九三三年)を発表し、これがモダニズム都市デザインの基本思想となっていた。これを反復して環境デザインでの世界的な指針をつくりたいと考えたと思われる。

デロス島は全島廃墟になっている。紀元前五世紀頃、異なる守護神をもつギリシャ諸都市がペルシャに対抗する同盟をつくった(デロス同盟)。これは核抑止力のもとにつくられた国連という機構のはるかなる先例である。オリンピックがギリシャを発祥地としたように、国際連合もそのアイディアは同じくギリシャなのだとにおわせている。第一回デロス会議の翌年に準備のはじまったモントリオール万博(一九六七年)で注目された建築物はアメリカ館で、大阪万博ではお祭り広場の大屋根だったとするならば、これらの建築家がデロス会議に両者とも出席していたことは注目に値する。ジオデシック・ドームとスペース・フレーム。バックミンスター・フラーと丹下健三。いずれも賢者として招かれている。ここでは「アテネ憲章」のような議定書はつくられていない。ドクシアディスの事務所がこの会議の報告を作成中だと私は聞いた記憶がある。だが私の知る限りでは発表されていない。招かれた賢者たちの、夏のエーゲ海バカンス旅行だったのではないか。

『宇宙船地球号操縦マニュアル』で、岸辺に立った人間が掌を丸め椀状にして水をすくい上げる行為をバッキー・フラーが比喩につかったのは、最小限の道具(表面積)で最大限の効果(水量)を得るというみずから開発したシナジーの概念が、知能をもった動物としての人間にうまれながらにそなわっていることの例としていたからだ。しかし彼のいいたかった根本は、人間は文明と称して無駄ばかりやってきた、限られた資源をもとにシナジーの原理に基づく技術開発へとすすめば、「地球号」は安全運転できる、ということだ。その例としてモントリオール万博のア

EXPO67　バックミンスター・フラー　ジオデシック・ドーム

メリカ館において、人工気象をひとつの都市のスケールをもつジオデシック・ドームとして実現させた。博覧会のパビリオンはスケールモデルであり、それをマンハッタンのひとつの地区に適用するイメージも描いた。おそらくローマクラブのレポートには驚かなかっただろう。操縦マニュアルに原理の説明はしつくされている。没後に残された孤独な発明家の研究ノートには、「地球号」の安全運転で資源をシナジーとして有効に利用するための膨大な量の基礎データが残されていた。私が弥勒菩薩にたとえる由縁である。

　第一回デロス会議（一九六三年）に出席した丹下健三は、同じく人工環境を都市スケールで実現するモデルを大阪万博（一九七〇年）のお祭り広場大屋根として実現させた。六ヶ月間の会期という短期間であったが、地震国日本であるため重厚な冗長件《リダンダンシー》あふれるスペース・フレームとなった。つづいて田中角栄の日本列島改造案にのせられ、列島中に長大な土木的インフラを張りめぐらす提案をすることになる。私の知る限り、『成長の限界』レポートにはかなり衝撃を受けた気配があった。それを環境問題として展開するいとまもなく、オイルマネーが集中したアラブの王族のための建築家になる。オイルショックもまた市場資本主義が作動したことに由来する。都市開発資本と呼ばれるあたらしいマネーの流れができあがりつつあった六〇年代に、地球環境問題はモントリオール万博、大阪万博のかくれた建築的主題ではあったのだが、国際的な金融資本主義が市場を席捲しはじめたために腰折れになる。

　その後約半世紀、大小の博覧会が全世界各地で催されるときテーマとして常に環境問題がかかげられているにもかかわらず、有効な解法が示されたためしがない。地球温暖化はつづいている。氷河が消えつつあることに気づいた一九五〇年頃には、

EXPO70　お祭り広場
大屋根・デメロボット

海面は一〇〇メートル上昇するといわれていた。誰が修正したのか六〇メートルまで下がった。『不都合な真実』では六メートルになっている。それでも今日の気象異変はすべて地球温暖化が原因であると語られる。いったい「宇宙船地球号」はどうなってしまったのか。操縦不能に陥っているのではないか。バッキー・フラーは半跏思惟像のポーズをとっていた。丹下健三は衝撃を受けたがオイルマネーの建築家になった。議定書が乱発された。偽書扱いになっている。たんなる仮説であった大陸漂流説は、プレートテクトニクスの登場によって「真実」だったと語られはじめた。とすればあの大洪水も事実だったのではなかろうか。「地球号」の海面がかつての説のように一〇〇メートル上昇するならば、この半世紀間に上昇した世界人口の増加分、三〇億人は溺れることになる。「地球号」乗組員の全データを並行宇宙説のようにほんのわずかの時間だけ巻き戻して一九五〇年時点を定員とみれば、いくらかバランスをとりもどせるのではないか。操縦マニュアルはその程度の規模を想定していたと思われるのに、ほんの一〇年程度でくるいはじめた。バッキー・フラーは半跏思惟ポーズをやっている。さらなる名案がうまれる前にこの世を去った。

『第四間氷期』はガガーリンがはじめて宇宙から「地球は青い」という声を送ったのと同時期に、安部公房が連載をしていた未来予測論のＳＦである。文学作品としては高い評価を受けていないが、私は彼の最高傑作だと考えている。細部について語る場ではないから私の個人的な思い入れは省く。人類がはじめて地球は「水の惑星」だと認識することになる声が届いてから約一〇年後に、月面の着陸地点を探索するために月の周回軌道にのったアポロ八号から、月面上に浮ぶ地球の写真が送られてきた。地球もまたひとつの天空に浮ぶ惑星であることが瞬時に理解された。科学的には膨大な学説が積み重ねられてきたとしても、説であるからには反論される。一九六一年のひとつの声＝言葉と約一〇年後のひとつの映像＝イメージによって地球は水（そして水蒸気）で覆われたひとつの惑星だと人類は認識することになった。

まず〈声〉、ついで〈映像〉を介して伝達された。安部公房はあのガガーリンの「地球は青い」を予感している。『第四間氷期』がその証拠である。バッキー・フラーはあのアポロ八号が送った月面に浮かぶ地球の映像を予見していたと考えられる。『宇宙船地球号操縦マニュアル』は地球環境問題の解読手引きである。たいして「未来は残酷❖」と考えた安部公房は、その環境内での人間の生存の手段の考察である。

人類がうまれたのは最終氷期の最寒冷期だったといわれている。地球温暖化の二万年前くらいに大陸氷床が後退を開始し、この地球環境の変化に適応するように人類は文化をつくりはじめた。最寒冷期の海面は今日より一〇〇―一三〇メートル低かった。今日、全地球の気温を調整しているメキシコ湾流はこのときの融氷流水が海流となって、大西洋のみならず太平洋全域を回っている。ときに乱流が起こることもあったらしく氷期が再来したらしい。やっと六〇〇〇年前に今日の海水面が安定する。第四間氷期と呼ばれるこの六〇〇〇年間に人類は道具を使いながら文化をつくり、それを文明に築きあげたに過ぎない。宇宙から見える地球は刻々と変化する雲の流れで覆われている。水面レベルはすこしばかり長い期間で氷の量によって変動しているというわけだ。細かな解読は私の任ではない。

バッキー・フラーが半跏思惟をやっているのにたいして、安部公房は人類の生存条件の危機を警告したいと考えたに相違ない。バッキーからはひたすら教説を聞いただけだが、安部公房とは冗談を交えて会話できたので、彼が作家、思想家としてみずから書き残した以外の論説も

❖「おそらく、残酷な未来、というものがあるのではない。未来は、それが未来だということで、すでに本来的に残酷なのである。その残酷さの責任は、未来にあるのではなく、むしろ断絶を肯んじようとしない現在の側にあるのだろう」（『第四間氷期』あとがき）

かなり聞いた。みずから練習した子豚の丸焼きをご馳走になったこともある。『第四間氷期』の実験室での水棲動物飼育でも豚が飼われている。カフカが『変身』で描写した奇怪な昆虫を再現させたい、実験的にうみだしたい、こんな妄想をもっているに違いないと私は考えていた。ともあれ医学部出身であり解剖学の知識を実習し、とりわけ発生学に興味をもっていた。みずからパブロフ主義者を自称していた。

「進化を人為的かつ飛躍的にしかも定向的に行わせようとする大それた計画ですな。……昆虫の変態を支配しているのが、アラタ体から出る『幼虫ホルモン』と神経分泌細胞から出る『分泌ホルモン』です。……そして私たちはとても奇妙な昆虫をつくりあげましたよ」(『第四間氷期』)。

「豚の場合ですと、水棲になるか陸棲になるかの境目は二週間目ぐらい。ですがナメクジ豚をつくったこともありますよ」(同前)。

という具合の記述がつづき、「未来予想」のプロモーション映画がはじまる。

ここには二つの伏線がある。ひとつには、地球温暖化の要因は黒点の変化にみられるような太陽が放射する熱線と、それを受ける偏心している地球軸の回転変動などであるから、人為的に回避することはできない。水位は氷河期以前にもどって現在より一〇〇メートルは上昇するだろう。とすれば水棲だった人類の先祖の身体を取り返せねばならない。個体発生は系統発生を繰り返すという説❖にもとづいて水中で鰓呼吸のできた器官を定向進化させればいい。

もうひとつは「未来予測」をしているAI(人工知能)がフルに活用されることである。チューリング・マシーンが高度化してサイバネティック社会がうみだされることは、政治・社会体制の如何を問わず一九五〇年代の共通認識だった。『第四間氷期』の主人公は、記憶の痕跡や隠されている事件の断片をひろいあつめて、過去、現在、未来の通時的な時間内さえ往来して、まだ出

❖ドイツの生物学者エルンスト・ヘッケルによって提唱された「反復説」と呼ばれる仮説。

現していない世界を予想できるシステムの開発に成功したひとりの人格である。あの頃はたとえばシナントロプス・ペキネンシスの研究者であったテイヤール・ド・シャルダンでさえ、個々人がうまれながらにそなえた意識がいずれ地球人類全体で共通した意識の海に連結され、一〇〇万年後にはこれが宇宙の意識へと進化するだろうという大著(『現象としての人間』)を発表していたほどだから、水棲人間というバイオロボットが発生しても決して奇想天外な設定ではない。

むしろ発明されたＡＩが発明者本人を裏切り、つまり本人の分身としての人工頭脳から逆に抹殺される。この仕組みは『人間そっくり』以後の安部公房の文学(演劇)的主題になっていく。人間と人造人間の区別がはっきりつかなくなり、人間相互か人造人間相互か、いや人間と人造人間相互か、おたがいに殺し合いが起こる。戦争という非日常ではなく、日常そのもののなかにそんな事態が発生する。虚実入り乱れるというはやさしい。地域ごとに異なる条件下で発生した大洪水どころの比ではない。海面がせりあがって、地表の住居可能地帯の大半が水没するというわけだ。バッキー・フラーもすでに人間という存在を疑問視していた。「宇宙船地球号」の乗組員をつぎのように語っている。

「ある日宇宙人が『地球号』を訪れたとする。空中から地表をみおろして、この惑星の生命体は無数に地表面を這いまわるさまざまな色彩をもった物体、つまり自動車ではないかと思うだろう。その生命体らしきものが停止して、そこから奇妙な寄生虫がドアをあけてでてくる。それが人間だ」。

第四間氷期終末状態ではその生命体は自動車ではなく水中船になっているだろう。パラサイトしているのは水棲人間としてのバイオロボットだろう。あるいは耳が鰓になった猪八戒かも知れぬ。相棒だった沙悟浄は元来水棲人間であった。

4 虚船

気候変動に関する予測のほとんどは、将来の変化――温室効果ガスの排出、気温の上昇、海面の上昇をはじめとするさまざまな影響――が徐々に起こると考えている。一定量の排出によって一定量の気温上昇が起き、それが一定量の滑らかな海面上昇を引き起こす、というわけである。しかし気候の地質学的記録は、あるひとつの気候要素に比較的小さな変化が起きたことで、システム全体に突然変化が起こるという例が数多く示されている。言い換えれば、地球の気温が一定の閾値《しきいち》を超えると、突然、予測できない不可逆的な恐れのある変化が引き起こされ、きわめて破壊的で大規模な影響を及ぼす可能性があるということだ。その時点では、それ以上大気中にCO_2を排出しなくても、もはや止めることのできないプロセスが開始する可能性がある。これは問題とその結果が制御不能になるという、突然の気候変動の制動操舵の失敗とみなすことができる。

（世界最大の総合学術団体・アメリカ科学振興協会の報告書（二〇一四年））

一、ついに第四間氷期は終わりをつげ、新しい地質時代に入りましたが、軽挙妄動はつつしまなければなりません。

一、政府はその後の国際関係を有利に導くため、極秘に水棲人間を製造、海底植民地の開発をすすめてまいりました。現在はすでに三五万以上の水中人を有する海底都市が八つもあります。

一、彼等は幸福であり、従順であり、このたびの災害に対してはあらゆる協力をちかってくれました。間もなく皆さんのお手もとにも、救援物資がとどくはずですが、そのほとんどが、この海底から送られたものであります。

（安部公房『第四間氷期』〈一九五九年〉）

地球温暖化が排出規制などの小手先で防止できるわけではなく、もっと大きいサイクルで進行しており、「一定の閾値を超えると、突然、予測できない不可逆的な恐れのある変化を引き起こされ」るであろうことを警告したアメリカ科学振興協会の報告書の発表される五五年前に、安部公房の『第四間氷期』が書かれていたことに注目してほしい。もともと繰りかえされている氷河期は「水の惑星」である地球号の生態サイクルなのである。とするならば水棲だった人間の身体を地上から水中にもどせばいい。変化していく地球環境にあらためて適合するべく栖みこむあたらしい手段をこそ真剣に考えるべきではないのか。遺伝子をそのまま保持して、水棲、さらには両棲させるべく変身させる。水棲人間飼育研究室はバイオロボット生産機構だったというわけだ。その位置は東京湾岸としか指定されていないが、安部公房の連載のはじまる前年に岡本太郎が発表した「いこい島」（「ぼくらの都市計画」一九五七・六）であることに間違いない。

『第四間氷期』は文学作品として評価されなかったが多くの反応があった。建築家たちのうち丹下健三は『東京計画一九六〇』（一九六一年）、菊竹清訓は『海上都市』（一九五九年）、アメリカのNASAは月への移住計画に目標を置く宇宙探索船開発。人間が海底や宇宙空間に適合するのに手間がかかり過ぎると私は考えて、『空中都市』（一九六〇年）をそれぞれ発表することになる。

いずれも海水面上昇に対応する栖さがしであった。

のろい。廻り道している。いや逆行している。建築家たちの諸推定はすべてアンビルトになった。夢物語として一蹴された。海水面だけは上昇のきざしをみせている。太平洋のいくつかの島が消えた。こんなプロジェクトが夢物語として忘れ去られた頃に大津波が日本の東海岸を襲う。瓦礫の山だけが残った。被災者や救援に行ったボランティアがただちに必要としたのが『ホール・アース・カタログ』(一九六八年)だったのに、それは四〇年前に絶版になっていた。宇宙船「地球号」は操縦マニュアルを紛失していたのだった。

分厚い電話帳サイズの手刷りに近い印刷物であった『ホール・アース・カタログ』の編集基準を推量すれば、それはドロップアウトしてヒッピー共同体をつくりはじめた、全裸で毛布をかぶって街頭にゴロ寝していた若者たちの必携書を目指していた。アベイラブル・ロー・テクノロジーのアイディアを小まめに集めてはあったが、それだけではロッキー山中やアリゾナ砂漠、日本では南島列島の無人島などでのヒッピー・コミュニティはこれをコミューンに組み立てる契機がみつからない。

四運動の理論に基づく、シャルル・フーリエの「情念引力」によるファランステールでは男女別の宿舎で規律訓練がなされ、中間の大ホールは乱交場となって、そのシステムは養鶏場と変わらなかった。ソヴィエト・ロシアの集団農場もビューロクラティックになっただけで、自然破壊はなされたが成功せず、いっぽうではメトロポリス化した住民たちはキブツをモデルにした『コミュニタス』(ポール+パーシバル・グッドマン)も信用せず、都市的祝祭が煽動され、天安門広場に一〇〇万人の紅衛兵が集合して国歌が合唱される。これをみならって、ウッドストックの牧草地に四〇万人がロックコンサートだけのために集合し、インスタント・シティが突然出現する。

「ファランステール」から「ウッドストック」にいたる一〇〇年間にわたる実験的コミュニティの歴史をみると、秩序のある計画がたちまち形骸化して、むしろ粒子状にばらばらになっている群集がイヴェント(事件)の起こるたびごとに集合離散してしまうことがわかる。霧状の濃度と流れになって現象しはじめたと私は理解した(「見えない都市」、一九六七年)。その量が増大し乱流になったが故に、地表環境と共生していた生態系が壊れはじめている。このように規制社会からドロップアウトする、粒子化した生体がサバイバルするための指南書が『ホール・アース・カタログ』だったのだ。

その頃、ひとりの吟遊詩人が「夢みること」だと唄った。天国も地獄もない。国家も戦争もない。空だけがある。と想像してみよう。

半跏思惟のポーズをしていたバッキー・フラーはこの空を想っていたのではないかと私は考える。むしろ彼は空から地表を見下ろしている。ジョン・レノンはその空を見上げている。この詩は最後が「世界はひとつになって生きるだろう」と結んである。一《ワンネス》がシナジー理論の究極の解である。宇宙船「地球号」の安全運転のため、この乗組員はすなわち生命体の究極の安定状態である涅槃《ニルヴァーナ》を想い描いていたのだ。一《ワンネス》の夢はダコダの入口で刺殺される瞬間まで継続した。バッキーは名案を発明できずに亡くなった。夢が世界から抹消された。そしてグローバリゼーションが開始する。想像の共同体が語られはじめる。地表の生態系の均衡を夢見ることまでが禁じられてしまった。想像《イマジン》することも不可能となった。現実の世界では、金融資本主義の作動がはじまる。するとユートピアも語られなくなった。この文化革命と呼ばれていた「地球号」救済運動は挫折したのだった。とすればダコタ・ハウス前の暗殺者は市場資本主義が送り込んだに違いあるまい。想像《イマジン》することが、すなわち「不都合」だったのだ。

地球は宇宙空間を漂流している。二足歩行をはじめた人類は、地表面を漂泊しただろう。氷河期にシベリアからアラスカへ歩いて移動したことは定説になっているが、ガラパゴス島にも定住民がいたわけだから、ここには水に浮くものにのって漂着したに違いあるまい。大陸から大陸へ島から島へと人類が移動した痕跡は残っている。地表では洞穴に住まった。海上は筏か丸木舟だっただろう。すなわちねぐらは洞穴や丸太をくりぬいた空洞であった。彼らはあてどなく移動したに違いない。幸運な個体だけが定住できる場所に漂着できた。

柳田国男は、道はまず海上にできたと考えている。ココ椰子の実が日本の海端に流れついている事実から推測して、壮大な仮説が組み立てられた。空洞の殻は海上に浮かんで移動する。そこから「うつぼ舟の話」(一九二五年)が採集される。そして南島の文化は島伝いに伝播したと考える。この『海上の道』(一九六一年)の思想の背後には、バッキー・フラーが岸辺に立った人間が掌を丸めて椀状にして水を汲みあげる行為をシナジーの基本原理の喩えにしたことと、岸辺に流れついた椰子の実の話を柳田国男が島崎藤村にして、一世を風靡した唄❖がうまれたことが響き合っているように思う。椰子の実は二つに割って水をすくいあげる容器として使われる。両者とも「水の惑星」の住人である。空洞の物体が漂着していたことが、柳田国男が生涯をかけた仕事の出発の原点になった。私はバッキー・フラーの追悼文で彼の瞑想する姿を弥勒菩薩にたとえた。『海上の道』にも「みろくの船」の章がある。南島の島々の祭礼に大きい仮面で登場するミルク神である。一一世紀の末法の世の到来とともに日本では阿弥陀《あみだ》信仰がひろまり日本文化全体が大きく転形する。末世の国乱がつづくと西方浄土も不在とみられたのか一五世紀の応仁の乱後には、弥勒《みろく》信仰がひろまった。阿弥陀は飛来した。弥勒は船でやってきた。南島の民話ではなんと伊勢・春日・鹿島の神々が総勢で同乗している。

❖ 島崎藤村作詞、大中寅二作曲「椰子の実」(一九三六年)

航路の定まった交易船が出現するのは定住文化ができあがった後のことである。元来舟とはいずこからか漂着する容器であった。なかの空洞には、珍しい何者かが乗せられている。そんな容器は流体力学的につくられた船体ではなく、カプセル型の宇宙船の姿をしていると想像されていた。バッキー・フラーのテンセグリティ球体も無重力空間を飛翔するのに適している。むしろ宇宙人の乗りものであった。鹿島(常陸国)に漂着した虚船《うつろぶね》には美女が乗せられていた(曲亭馬琴『虚舟の蛮女』)。折口信夫の「霊魂の話」(一九二九年)では、このうつぼ舟は「たまのいれもの」つまり「神の乗り物」であり、出入口のない卵形の物体には霊魂が出入りすると説明されている。南島において祭儀のとき海岸から白砂を運んで敷きつめる「なにもない空間」(岡本太郎)❖である御嶽《うたき》は空白であるがゆえに神が降臨する。宗像神社の背後にある森にかこまれた白石を敷きつめた神籬《ひもろぎ》空間もやはり空白の場である。みえない神の去来するうつろな場であり、空洞の容器である。

❖岡本太郎『忘れられた日本――沖縄文化論』(一九六一年)

中上健次は『宇津保物語』を再語りした。「私がこの物語に一等最初に注目するのは、うつほ(空洞)というものである。仲忠が母親に連れられて行って育ったうつほとは一種の神話空間である。これは往古の物語の主人公の成立条件として必須のものとしてよい。『竹取物語』のかぐや姫が竹の筒の中にいた事は竹のうつほの中にいた事であり、きよらかさ、きれいさ、輝やかしさを生んだのがこのうつほだとも言える。神人が卵から出てくるという事もうつほの謂であるし、龍宮伝説で浦島太郎がもぐっていた彼方である時期をくらすのもうつほとしてよい。異界、常世、あるいは妣の国もこのうつほと脈絡を結んでいる」(『宇津保物語と現代』)と、空洞としての場が日本の神話空間の核心にあると語る。そこから伝えられる響きこそが主題となる。ペルシャ伝来の琴と秘曲とその技の伝承の物語だった。

空洞になぜ音響がかかわるのか。大谷石の石切り場にのこされた巨大な地下空間を体験すれば、無限につづくと思われるような残響を全身で体験できるだろう。かつてジョン・ケージが鎌倉の建長寺を訪れたとき、大きい釣鐘のなかにもぐって、鐘の内側にこもる響きを体験したという逸話が残っている。蛇に巻かれて釣鐘のなかで焼け死んだ道成寺の物語を知っていたのかどうか私は聞きそこねたが、この作曲家は空洞の響きを誰よりも深く感知できた人だった。同じ鎌倉の瑞泉寺にも巨大な洞穴がある。夢窓疎石の庭とされている。この洞穴はみずから掘ったのか自然に形成されていたのか判然としない。だからこそ日本の石庭の原型となった。千年杉の根元の洞にせよ、雪舟の『慧可断臂図《えかだんぴ》』にせよ、空洞である。スティーヴ・ライヒのオペラ『ケイヴ』(The CAVE)はバイブルの創世記の逸話から組み立てられており、ここでは洞穴そのものが始源の場とみられている。『宇津保物語』のうつほは中上健次の指摘するように天皇が統治の最重要手段とした音楽の発生する場と考えられている。宇宙(世界)は光で満たされている(華厳経)と考えていたのが『竹取物語』とすれば全方向の音響《ひびき》、つまり振動で充たされているとみたのが『宇津保物語』であったといえるだろう。空洞《うつろ》が異界への転送手段になっている。

これらの物語がまだつくられなかった古代前期では異界との交信を媒介していたのはシャーマンだった。メディアがあらゆる交信をやっている現代においてはＡＩが巫の代理をやっているに過ぎない。天あるいは異界の声を現世へ伝えている。いまのところ現世の声は天界までは到達していない。ＡＩはひとつの生体の知能にさえ遠く及ばないからだ。だがひとつの国家あるいはひとつの社会の統治に必要なのは天の声である。C・ブラッカーは『あずさ弓——日本におけるシャーマン的行為』(一九七五年)において群馬県大川村出土の埴輪巫女(東京国

瑞泉寺の石庭(夢窓疎石作)

立博物館所蔵）に注目する。「彼女はまっすぐに座り手を前に突き出し、顔になにかを待ち、聞き耳をたてているような著しく集中した静かな表情を浮かべている。首、足首、手首のまわりに、きっちりした二重の丸玉飾りを飾った金属製の鏡をあらわすものを提げている」。そしてこのような霊媒が弓矢を身につけていることに注目する。「弓は武器としてよりもむしろ呪術的な音をだす道具である、一絃の琴であって、びーんと鳴らすと霊界に届く響きを発し、シャーマンがそれを扱って、その世界と交流できるようにする」。

仲忠（『宇津保物語』の主人公）の祖父がペルシャから持ちかえったのは阿修羅が切り倒した桐の大木からつくられた霊琴であった。その琴で秘曲がうつろのなかで伝授される。埴輪のシャーマンが身に付けていたのは踊るときにさまざまな響きを発する楽器であり、ペルシャの秘曲をかなでた琴はより洗練された楽器とみればよい。空洞《ヴォイド》＝方舟《アルク》＝虚船《うつふね》からの響き（音楽）が現世に充満する。すなわち現世に生きる生命体をその律動によってバイオリズムに同期させて、サバイブさせる。中上健次が「この物語はうつほという事を通して、楽とまつり事は一緒だという事を言っている。芸事である琴が政治と密着している。摂関政治が婚姻関係を軸にしているなら、さらに性と楽とまつり事は混交しているとみえる。『宇津保物語』は治者の文学と呼んでもさしつかえない」とつづけているのは、人間社会のすべてのいとなみに宇宙の律動が浸透していることを語りたかったのだと思える。

空洞《うつほ》は律動で充たされる。すなわち響きである。

さらに空洞《うつほ》はさまざまな兆候《シーニュ》で満たされる。それは形象である。

〈ミュージック〉と〈アーキテクチュア〉の容器《リセプタクル》である。

『ホール・アース・カタログ』が絶版になった頃、そして『イマジン』が全世界

埴輪巫女（東京国立博物館所蔵）

で唄われていた頃、私は「空洞としての美術館《ヴォイド・アズ・ミュゼアム》」を提案した（「群馬県立近代美術館」（一九七四年））。近代国家のための神殿としての美術館《ミュゼアム》が衰弱し、世界はこれに替わる架空の場を求めていた。たよりにできる建築的モデルはなかった。未来都市といわれたジオデシック・ドームもスペース・フレームもそのモデルが世界博の会場で実現した。未来のイメージが衆目に曝されたことによって消費されてしまったのだ。私は始源の探索に立ち戻ることにした。とはいえそこにはなにもなかった。空洞《うつろ》だけがあった。これが〈ミュゼアム〉だ、と考えることにした。

空け開けた森のなかの草地に大きい立方体のフレームが並ぶだけの美術館が立ちあがった。大津波の跡に、いくばくかの空け開けた土地が捜された。そこに空洞だけの移動式演奏会場が立ち現れた。ARK・NOVA《アーク・ノヴァ》と名づけた。二〇一三年から松島・仙台・福島を各年ごとに訪れ、二〇一七年は東京ミッドタウンに九月中旬から二週間だけ滞留した。

〔ロイター通信アルビル発、二〇一七・九・二六〕

イラク北部クルド自治政府が二五日に強行した独立の是非を問う住民投票で、選挙管理委員会の幹部は二六日、賛成票が「九〇パーセント前後になるとみられる」と述べ、圧倒的多数を占めたことを明らかにした（最終集計では九三パーセント）。

迫害の歴史を持つ少数民族クルド人悲願の「国家樹立」に向けた意志が公に示されることが確定的になった。

イラク中央政府は「違憲で無効」とただちに声明をだした。周辺諸国も一斉に反発。強硬な対抗措置をとることが報道され、このうごきをみてアメリカ大統領府も「統一」されたイラクを望む」とプレス発表した。各国からはテロリストと呼ばれたクルド人部隊を対ＩＳ組織の先鋒隊に仕立て、武器を供与していたはずのアメリカ政府が、独立の意志を示した投票結果に「失望感」を表明した。対ＩＳ作戦に支障をもたらすだろうとおだやかに報道するメディアもあるが、はっきりいえばクルド人を使い捨てする傭兵とみているだけで、マキャヴェリでさえこんな稚拙な戦略は語らなかった。相手は『毛沢東語録』をクルド語に翻訳したといわれているタラバニ議長が指揮をしている。そんなことは投票結果を報告する勝利宣言の舞台写真をみればわかることで、「大長征」の総過程と比較すれば延安にたてこもった段階に相当すると思われる。エルドアン政府がキルクークからのパイプラインを封鎖することによって、経済制裁を加えるぞと脅したりするのは、国連諸国のまったく効果のみられない北朝鮮対策そっくりにみえる。

クルド人も宇宙船地球号の乗組員であることを忘れないでほしい。世界の少数民族のなかでは最大の三〇〇〇万人である。「そのために殺したり殺されたりするような国家はないんだ、と想像《イマジン》しよう」とジョン・レノンは唄った。国境線なんてないんだ、といいたかったのだ。そうでない限り、地球号の安全運転は不可能だろう。バックミンスター・フラーの操縦マニュアルが書きあがらなかったのは、地球号がアルチュール・ランボーのうたった『酔いどれ船』だったためかもしれない。

二〇一七年九月三〇日、私はミッドタウンに漂着したＡＲＫ ＮＯＶＡでその成り立ちや運用についてのトークに出席した。ピンクのスキンで囲われた空洞のなかで満員のむんむんする客席を眺めているうちに、キルクークに招かれたきっかけになった、イラクから亡命していたアーティストの顔をみつけた。

人なつっこい顔でニッコリ笑った。

5

津波前

かつて冷戦対立が崩れた頃、グローバリゼーションを、多様な地域の文化を一挙に均質化するツナミに喩えたことがあった。その後に沈殿物のように独自性をもった〈しま〉がうみだされるだろうと考えた。これをひとつのプロジェクト単位にすれば、あたらしい貌をした個性的な村々が無数に発生するだろう。それが群島をつくり、いずれギャラクシーのように地球をとりまくに違いない。主権国家間に人為的に引かれた国境は消える。そのとき、地球号の操縦マニュアルはやっと発効する。

東京ミッドタウンに二週間だけ出現したARK NOVAの観客のひとりだった、イラクから亡命していたクルド人アーティストに、一週間前クルド自治州がいよいよ「国家樹立」の意志表示をしましたね、と話しかけると、それまでのニコニコ顔をぐっと引き締めて、まだまだですよ、とうつむき加減で応えた。

予想されていたのだろうか、その二週間後にイラク政府軍(スンニ派)がシーア派民兵とともにキルクークを奪還したというニュースが流れる。クルド人の住民数千人が避難しつつあるとも。キルクークはひと頃ISから侵略された。それもクルド自治政府民兵が押し返していた。私たちが現代美術館の敷地調査に行ったとき(二〇〇九年)、護衛してくれていた民兵たちだ。あのときは旧政府軍（スンニ派）、その後ＩＳ、そして今度は新政府軍（スンニ派）とシーア派民兵。押したり引いたりがつづいている。

かつて私は、「東風」を待った赤壁の闘いの地勢を調べたいと考えて『三国志』の舞台になっていた荊州付近を旅した。そのとき、孫権、曹操、劉備の軍が入り乱れ、通過した物語が今でもつい昨日のように語られるのを聞いた。キルクークの三派（クルド人、スンニ派、シーア派）が入り乱れる有様は中原をかつて国民党と日本軍と八路軍がやはり三派にわかれて入り乱れた一九四〇年頃と近いのかと考えてみたりしたけど、ここはかつてのシュメールでありゾロアスター教（拝火教）地域、つまりツァラトゥストラのいた地である。周辺諸国のかけ引きはさらに複雑で、私たちにはその名前もおぼえきれない五胡十六国と呼ばれていた時代の錯綜した網目状諸国鼎立を参考にしなければなるまい。

変動を告げるニュースはつづく。四ヶ国にまたがったクルディスタンのひとつの都市、シリア北部ラッカが陥落。クルド人主体のシリア民主軍がＩＳの首都とみなされている根拠地のひとつを制圧した。ＩＳの内部組織がどうなっているのか、さっぱり見当もつかないが、かつてこの都市の大モスクで大司教がカリフ制をつくると演説したことは全世界に知れ渡り、彼は聖職と世俗的統治を兼ねるカリフを名乗ったことになっている。それが故にここは近代主権国家の中心である首都《キャピタル》とみなされたらしく、ここが陥落すればＩＳという国家は消滅したことになるという論法で報道がなされている。はたしてここは首都《キャピタル》なのだろうか。

ＩＳの戦闘員はいまや全世界に散らばっているとも報道されている。暖簾に腕押しだったのではないのか。『遊撃戦論』（毛沢東）の要点は兵力を消耗させずに姿

ARK NOVA、東京ミッドタウン、2017年

を隠して相手の虚をつく戦法である。サハラ砂漠でロンメル将軍がとったのも同じやりかただった。この戦闘で特記すべきはクルディスタンとしてのクルド人の失地回復願望である。諸葛孔明のように「東風」を待つしたたかさを、全身黒ずくめの忍者のような部隊はもっているように思われる。

近代国家の首都《キャピタル》の条件を正確に把握していないと〈ミュゼアム〉の意味が浮かんでこない。パリ、北京、東京を比較して、ここに故宮、中央広場、国家的慰霊施設・国会、それに神殿が加わる。故宮が〈ミュゼアム〉になる。ルーブル、北京の故宮がそれにあたる。東京には故宮も神殿もない。宮城がその両者を兼ねている。つまり天皇がみずから〈ミュゼアム〉と神殿におさめる御神体の役を兼ねている。とみれば、近代国家の首都《キャピタル》の条件がそろっている。歴史的には王の身体が問題にされてきた(カントローヴィッチ)❖。歴代の天皇が雅楽の保持や勅撰和歌集の元締めをやってきたことに注目すれば「芸術」こそが国家統治の要になってきたことが了解できるだろう。中上健次が『宇治保物語』の再語りをしたとき彼は『宇治保物語』は国家統治のための文学だと強調した。この国では天皇が芸術家であることによって統治者でありえたことをいいたかったのだ。

近代国家はそのような王の身体を分裂させた。だがラッカの大モスクで大司教はカリフ制により分裂した王の身体をあらためて統合すると宣言したのだった。近代国家が制度的にひとつの中心をさだめ、これを首都《キャピタル》と呼んだことにたいしてＩＳ国家は中心の定点をつくらずに「遊撃戦」だけをやっている。つまり中心の定点として首都《キャピタル》がない国家、すなわちネットワークとしての国家の可能性としてこのみえない国家は存在しているともいえるだろう。

❖エルンスト・カントローヴィッチ『王の二つの身体』(一九五七年)

クルディスタンと同じく、カタルーニャも独立宣言を州議会が可決した。この地では三〇年昔にこの街の守護聖人の名称をつけた多目的大ホール『パラウ・サン・ジョルディ』（一九八四―一九九〇年）を設計した。オリンピックの体育館であったが今では政治集会を含めた各種イヴェントに使われている。オープニングのパバロッティの独唱会には二万人が集まり（最大収容人数だった）、数万人が外部を取り囲んだ。この設計過程でわかったのは、州大統領は保守系、市長は革新系でテープカットの際にはお互いそっぽを向く間柄だということだったが、両者ともにカタルーニャ分離独立派であった。三〇年過ぎて、住民投票で、そして今回スペイン国家の行政機関である州議会が独立宣言を可決した。

統治する王の身体の代理として、その王の居城を〈ミュゼアム〉に仕立てる。近代国家がその首都に美術館を設立してきた理由でもあるが、いまでは、疑似国家としての都市も企業も、新興宗教も、私的コレクターもそれぞれ美術館をつくりはじめた。あげくにアートが制度になった。本来は制度《インスティテューション》がアートであったはずなのに、それが逆転して制度そのものになる。とすればたやすく権力に転化する。

箱ものとして、アートを展示する空間としての、容器《コンテナー》としての美術館をデザインすることを仕事にしていた私は、アートの形式がたえず変転することに辟易して、壁も床も天井も固定せず、空洞《ヴォイド》そのものが成立するような枠組みを「美術館」と名付けることを思いついた。そして「空洞としての美術館」を提案した。そんな空間ができあがったとき、美術家でなく、音楽家にここで演奏したいといわれ、はったと気づいた。空洞はむしろ響きなのだ。かたちのあるアートを展示することも可能だが、それ以上にむしろ演奏、そして演劇や舞踏の上演の場でもありえる。美術館《ミュゼアム》では劇や音楽の上演もできる。王の身体の代理でなくとも、アートの生成する場へと自動的につなぐことも可能なのだ、と。そして、『パラウ・サン・ジョルディ』がカタルーニャで熱狂的に受け入れられたことに戸惑っていた私は、パブリックの自由に出入りできる大空間が逆に都市や国家の神殿の役割をもつ可能性があることに気づいた。

ピレネー山脈の両側、フランスとスペインにまたがるバスクでは早くから独立運動がなされている。私は二〇年ほど昔、その地方のひとつの都市ビルバオにひとつの都市門（イソザキ・アッティア、一九九九—二〇〇七年）を設計した。その当時独立派は武力闘争をしており、しばしば街頭で爆発があった。市長は当時保守派であり、開発業者も政府支持を表明したため標的となり、この都市門のオープニングでは爆破予告がなされるような不気味な雰囲気がただよっていた。その数年前にはガレリア地方のサンティアゴ・デ・コンポステラにつづく、かつてスペイン無敵艦隊の基地であった港町、ア・コルーニャにＤＯＭＵＳ（人間科学館）を設計した（一九九三—九五年）ことがひとつの縁である。カタルーニャ、バスク、ガリシア、現在はそれぞれ一つの州である。独自の言語をもちその言葉の新聞が発行されている。ガリシアはケルト人系、バスクはロマーノ系、カタルーニャはカルタゴ人系といずれも民族的に由来が異なり、いまだに古来の言語が用いられている。こんな土地を訪れたとき、私は未知の世界を漂流している気分になる。カタルーニャとバスクの間にむかしナヴァッラという王国があった。そこの貴族であったフランシスコ・ザビエルは四〇〇年前に東海の列島であったハポンにやってきた。そこからやってきましたと自己紹介すればただちに親近感を持ってくれる。

ＤＯＭＵＳの庭に椿の木を植えた。サクラじゃない。ツバキがハポンからやってきたのだ。いちどはローマ帝国の支配下にあったこれらの小国では、極東に布教にでかけたままマカオ沖の小島で死去したフランシスコ・ザビエルの訪れた日本は、超大国中国の支配下にあった僻地と考えられており、日本が独立しているとも考えてない(いまやアメリカの属国である)。だから身近に思うともみえる。そして共通に自立、独立する運動を、議会民主主義を通じて、つまり非暴力革命としての手続きをふんで進めている。クルド自治政府やカタルーニャ州のように住民投票がなされ議会で宣言がなされると、周辺の主権国家、そして統合されている主権国家側からの弾圧がはじまる。

私は他人事のように思えない。敗戦後、私はアメリカ軍政下で教育を受けた。隣町別府にはアメリカの大きい基地があった。朝鮮戦争がはじまったとき、そこから動員された兵は初戦で第一線におくられ、全滅した。ヴェトナム戦で同様な目に逢ったのは沖縄の駐留部隊だった。街は荒れて危険だった。一九七〇年中期のニューヨークのタイムズ・スクエアが似た雰囲気だった。暗がりは歩けなかった。暴力がまかりとおっていた。私はそんな時代を経験していたので、ARK NOVAで逢ったクルド人アーティストの笑顔が気になっている。

二〇一六年に『チリの闘い』(パトリシオ・グスマン監督作品、一部・一九七五年、二部・一九七六年、三部・一九七八年)が日本で上映される機会にそのチラシに短い文章を書いた。

マンテーニャの「死せるキリスト」(一四八〇年)を思い起こす、

「第二、第三のベトナムを」という言葉を残したチェ・ゲバラの死体写真。

最高傑作記録映画と言われている「ベトナムから遠く離れて」(クリス・マルケル)

社会主義化を推し進めるチリの民衆の闘い、
　これを壊す軍部の陰謀、
　両方の目から撮られた現場のイメージ。
　最後はクーデターによるアジェンダ大統領の死。
　まだ、ベトナム戦争は終わっていない。

徹底して非暴力的に社会主義化を押し進めたチリの民衆の闘いの記録映画であって、これが現場写真だけで組み立てられたことが私には感動的であった。ボリビア山中でチェ・ゲバラが射殺され、アジェンデ大統領がチリ大統領府の空爆によって死んだ。一九七〇年をまたぐ前後五年間にその前後五〇年、つまり一九二〇年から二〇二〇年にいたる動乱の世紀と呼ばれる一世紀間に発生したすべての出来事が集中的に発生していたのだと私は考えている。短い宣伝文のなかに「ベトナム戦争はまだ終わっていない」と記したのはその日付をいいたかったのだ。しかも世界の辺境といわれた南米大陸の出来事である。その五年間は文化革命期ともいわれている。多くの場合一九六八年が特定されている。それを一二〇年巻き戻して、一八四八年(カール・マルクス『ルイ・ボナパルトのブリュメール一八日』)と重ねて論をつくる人が多い。私はさらに三二〇年巻き戻して、一五二七年(サッコ・ディ・ローマ)とつないで考えている。これはいずれも反革命であったが文化情況が転回した。その動乱のさなかにいた作曲家リヒャルト・ワーグナーと建築家ミケランジェロの仕事にたいして、一世代若いニーチェとアンドレア・パッラディオがそれぞれの先達に批判をはじめる際の立ち位置が明らかになってくる。時代の文化的

爆撃されるチリ大統領宮廷

断層が区切りの年に発生したのだった。

チェ・ゲバラの死体はいったん埋葬された棺を検死官が掘り起こし、あらためてチェ本人であることを確認した。その際に、その寝棺の背後に立ったグループ写真が残されているが、足元からローアングルで撮られているショットがマンテーニャの『死せるキリスト』そっくりにみえた。ロンギヌスの矛先の傷跡まで生々しく描かれたキリストの遺骸。現場から逃亡したパウロがふたたび殺害現場に立ち戻ろうとしたその事実によってカトリックが五〇〇〇年つづいている歴史と同じような意味作用を、一九七〇年を挟む二つの死が将来までもちつづけるだろうと思えたためだった。どんな意味作用か。ゴダールのいう「ソシアリスム」だろうか。クリス・マルケルが死の直前のベッドから起きあがれないタルコフスキーの映像を記録している。❖「核爆発の黙示録」なのか。あるいは巨大な地殻変動にともなう大津波か(『第四間氷期』ではすでに東南海地震が予見されている)。

クルディスタン、カタルーニャ。突然、二〇一七年の秋口になって分離独立宣言がなされ、包含されている主権国家から忌避され、周辺の国家群より圧力が加わる。五〇年昔までは暴力も、さらには戦争(内戦)も辞さなかったのに、両者ともに代議的民主主義制の手続きをふんでいる。このようにして成立した政権がチリのアジェンデ政権だった。『チリの闘い』が感動的なのは、その政権が軍部のクーデターによって崩壊した過程を、社会主義政権としての体制側と、ウォール街とCIAが間接的に支援するブルジョアと軍部と労働組合の反体制的策謀が説得的に記録されていることで、それが歴史のリアルだったと思われるためだ。武力闘争を敢えて避けている。そして社会主義政権はクーデター(暴力)によって崩壊する。その歴史が民衆の無念の表情によって伝わってくる。泣かすフィクション映画は多い。泣ける記録映画はめったに

❖クリス・マルケル監督『アンドレイ・アルセニエヴィッチの1日』(一九九九年)

ない。

『ベトナムから遠く離れて』はまだ勝敗がわからぬ時期に現場に到達できないもどかしさが、ゴダールが担当した部分から伝わってきたが、それは現場写真ではなくゴダールのおどけた手法そのものからであった。生々しい現場を生々しく表現しても何も伝達できなかった。手のウチをバラすと、つまり過程としての手法をそのママさらけ出すことしか表現手段は残っていなかった。私の知る限り、日本での映写の表現者でそのことに意識的だったのは寺山修司だけだった。いやこんなことにかまけてはいられない。私は危惧している。一九七三年のクーデターのように、周辺の主権国家群を背後から何者かが操っているのではないか。分離独立を「不都合」と思っている何者かが。

梓弓を手に、空船に乗った
まれびとの訪れが、
村人のくらしをよみがえらせた

＜日本のフォークロアより＞

With a bow in hand, boarding a vessel,
The arrival of a stranger,
Revived one's livelihood.

＜ From Japanese Folklore ＞

＜あずさゆみ＞	＝梓弓 /Azusa-yumi	＝ bow	→ instrument
＜うつふね＞	＝空舟 /Utu-hune	＝ vessel	→ ARK
＜まれびと＞	＝異人 /Marebito	＝ stranger	→ Music festival
＜むらびと＞	＝村人 /Murabito	＝ people	→ Tohoku-area

6 結界

陳腐だな。耳の底がうねっている。朦朧としている。もやった気にひたっている。アダージョ？ たしか未完だったマーラーの一〇番だ。このまんま意識が消えていくのなら、あの響きをつづけてもらいたいな。

その日は長沙にいた。馬王堆《まおうたい》から発掘された文物をおさめるミュゼアム（湖南省博物館）の設計コンペのプレゼンテーションがおわって会場をでたとき、

いま、二〇メートル強のツナミが日本列島に向かっています……

と、会場のそとにいた関係者のひとりから、神妙な顔で伝えられた。日本へはケイタイは通じません。

上海に戻り、福岡経由で京都に行った。嵐山の吉兆での茶会に出席する約束があった。ここには少庵好みの茶席がある。足が悪く左利き（つまり左手前）だった千少庵がデザインした型である。京都のホテルは外国大使館員の家族でいっぱいだった。地震・津波の死傷者数が刻々上昇する。東日本の海岸沿いの光景は信じられないほどの惨状を呈している。茶会は平常とかわらず静寂だった。無為の時だった。戦国の武将が死地におもむく前に茶会を催した気分がわかる気がした。ホテルのロビーの喧噪は放射能拡散の秘密情報をえた外国大使館員に退去命令がでたためらしかった。避難者の数が刻々と増加する。

東京には戻れない。福岡に引き返した。長沙から私たちの提案が採用されたと通知を受けた。まるで流民生活だ。西にも東にも簡単には移動できない。チェルノブイリ事故のときもヨーロッパにいた。翌年うまれの子どもの奇形率が増加するだろうと噂されていた。タルコフスキーの『ストーカー』にでてくる超能力をそなえた少女のような子どもかもしれない。この国ではその頃、国会を筏にのせて全国の港を回遊するアイディアが議論されていた。そうだ、これをフクシマ原発の沖に曳行しよう。国会議員のなかに超能力者があらわれるに違いない。ホテルのテレビを深夜までみつづけた。

自宅にたどりついたとたんに激痛が走った。病院のベッドで正気に戻るまでに一〇日くらい経っていた。

炎症反応が減りました。念のため放射性造影剤をつかって検査しましょう。内部被爆させられるのか。やっぱり漢方医にかかればよかった。救急の入口を間違えてしまった。何しろ私の身体は巨大なカプセル状容器のなかの台にしばりつけられている。造影剤撮影の結果、環状大動脈に瘤が発生しつつあると診断された。

石原裕次郎もアインシュタインも大動脈瘤が命とりだった。あなたの場合、破裂の確率は一年以内に五〇パーセント、三年以内でも七五パーセント、その後は限りなく一〇〇パーセントに近づきますね。とすればこの確率は東京直下型地震の発生確率と同じじゃないのか。東京には長居無用だな。だが、どこに。

かつて「補《ふ》陀落《だらく》渡《と》海《かい》」を、二つに区分された世界を連結する〈はし〉の意味を海外に向けて解説するときの事例のひとつに用いた（『間——日本の時空間』展カタログ、一九七八年）。「熊野の地は日本の南の〈はし〉だと考えられた。それ故に、太平洋のむこうのどこかに、別の世界＝カミの国があると信じられた。(……)即身仏というトランス状態のまま死をむかえるのは日本化した仏教の教義に基づくが、その僧の乗った船は棺のかたちをしている。新しいメタモルフォシスを生むための空洞をかかえこんでいる」。熊野参詣マンダラの下端に、四方に鳥居をたてた屋形船が描かれている。神仏混淆の「うつろ舟」だ。

退院して自宅に帰された。気分的にかなり消耗していたとき、マイケル・ヘフリガーから急遽日本に来たので会いたい、と連絡があった。すぐ近くのKさんの家にいる。ツナミ跡の惨状をみて、いてもたまらずやってきた。「東北支援プロジェクト」を立ち上げたい。長距離旅行を避けていたクラウディオ・アバドもぜひ行きたいといっている。かつて相談をした移動式コンサートホール、このアイディアを具現化しよう。記憶がすこしずつ戻ってきた。夢うつつの状態で耳鳴りのようにうねっていたアダージョは、春に送られてきたこの夏のルツェルン音楽フェスティバルのプログラムをみていたためだった。補陀落渡海のうつろ舟のなかで聞きたいと思ったらしい。らしいとしかいえない。何しろ高熱でうなされたさなかのことだった。夏のフェスティバルの開幕のとき、アバドと一緒に記者会見して構想案を発表することを約束した。あと三か月しか準備期間はない。

ARK NOVA《アーク・ノヴァ》と名づけた。

クラウディオ・アバド氏と(2011年、ルツェルンにて)

まずプロモーション・ヴィデオをつくろう。三〇年前、マイケル・ジャクソンがデビューするときにとった戦略だ。それにつづくマドンナは私のデザインしたパラディアムのダンスフロアを使った。当時台頭してきたメディアを介して、瞬時に全世界に伝達する。極東の島国の東海岸に起ったあの大津波はグローバル（環球的）な事件になった。アバドまでがゆすぶられている。『遠野物語』（柳田国男）の場所だ。『銀河鉄道の夜』をかいた宮沢賢治のようなモダンボーイがいた。遠い世界から何ものか《ストレンジャー》の到来を待っていた人たちなのだから、折口信夫のいう「まれびと」の訪れにかけ合わせよう。スイスから祝祭管弦楽団がやってくる。音楽を持ってくる。東国で発掘された埴輪の巫女が身につけていたシンバルと手に持っていた梓弓を喩えにしよう。私は上演のための容器をつくる。移動式コンサートホールというだけではイメージも湧かないし、説明もできない。

補陀落渡海へと旅立つのは虚船だった。空洞をかかえこんでいた。「まれびと《ストレンジャー》」が、津波がひいた跡に梓弓を持ち「うつふね」にのってやってくる。この空洞《うつほ》を上演の場にするのだと考えた。東北の民話がシュメールの神話に結びつく。国際的なプロジェクトに組みたい。かつてギザのピラミッドの中央にある空洞（玄室）へ向かう羨《セン》道を一緒によじのぼったことがあったアニッシュ・カプーアに協力を依頼した。一か月後にスカイプ会議でアイディアの交換ができた。ファンドレイジングはこれからだし、制作者も決まっていない。被災現場に支援に行く連中はみなボランティアだ。こんななかでマドンナのプロモーション・ヴィデオほどの編集をたのめるのは原田大三郎しかいない。彼の気概だけがたのみだった。たった三枚（アニッシュが一枚、私が二枚）のスケッチから壮大なイメージが組み立てられた。方舟神話と東北民話が導きの糸になった。

私の（心因性）環状大動脈瘤はおさまってはいなかった。東京駅で閉まりそうな列車のドアへ走って飛び乗ったときにあらためて激痛がはしった。一時間あまりへたりこんだまんま口もきけなかった。大動脈解離、つまり血管のひび割れがひろがったに違いない。長距離旅行は無理

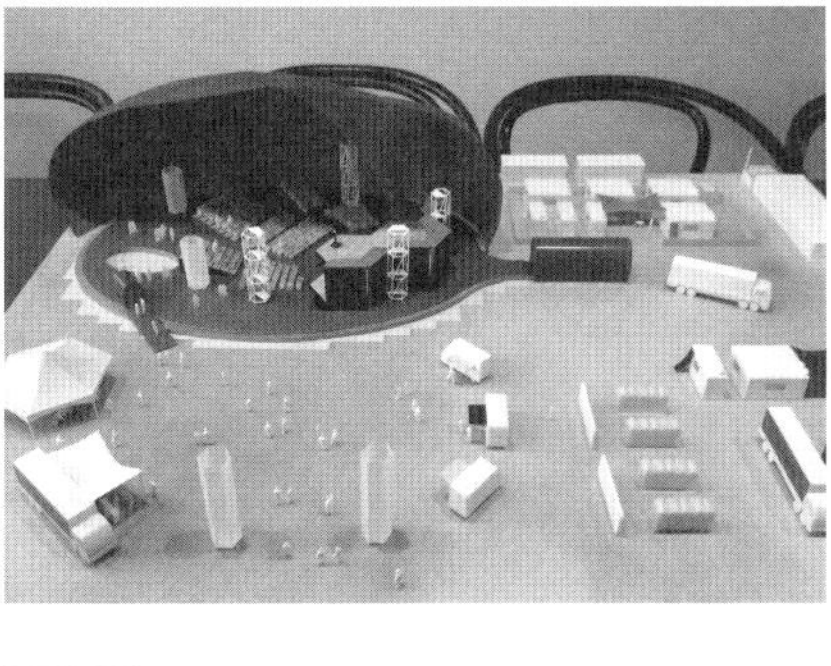
ARK NOVA模型

だなと思いはじめた。私の故郷の方言でいうと、ワヤクチャじゃ！という気分だ。

プロモーション・ヴィデオができあがった。これをまず上映してアバドと一緒に記者会見するのはいいにしても、旅に病んで夢は枯野をかけめぐる(芭蕉)、かもしれない。ルツェルンは夏だ。空気はさわやかだ。屋根つきの橋のたもとから遊覧船がでる。奥の細道の端厳寺は津波をかぶって崩壊している。松島の遊覧船はまだ動いているのだろうか。いやそんな夢は不謹慎だ。自粛せよといわれるだろう。ふたたび耳鳴りのようにアダージョが響いた。朦朧とした意識のままルツェルンへ向かって飛び立った。気圧の変化が血流に大きく影響するとは知らなかった。

ルツェルン音楽祭のこの年の眼目はマーラーの交響曲一〇番アダージョだった。開幕の前日の午後、ゲネプロ演奏があった。関係者はこの演奏がもっとも緊張するらしい。オーケストラのメンバーは全ヨーロッパからこの年のために集まってくるのだから編成が毎年違っている。演奏者のひとりがアバドの部屋を訪ねてきて、細かい指示をされていた。翌日の記者会見の段取りを相談していたときだった。

翌朝、ベッドから起き上がれない。東京駅で列車の閉まりかけのドアに駆けこんだときと同じ状態だった。誰ともまともな口がきけそうにない。発熱している。ルツェルンでは全市に開幕の演奏がライブ放送される。そのモニターをベッド脇まで運ぶ手配がなされた。四〇年昔、司令塔デクロボットのなかにいるはずだったのに、大阪万博の開幕式の実況中も同じくベッドのなかだった。芝居のト書に、ここで退場、と記されていたことを想いだした。あのときは車椅子に乗せられた。このたびは、……アダージョは感動的な演奏だった。だが退場というわけにはいかない。ふらふらしながら記者会見があるホワイエに運びこまれた。夢が駆けめぐっているようで言葉にならない。一緒に企画をすすめたKさんがひきとって、たくみな説明をしてくれた。制作にはまる一年かかった。

震災から二年過ぎた秋、来日する予定だったクラウディオ・アバドはすべての予定をキャンセルして再度入院。正月過ぎに訃報が届いた。アバドが指揮をしたルイジ・ノーノの『プロメテオ』初演（一九八四年）の方舟（ARK）型の演奏会場にちなんで名付けたARK NOVA《アークノヴァ》では彼は遂に指揮することがなかった。

吉野から熊野に通じる山脈の森を背にした談山神社に献納される能を拝見したとき、権殿《ごんでん》の正面板壁の舞台床には翁面の原型といわれる摩多羅神面だけが置かれていた。舞台にすすみでた大宮司が、

――能は神事です。

とひとことだけの挨拶をされた。

そのとき、突然ホトトギスの鳴き声がした。あの世からの使いの声です。とすかさず付け加えられた。風の音がざわめくように響き渡る。

能は古来、あの世とこの世をつなぐ境界で舞われたのだった。あの摩多羅神面は正面板壁の背後にある隠し部屋に飾られている。ここはあの世への通路という見立てである。春日若宮の「おんまつり」の遷宮の儀で奉納される「翁」も同じ時空間構造になっている。演劇的舞台の原型といわれる黒木造の御仮殿《おかりでん》の前にある土壇の舞台で舞われるときは直面《ひた》である。カミは御仮殿に到着したばかりで御餅がそなえられた直後だから、まだ食事中なのだ。そのとき上演されるすべての演目は饗宴の余興とみなされている。みえないカミを招いて世俗が饗応する。聖俗の

結節点、二つの世界の接点である。普段は何もない無意味な場所に特定の日時に仮設の場が設営され、カミを呼びだす儀式を通じて宴がはられる。神遊びで神人共食がなされる。

この儀礼の進行は音楽が司っている。音は響きだ。空気振動である。人体は息をしてその音をのみこむ。そして吐《は》く。拍子をあわせる。律動によって世俗側にいる人間の身体へ見えない神の気がとりこまれる。気配を察知しながら、みずからの身体を同期させる。この国のあらゆる修行論、演技論、武芸論の秘伝は〈いき〉をコントロールするその一点にしぼり込まれている。静座する瞑想も山中を歩く回峰も道具を手にして相手と対峙するときも、呼吸をととのえることに集中できる姿勢が指示される。そのとき気が身体を貫く。口伝でしか伝受されない。

すべての燈火が消され、月明りだけの暗闇のなかを、榊を手にした五〇人ほどの白装束の神官が、先導するひきずられた大松明のちらす火の粉をふんで移動する。ざわざわと榊の葉音が響いて白い息を吐く。何ものかの気配だけが通りすぎる。山の神がもののけとして立ち現れたのではないかと感じる。神の気配は下山して結界を張られた大鳥居の手前の御仮殿へと向かう。

深夜に篝火に照らされながら奉納される舞手たちは、それを見守る世俗側にいる観客たちもふくめてあの気配だけの神と呼吸を介して、つまり〈息《いき》〉を交えることによって身体的に交感がなされているのではないかと思われる。祝言が発せられる。だがこれは呪言である。言葉ではあるが書かれる文字ではない。振動の音律としての寿詞《よごと》が、鎮座したみえない神への伝達媒体なのだ。

今日の観客からみると、この一連の儀式は虚構として組み立てられた舞台上に演じられる演劇の構図そのままである。いや今日の演劇が、みえない神を降臨させる儀式を模倣しているに過ぎない。ベケットの『ゴドーを待ちながら』では（ゴドーにはＧＯＤの文字がかくれている）神の降臨を待つことだった祭の構図がもどかれている。神が消去されてしまった近代がアイロニカルに観察され、その不在が主題にされている。この国では元来、神はみえないし、みせないし、みてはならぬと考えていた。近代化した今日でも神を気配として感知できることを知っているが故に都市の観客は祭の見物にでかける。相変わらずみえない何ものかが探されている。それは隠されていた。秘されていた。だから誘惑がはじまる。惑星の運行にあわせて気配だけがたちあがる祭を演劇的に組み立ててきた。世俗が立ち入れない闇の領域がある。バリアが張られている。それが結界と呼ばれてきた。

マルセル・デュシャンの死後、ナプキンや引きちぎられた紙片、破れた包装紙などに書きつけられた覚え書きが発見された。デュシャンが造語した、「infra-」(下方)と「mince」(薄い)を結び付けた「Inframince」(アンフラマンス)というフランス語の辞書にはない言葉の事例(用法)をさがしてメモが記されていた。

ポンテス・フルテンの監修でこれが「Infra-thin」と英訳されている。その意をくんで、東野芳明が「極薄」と訳した。❖本人をふくめて誰も正確に定義していない。定義がないから私は、この極薄も先述した〈はし〉のひとつだと考えている。

閾値問題か、次元変換問題か感覚錯誤問題か論理階梯問題か、いずれにせよ認識フレームをノミナリズムの操作によって無化する作戦をデュシャンはとろうとしていたらしい。用例は数十しか拾われてない。ラルース百科事典の余白すべてがアンフラマンスなのだといいたかったのではないだろうか。ともあれ文字にならないすべての事象だ。それは声だ。オーム(阿吽[a-hūm])と発語することからはじまると考えられていた。

❖ Pontus Hultén and Paul Matisse, *Marcel Duchamp, Notes*, Paris: Centre National d'Art et de Culture Georges Pompidou, 1980. 東野芳明『マルセル・デュシャン「遺作論」以後』(一九九〇年)

デュシャンがもっとも親近感を持っていたと思われるコンスタンティン・ブランクーシは、インドールのマハラジャが新婚祝いに買い上げた白と黒の大理石の対になった『バード』をわざわざ水磨きするだけのために現地を訪れている。眼にみえないぐらいの粉末で蒸留水だけを使って研ぎつづける。光沢で存在感が消えるまで磨いた。忘我のままの労働だっただろう。

ブランクーシは経文などは知らなかった。ひたすら磨きつづけていたとき、オームとつぶやきつづけたに違いあるまいと私は考えている。そのとき、白黒の『バード』が向かいあって置かれる細長の鏡池《レフリクティング・ポンド》の向こう側奥に瞑想の神殿を建て、このなかにピカピカに研磨されたブロンズの『バード』を置くアイディアのスケッチをのこしている。中天に昇った太陽光線があたってハレーションを起こすその瞬間をイメージしている。華厳の宇宙である。光が振動によって響き渡っている。それが声だ。忘我の境地で水磨きするなかで光で満たされた宇宙の声を聞いたに違いあるまい。七〇年後に私はインドールのこの池の跡を訪ねた。すでにマハラジャ・システムが崩れ、『バード』たちはいち早く世界美術市場に持ちだされ、荒廃した〈にわ〉のなかに、池の輪郭だけがのこっていた。それでもこの鏡池には蓮が浮いていた。

『バード』の表面を研磨しつづけることによってうまれた、眼にみえない、計測不能の厚みこそがアンフラマンスではなかったのか。みずから、ブロンズ作品がハレーションを起こしているショットを撮影してもいる。研磨しつづけてアンフラマンスをよびだしていたのだ。物体の存在と非在の境界が可視化される「座った人が立ち去った後のカウチの座にのこるぬくもり」をデュシャンはアンフラマンスの用例にいれていた。気配がのこっていたといいたかったのだろう。

モダニズムの巨匠たちは辺境へと向かっていたが、遂に極東の島国までは到達しなかった。

この島国はすべてがアンフラマンス（極薄）なのだ。気配だけが充満している。それを私は展覧会に組み立てた。

〈間〉は移行の瞬間を感知する呼吸である。

「うつろひ」とは元来、空洞《うつろ》に霊魂《ひ》が充満する瞬間をさしていた。そこからイメージのたちあらわれる瞬間をさすことになった。日本人の霊魂観の根底にあるこの〈カミ〉の出現の感覚は、自然を移行の瞬間としてとらえる美的表現をうんだ。事物の色があせ、花が散り、心にゆらめきが起こり、影が河面や地面にちらちらと落ちる状態が感動を呼んだ、と私は〈間〉の感覚の説明をした（『間――日本の時空間』展カタログ）。このときまだアンフラマンスのメモワールは未発表だったから、極薄に比較することはできない。「できるだけ薄く透けてみえるような平面が幾重にも重ねられて、光線と視線の透過を制御し、さだかでない曖昧な空間を成立させている。その空間においてたちあらわれるのは、影のゆらめきであり、現実のものか非現実のものか区別のつかない瞬間的な変化である。〈ま〉はこれらの出現を待っている空間なのだと考えられる」（同前）とつづけた。この記述は、廃墟となったブランクーシの未定の瞑想の神殿前の鏡池を訪れたとき、私が想い抱いたイメージであった。日本では古来、あらゆる世界を空虚の存在と見ていた。この部分でデュシャンやブランクーシの思考とも一瞬だけ交わっている。

7 影向

西下する平家一門は豊前の国柳浦に仮宮を置く。ここは宇佐神宮の横を流れる駅館《やっかん》川の河口。宇佐八幡宮にただちに参詣。さまざまな供物を捧げたが、錦の帳の内より「世のなかのうさには神もなきものをなに祈るらん心づくしに」という声がする。平家一門に見込みのない証ともいえる神託が下る。平家の公達清経は、憂《う》さと宇佐《うさ》が掛けられたこの神託を宿命と感じて、柳浦から小舟を漕ぎだし、西方に傾く明月に導かれるように入水する。これが修羅能の傑作といわれる『清経』(世阿弥作)のあらすじである。修羅能は非業の死や不運な事故にまきこまれ、成仏できない魂魄を鎮める筋書きが多いのに、『清経』は平家一門の宿命を悟り自死する語りになっていて、むしろデルフォイの神託から、ひとつの都市国家が宿命的に滅亡するトロイアやテーバイの物語のようなギリシャ悲劇の構造に近いといわれる。神々の諍いと、人間の諍いが重ね合わされ、ときに人界に神が降下して混ざり合う。そのなかにあって神々のなかの神の神託を告げるデルフォイの巫女が悲劇の核心になる。『清経』ではそれが宇佐八幡大菩薩の声であった。

『僧形八幡神影向図』(鎌倉時代・仁和寺蔵)は、みえない、みてはいけないといわれてきた日本の神の姿を描いている。大柄の立ち姿が八幡神、手前に跪坐した二人の貴人が笏を手に持ち何ごとかを聞いている。八幡神と同等の背のぼんやりした影が金粉によって浮きあがっている。像形の立ち姿のおそらく覡《かんなぎ》に神がのり移ったその気配の痕跡が、影法師が宙に浮いた状態で描かれている。この『影向図』には裏に「宇佐八幡影向図を写した」と貼り紙されているので、これは弓削道鏡の帝位占奪事件に関して和気清麻呂が宇佐八幡の神託にうかがいを立てる使者になったときの状況を描写したと説明されている。世阿弥の『清経』の神託は、御宝殿の錦の帳の内より〈声〉として聞こえてきたと地謡によって説明されているので、姿はみえなかったことになっている。姿のみえない神は描く手がかりがない。気配を影として表現するので精一杯だったと思われる。

　中世の東大寺大仏殿再建の大勧進であった僧、重源は東大寺創建時に守護神として招来した手向山八幡宮に神像をおさめることを発願し、朝廷におうかがいをたてている。「しきたりどおりにせよ」という返答を受け取る。快慶の「僧形八幡神坐像」が解答だった。みえない姿のない神がのり移る瞬間を影向《ようごう》という。枯山水の庭のなかに影向石と呼ばれる特別あつかいの石がある。そこに神が示現《ヒエロファニ》するといわれ、しめ縄が張られたりしている。松の木もある。影向の松と呼ばれ、これもしめ縄が張られる。横綱のしめる廻しもその人品が神格化されると解される。朝廷の「しきたりどおりにせよ」という返答は人像にするなということでもある。ガンダーラで、ヘレニズムの人体彫刻が流用されて仏像が多様に生産されはじめた。たくさんの如来仏像がうまれた。

　だが、神に姿はない。気配だけの存在である。唯一の手がかりは神の示現《ヒエロファニ》した姿である。巫がカミの声を伝えていた。姿のないカミの声を神がかりした巫が呪言として吐く。その巫にカミがよりつく。神体山のようなとがった先端、ピークに降臨するとも考えられていた。それを簡

「僧形八幡神影向図」、鎌倉時代(13世紀)、仁和寺蔵

易化して榊を立てた。心柱の立柱も、ここに鎮座させるという目印の位置を決める行為である。その位置を設定するための場を神籬《ひもろぎ》として設ける。磐座《いわくら》が措定された。数々の岩からカミの座がよりわけられ、その石が聖性をもつと考えられたのだ。カミの声を聞くための儀式の場として、白砂、玉石が敷きつめられた。斉場《いつきのば》が囲いこまれる。南島では御嶽《うたき》として本島の氏神の境内と同じ聖域がつくられた。これらは神を降臨させるための儀式(祭儀)の場を設定する手続きであるが、すべてがみえない神を気配として感知させるための聖化された時間《とき》を現出させる演出である。その構成された場の形姿《デザイン》や祭具としての道具は、その共同体が住みこんだ環境のなかに「見出されたモノ《ファウンド・オブジェクト》」ばかりである。「神の似姿」を模していたと見立てている。私はこれを「神像形象主義《テオモルフィスム》」と呼んだ。

大勧進重源が朝廷にうかがいをたてて得た「しきたりどおりにせよ」との回答は、宇佐八幡宮の御神体は姿をみせない、かつみてはならぬが、モノとして存在してきたことは確実なのだから、名案さえあれば制作していいという認可証であったと理解できる。いまふうにいえば、みえないモノをみえさせる。不可視を可視化する《ヴィジュアライズ・ザ・インヴィジブル》。論理的には難問にみえるが、文化の発生以来、アートがやってきたことはこのひとことにつきる。彫る、描く、書く、演ずる、謡う、舞うときに使用するメディアが異なっているに過ぎない。

快慶は仏師である。数々の如来像を制作してきた。だが神像は彫っていない。というより神像は存在しないことになっている。先行モデルがないわけだ。ないことはないといいつたえられている。松尾大社に神像が伝えられており、これは翁面のような異相である。影向という表記がいつ成立したのか。神の示現、何ものかの出現、あるいは憑依した人体、もののけにとり

「僧形八幡神坐像」、鎌倉時代、快慶作(1201年)、手向山八幡宮、東大寺

つかれると語られる、影のようにしのび寄る何ものか、それが降臨する神の姿であると信じられる。とすれば、神の姿は影ではないか。月影、面影と表現されたときの影は、実在しない、分身。すなわち現身《うつしみ》。月影とは樹木や建物が地上におとす影(キャーステッド・シャドウ)ではなく、水面や鏡面に映るもうひとつの月の姿である。影法師は幻影(ファンタスマゴリー)である。影絵芝居のうごく影である。実在しないが存在する分身である。

谷崎潤一郎の『陰翳礼讃』の海外での翻訳❖においては陰翳が影(オーンブル)つまり輪郭のはっきりしている射影(キャーステッド・シャドウ)とされているが、私は陰翳は微妙な段階を経て濃淡が移ろっていく翳《かげり》(シェイド)だと理解している。証拠としてはこの長いエッセイにおいて、谷崎潤一郎はちらちらとしてかげろうものといったイメージを記述してはいるが、影という文字を一度もつかっていない。でなければ、明るい白砂に照りかえす日射しが軒裏から障子をすかして畳に反射し、薄暗い天井板ではねかえされ、バウンスをしながら奥の暗闇に吸い込まれていく伝統的な日本の住居空間の描写は成立しなかっただろう。

影とは何ものかの分身である。似姿である。幻影(ゴースト)であり幻映(ファンタスマゴリー)なのだ。影向図は降臨した神を描く。「鹿島立御神影図」(春日大社)では鹿の背に神が乗っている。長軸として表装された図だが、この図が公衆の前に掛けられるときは、その顔はかくされる。神をみせてはならぬ。みてはならぬ。だが示現する。気配として存在が感知される。ここでは殿上人の装いをしている。春日大社は藤原氏の氏神でもあるから、束帯を着用した殿上人姿は、祭神の由来を暗示する。だが手向山八幡宮、つまり東大寺建立にあたり宇佐八幡宮からその境内を、すなわち日本国家を守護する神として招来された、その神は誰か。「僧形八幡神影向図」は鎌倉時代の作と推定はされているが、快慶が手向山八幡宮の御神体「僧形八幡神坐像」を奉納

『陰翳礼讃』は英語ではIn Praise of Shadows、仏語ではEloge de l'ombreと翻訳されている。

したのは一二〇一年（建仁元年）だ。影向図と呼ばれる神の似姿図が制作されはじめるのは同じ鎌倉時代の約一〇〇年後である。弘安の役に際して宇佐八幡宮の祭神のひと柱、神宮皇后（息長帯比売《おきながたらしひめ》）の伝説的新羅征伐への神だのみが契機になったといわれる。とはいえ、手向山八幡は東大寺の境内にあるわけだから、仏寺の管轄下に置かれていたし、道鏡の王位簒奪を阻止するために和気清麻呂を勅使として派遣した伝説もあるし、八幡神が僧形で描かれることは、諸仏の彫像がタイポロジーとして型が決まっていたように、影向する姿形が定まっていたためとも考えられる。

大工棟梁の秘伝書のなかで今日和様唐様と呼ばれる様《よう》がその様式の指示として記録されはじめるのは室町期末以降である。発注者としての旦那《クライアント》が何々のようにせよ、つまり先例としてのモデル（雛形）が指示されてはじめて指図がつくられ、デザインがはじまる。画家や彫刻家は、すべて注文制作だった。雛形を指示するのは旦那の役であった。文人としての注文主が職人に事例を提示する。文人は殿上人であり僧正であり旦那であり、手をよごしてはいけない。手仕事は河原者が扱う。「しきたりどおりにせよ」はビューロクラートの指示である。「僧形」にするという解釈は有職故実の識者か重源のような大勧進の判断であっただろう。御神体を型として彫りだしたのは快慶工房のスタッフだろう。快慶その人の腕のみせどころは、気配として影向した神が僧形の身体に憑依した瞬間の表情を造形することにあったと思われる。快慶は浄土寺浄土堂の丈六の阿弥陀三尊立像のような、端正でありながら荒々しい骨組みで囲われた、堂内の空間を圧倒するような傑作を残している。これに較べると「僧形八幡神坐像」は三尺に満たない小ぶりの座像であるが、武神である八幡明神の激しさを内に秘めながら気品に満ちている。中国の伝統的な美術評価の基準のなかで別格あつかいの作が「神品」といわれることがある。これが現物として神像であるというだけでなく、私は純粋に彫像としてこの作を「神品」と呼びたい。

仏像と呼ばれる限りにおいて、すべての基本形は伝来している。ヘレニズム期に古代ギリシャの神像が人体を借用し、微細なポーズが分類されて定型ができあがったことと同じく、ガンダハーラにおいて、その型とあらためて習合した仏像が教義に基づいて大日、阿弥陀、薬師など独特の型に整理され、シルクロードから東進して中国を経由する過程で雛形がうまれた。これが朝鮮半島から列島に到達する。高僧の御影(肖像)もまた仏像に似せて礼拝の対象にされる限りにおいて、今日のアニメキャラクターのように特徴が強調されるが、すべて人像から発している点にかわりはない。

だが、日本の神像は成立が異なっている。御神体は、磐座、銅鏡、七支刀、曲玉、心柱、盆石、榊、神体山、霊樹など聖化した呪物である。むしろ不定形な気配そのものというべきで、ここには人体は含まれていないことが決定的である。神道ではけがれが嫌われる。それを清めてはじめて神と逢えるとされているわけだから、人体、あるいは人体の附属物も含まれない。当然ながら像を神体に代置することはない。

憑依の瞬間を固定化する。それが「僧形八幡神坐像」の制作にあたって採用された戦略である。衣服を含め、すべて平常仏事に用いられた物品である。異国から渡ってきたとしても、すでに数百年間、列島において見慣れた姿である。ひとりの若い僧が沈思している。猛々しい、異常なものは何ひとつ見当らない。大がかりな段取りの儀式を通じて、神託を待つといったドラマもない。重源や栄西のポートレート像のようなリアルとも異なる。翁役をやらせたいような美貌の若い僧が坐している。それが神の姿であった。

戦勝祈願は壬申の乱において大海人皇子が迹太川(朝明川)のほとりで、地理的にはるか南の伊勢神宮の方角を向いて天照大神を遥拝したことで勝機を得たことにちなみ、歴史的に国難には必ず勅使が派遣されるが、内乱レベルの祈願先はもっぱら宇佐八幡宮だった。祭神が天照皇大神と神宮皇后の違いなのだろうか。原武史の『皇后考』によれば、昭和天皇の母后である貞明皇后はシャーマン的な武神でもあった神宮皇后(息長帯比売《おきながたらしひめ》)のうまれ変わりとみずから思い込まれていたらしく、ポツダム宣言受諾の可否が問われるような時期に昭和天皇の勅使に敵国降伏の宣旨をもたせて伊勢神宮に参拝させると同時に、みずからは宇佐神宮と香椎宮(いずれも祭神はオキナガタラシヒメ)に参拝し、拝伏した姿勢で三〇分以上身動きせずに祈願された。神託を待ちつづけたのか、戦機の逆転を祈ったのか、それ以上の記録はない。イセに神風を枕詞に置く歌は、柿本人麻呂によって持統帝の天武への想いをうたうなかでえらびだされている。いずれ国難にあたり神風を期待する勅使派遣の型ができあがる。持統女帝はシャーマンであった。同じくシャーマンであったと思われる孝謙女帝＝施術師道鏡は淳仁帝＝藤原仲麻呂(恵美押勝)と権力争奪するなかで「道鏡を天位に即かしめば天下太平ならん」の宇佐神宮の神託が届く。いまふうにいえばフェイクニュースである。和気清麻呂が下行し、当時太宰師が道鏡の弟であったから、宇佐神宮神官との共謀だったと報告する。結末は道鏡の左遷と恵美押勝の自死。つまりケンカ両成敗である。このフェイクニュース騒動が宇佐神宮の神託の格をあげたと思われる。幾度勅使が下行したのか。「うさの神」はいかに応えたのか。

清経が入水した柳浦には第二次大戦末期に飛行場が建設され、宇佐航空隊が置かれていた。鹿児島の指宿神風特攻隊基地を援護する予備隊が訓練された。ある日予科練の少年兵たちが飛行場で整列して、朝礼がなされていたとき、超低空で接近した艦載機の編隊からいっせい射撃を受けて多数の死者がでた。無惨な殺されかただったと、私はこの大本営発表にははずかしくてのせられない事件を目撃者から伝え聞いた。なぜ私とほぼ同年輩の少年兵たちが殺戮された、話してはならぬ噂を知っているのか。私は宇佐の地に縁者がいた。宇佐（ＵＳＡ）には神護があるのだと誰もが語っていた。宇佐神宮の神護寺でもある富貴大堂（国宝）はすぐ近くにあり、山かげにあったのだが、ここも爆弾で破壊された。板壁に描かれた極楽浄土の光景は阿弥陀堂のなかで無傷で保存されていたのだが、北九州方面で使い残した数発が阿弥陀堂めがけて投下され大破し廃墟になった。神だのみだったが神は助けていない。「宇佐《うさ》には神もなきもの」だった。

私の父方の祖は別府湾に浮かぶ慶長地震の余波で海中に没した、かつては南蛮貿易港でもあった瓜生島の住民であったことは菩提寺の過去帳でたどれるが、ここにどこから流れ着いたのかはわからない。母方は宇佐神宮領の庄屋だったと伝えられており糸長姓である。かつて、こんな与太話を杉本秀太郎にしたことがあった。糸長は息長《おきなが》が略字で書記される過程で変化したのではないか。音韻の変化で言語の系統を推量する話はあるが略字とは？　彼は本居宣長『古事記伝』で『釈日本紀』の系図に息長の誤記を指摘した事例をとりあげる。応神帝から継体帝までの家系に三代のミッシング・チェーンがある。宣長がこれを埋めたという。「母々□恩己《ミハハノオトオキナガノ》麻和《マワ》加《カ》中《ナカ》比《ヒ》売《メ》の母々□恩己は母の下に「弟」字を脱したるなるべし。恩己は息長《オキナガ》を誤れるなり」（『古事記伝』第四四巻）。

たしかに息長をくずし字にすると恩己とよむこともあり得る。とすれば息長が糸長に誤記されることはもっとたやすいだろう。〈うさ〉の祭神のひと柱は神宮皇后（息長帯比売《おきながたらしひめ》）である。その家中が分家することもあっただろう。近似の姓がつくりだされたのかもしれない。

宣長は天皇家の系統樹を完成させようとしていた。継体帝が琵琶湖の東岸一帯に定住していた渡来民（百済）の一族の出身であることは即位の次第で『日本書紀』でも暗示されている。天皇（大王）名は諡号で記されるので氏族名がはっきりしない。皇后はヤマト政権を構成する諸王家からの出自でわかる。継体王朝と応神王朝は継続しているのか、断絶してあらたに奪取されたのか、さまざまな憶説がそのまま戦後の古代史学の論争をうんだ。

この諸説乱立の原因は息長氏の根拠地が近江にあったことである。しかしヤマト政権が朝鮮半島と結ぶ交易ルートは日本海側と瀬戸内海側に二つあり、ヤマト（三輪）―（竹生島）―若狭―出雲―（沖ノ島）―韓《から》―新羅と、ヤマト―河内―吉備―（厳島）―柳浦―（沖ノ島）―韓《から》―百済のルートになる。息長氏は半島の先進的な製鉄技術を携えて、三、四、五世紀と幾度にわたる集団的渡来民として列島に到着したひとつの部族で、海部として交易をやり、祭具などの製造を司り、後世には伊勢の斎宮（巫女）を務めるような天皇家の中核に血統をのこしていると考えられている。何の証拠もない。だが沖の島、厳島、竹生島の神社の祭神は共通して宗像三女神、タゴリヒメ、タギツヒメ、イチキシマヒメである。アマテラスとスサノオが誓約《うけい》をしてうまれた神々である。祭神をたどると、神話のなかにまぎれてしまうが、この一族は天皇家のシャーマン役、つまり斎宮を務めることからみて、韓国に今日でも存続しているシャーマン（ムーダン）と同じ血統であることに間違いない。

文字（言語＝理性）以前のコミュニケーションの手段で、このときヒトがメディウムである。だから祭儀が催される。そこで得た神託がすなわち政治的決定である。影向するカミが憑依した媒体《メディウム》がコトバにする。それが文字として記述される。その過程で膨大な量の情報が脱落する。イメージは記述できないからだ。影は気配である。気配は感知できる。清経は入水する。神風特攻隊は自爆する。三島由紀夫は切腹する。オイディプスは目を潰す。アンティゴネーは自死する。いずれも神託を受けてそれを信じた。それをねじ曲げて政治的解釈がなされると、和気清麻呂のように賞賛される。偽造してフェイクニュースに仕立てたためだ。

夢をみた。集中治療室のなかで徐々に覚醒していく。

海底に沈んだアトランティスではないのか。いや所在不明のクナ国ではないか。これが水底に沈んでいたのだ。瓜生島でも沈んだのだから国東半島の周辺かな。清経の入水した柳浦の沖だ……。

8 夢告

伊勢神宮の起源は隠されている。隠されているが故に誘惑され無数の諸説があるなかで、共通に引用されるのは『日本書紀』の一節である。

「是より先、天照大神・倭大国魂、二神を天皇の大殿の内にいはひまつる。然して、その神の勢いを畏《おそ》りて、共に住みたまふに安からず、故《かれ》、天照大神を以ては、豊鍬入姫命《トヨスキイリヒメノミコト》に託《つ》けまつりて、倭の笠縫邑にまつる」(崇神天皇六年)。

「天照大神を豊鋤(鍬)入姫命より離《はな》ちて倭姫命《ヤマトヒメノミコト》に託《つ》けたまふ」(垂仁天皇二五年)。

そして「大神を鎮め坐《ま》させむ処を求めて」倭姫の巡幸の物語になる。菟田→近江→美濃→伊勢をめぐって、倭姫は神託を受ける。

「この神風の伊勢国は、常世の重浪《しきなみ》帰《よ》する国なり。傍国《かたくに》のうまし国なり、この国に居らむと欲《おも》ふ」。

アマテラスの霊《ひ》は、宮殿のなかで、天皇と同床していた。これを息女のひとりの斎王に託けて笠縫の邑に移す。さらにその霊を離して、次の斎王である倭姫に託け、巡幸する。伊勢に至って「ここがいい、この地に居たい」と神託がくだり、斎宮がつくられる。こういう次第が歴史的神話として語られている。斎王はシャーマンである。天皇霊としてのアマテラスの声を聞いている。「うまし(美しい)国だ、ここに居たい」。これがイセの始源の物語になる。そして、「腹が空った。誰か賄いをつれてきてくれ」という。「丹波の国の真名井にトユケという料理人がいるそうだ」。それが外宮の由来である。

伊勢にまつわるいくつかの神託は、たわいない。神は擬人化され、ほとんど生理的な日常会話がくる。歴史家が信頼しているのは『日本書紀』の記述で、それは漢文であり漢字として記されている。古語として倭で使われていた語り言葉がいったん、中国語に翻訳され（意訳）、中国文字（漢文）によって記述されている。そこで語られている事項を今日では中国の歴史的文献と照合し、裏のとれた範囲がこの国の歴史的事実と認定される（加えて考古学的に発掘された文物でさらなる確認がなされる）。つまり『日本書紀』が中国の歴史の記述方式に従っているから、これもまた歴史たりうると判断されているようで、同様の物語は列島では漢字の読みとは全く異なる土着の言葉（古語）で〈声〉として発語され、それが口承されていた。その言葉を記録した『古事記』は一〇〇〇年間は解読不能の文献だった。本居宣長はこれを考証し、読み下した。アルファベットとしての万葉仮名はすでに発明されていたし、平仮名を女手によって記述する書法もうまれていたとしても、それは人が発する声の記述である。巫が聞いたカミの〈声〉ではない。平田篤胤の復古神道がカミの〈声〉に最も接近していたといわれるとしても、その推論を傍証する手掛かりがない。

「うさには神もなきものを」（『清経』）の平家が祈願した際の宇佐八幡宮の神託は、新古今、今様などを熟知していた世阿弥の絶妙なレトリックと思われる。それは神託として〈声〉が錦の帳のなかから響いてきたことになっている。平家都落ちの原因の一つに、平重衡による奈良の東大寺大仏殿の焼き討ち事件があった。「興福寺・東大寺など、地を拡ひて焼失す」。「世の為、民の為、仏法・王法滅尽、言語の及ぶところにあらず筆端の訳すべきにあらず」（『玉葉』）とある。

春日社だけは焼失を免れた。あたり一面の焼け野原、高さ一六メートルの大仏は大きく背後に傾き、首は転がり落ちていた。「入唐三度」の勧進聖として実績がある重源が大勧進に任命される。大仏を完全修復し、覆い屋としての大仏殿と境内を全面的に整備する。東大寺大仏殿再建の総指揮者に任命されたとしても、今日でいうファンドレイジングをしながら、巨大公共事業を自らの責任で実現するわけで、気の遠くなるスケールのプロジェクトであった。

後白河法皇がいくらかの資金を出した。極く少量。朝廷での権力者、藤原氏は自らの菩提である興福寺が全焼しているから、こちらを優先する。平家は壊滅した。源氏はまだ全権を掌握していない。そんな情況下でまずは倒れかかっている、首の落ちた大仏の修復からはじめねばならない。四〇〇年昔に国力が傾くほどの予算を投じ、全国から強制労働の人夫を徴収してやっと完成した奈良天平期の大仏殿の建設の背後には、危機的で複雑に拮抗するアジア諸勢力のなかでの国家的自立という目標があった。この度は内戦の挙句の破壊・焼失であった。重源は官僚のトップである藤原家から、煽てられ無理難題を押し付けられた。彼より若年でより有望な法然や栄西が辞退し、貧乏クジをひいたのだった。

修復に着手しようとして判明したのは、遣唐使を廃止して以来鎖国状態にあった日本の技術力は大仏の鋳造もままならないほどに低下していたということだった。創建当時、開眼供養を務めた僧はすべて渡来人、若しくは渡来人二世であったし、記録に残る棟梁や仏師もすべて渡来系であった。中世再建でも和様化した建築技法や仏師達は隣の興福寺に優先的に使われ、再建に必要な巨大仏像の鋳造法や建築デザインの様式はすべて宋の新技術を身に付けたコンサルタントが雇われる。工事現場は建築普請現場というより雑役夫を駆使する土木工事のようだったと思われる。和様の繊細な細工は使われていない。圧倒的なスケールのぶっちぎりの構築性だけが求められていた。

　再建に関わる数々の物語は二点に絞られる。まず、仏像に用いる金箔、ついで桁外れのスケールの内部空間に用いられる巨木である。砂金は東北で発見され、平泉の藤原氏が発掘利権を持っていた。平泉藤原氏は朝廷に毎年一〇〇〇両の貢金をしていたことになっていたが、実績としてはやっとその半額くらいだった。だが大仏を丸ごと金ピカに仕上げるために必要な金箔は三万両と積算されていた。覆屋としての大仏殿には径一・八メートル、長さ一八メートルの巨木が計八〇本ないと構造的に成立しない。桁外れの量の金箔と巨木、その入手如何が再建の鍵となる。だがその桁外れの量は想像を超えていた。

　重源の策略はこの構想が成立したときに通常の勧進聖の枠を逸脱する。まず創建当時の語られることのない因縁に遡る。

　天平の東大寺建立に際し、聖武帝は橘諸兄《タチバナノモロエ》らをイセへ遣わし造立祈請を行い、アマテラスは大日如来であり、その本地を盧舎那《ルシャナ》仏とするという夢告を得た、という記録がある。東大寺を国家鎮守の中核にするため、慣習に従って造立祈請の勅使を派遣したのだった。その血脈にある道鏡を寵愛した孝謙女帝は大仏の守護神として宇佐八幡神を勧請するために迎神使を遣わし、神輿が上京、のちに東大寺境内に遷座する。あの大火でここも焼失した。重源は勧進聖つまり公共事業として土木・建築工事を請負う仏僧である。みずから南無阿弥陀仏と称していた。国家守護の勅願寺として建造された東大寺の全面的な再建を委任されたとしても、神社とは縁がない。だが突然イセの参籠に旅立つ。そのとき、まず焼失した八幡宮の仮殿に参り、外宮の端垣のあたりで参籠して夢告を得る。この行動には伏線があった。

発願者（天皇）―使者―イセ（内宮）―毘盧舎那仏（大仏）―守護神（八幡宮）―ウサ―僧形八幡（現）―勧進聖（重源）―イセ（外宮）

重源の語る夢告は『東大寺造立供養記』によれば、二月の中旬に外宮の瑞垣の辺で通夜していたとき、宝殿の前に束帯の俗人があらわれて、「吾は近年になって身が疲れ力も衰えたので大事をなしがたくなっている。そこでこの願を成就したいのならば、汝は早く我が身を肥やすべきである」と告げたというものである。

外宮には丹波の真名井にいたトユケが祀られている。その瑞垣の辺で受けた夢告である。ここでは、いまでも毎日饌をそなえる儀式がなされている。その豊受大神宮の由来となった神託にかかわっている。「我が身（カミ）を肥やす」をいかに解釈すべきか。重源はこの夢告を、ひとつのパフォーマンスに組み立てる。六〇人の僧侶による大般若経書写と転読、そして、二見浦で総勢七〇〇人の大宴会、「乱舞、狂歌、糸竹管弦、種々雑芸」。稚児をつれた僧たちは禰宜により連日の「饗応」を受けたのだった。それはむしろ贈与としての蕩尽というべき祭りであった。その演出を介して、おそらくすでにひそかな段取りがなされていたのだろう、東大寺は周防国を知行することになる。同時に二見浦に庵をかまえていた西行が東下りし平泉まで旅する。こうして巨木の産出地と奥州の金が入手可能になる。大仏の覆屋駆体の材木と国家的聖物としての仏像を仕上げる金箔がこのパフォーマンスによって獲得できた。イセとウサの神託のおかげである。それを夢告として不可能とみられていたプロジェクトを実現へと導く演出がなされた。とはいえこれらの資材が容易に入手できたわけではない。初めての工法であるからテクノロジカルな障害も待ち受けている。重源にまつわる物語は、この困難な実現過程に起った事件や出来事を自慢話としてみずから書き残したため、その司令の根拠になった夢告の内容についての記述ははっきりしない。むしろ有無をいわせず、カミの〈声〉の畏怖する力でプロジェクトを貫通する。それを戦術の主軸にしたのだった。

　私は、無謀とも思われる巨大プロジェクトを乗りきった大勧進聖重源の構想力を、フィレンツェの「花の大聖堂」のドームを空中足場とダブル・アーチの新工法を発明的に駆使して架構したブルネレスキの構想力に匹敵すると考えている。両者とも巨大な都市的なスケールで、超越的な建築空間を実現した。それぞれ文化史的には古い時代の終わり、国風文化とゴシック文化の終わりを生きた。現世は地獄だった。みずから住まった都市は煉獄だった。それを突破するために、桁外れのスケールの構築物をイメージした。策略と奇計が求められた。その過程に横たわる難問を乗りきるために、ひたすら相手を騙しつづけた。それぞれが上棟されたとき、連続していたかにみえる歴史は切断されていた。私はそのとき、〈建築《アーキテクチュア》〉がはじまったと考えている。別ないいかたをすれば、イコン愛好症《イコノフィリア》的な国風文化やゴシック文化が桁はずれのイコン嫌悪症《イコノクラスム》的な建造物によって粉砕されたのだった。細部を消去して超越的なスケールだけがたよりにされた。

　夢告はカミの〈声〉である。巫または覡がこれを伝えている。政治的決定を絶対化するため、常識的なルーティンを破った推量不可能な儀式が催される。『魏志倭人伝』では、ヒミコは高殿に住まったが姿を現すことがなく、その託宣は実弟の王が取り次いでいたと記されている。巫と覡のタグマッチで邪馬台国の統治がなされていたことが窺える。倭姫がイセの地に斎宮を置いたとする『日本書紀』の記述は、律令制などの新しい統治システムがうみだされたとき、巫の果たす役割が分離されたことを示している。天武帝は覡だった。皇后の持統帝は巫であった。その時期に『古事記』が企画され、伊勢神宮の式年造替の制度ができあがる。渡来技術者集団である息長氏系の神功皇后を祭神とする宇佐八幡宮を、巫であった孝謙帝と覡であった道鏡が東大寺大仏の守護神として招神した。

重源は参籠して聞いた夢告を古来のしきたりや戒律や禁制を踏み破る乱暴狼藉の宴に仕立てたのだった。それは荒ぶるカミの〈声〉である。

むしろこのようなカミの〈声〉を聞こうとしているのは民衆である。出口なおの御筆先《おふでさき》に記されている。「世界を水晶の世に致すぞよ」、艮《うしとら》の金神《こんじん》の〈声〉である。一八九〇年頃、極貧状態の出口親子は発狂した。狐憑き呼ばわりされて乞食し徘徊するので柱に縛り付けられ木桶を被せられ、座敷牢に監禁された。そのなかで神がかった。

> せかい《世界》がう《動》五九ぞよ。ときよ《東京》江せめ《攻》かけるぞよ。てんし《天子》はあやべ《綾部》にし五《守護》してあるぞよ。(中略)せかいわいちど《一度》にかいしん《改心》をいたさすぞよ。かみ《神》がおもて《表》にあらわれて、にほん《日本》にてがら《手柄》をいたさすぞよ。だいぶたいも《大望》なことであるぞよ。てんし《天子》じんびき《陣引》いたして、てんかたいへい《天下泰平》にを《治》さめて、ほじつ《穂実》をか江《変》るぞよ。(中略)うしとら《艮》のこんじん《金神》のみや《宮》をいたして、てんかたいへい《天下泰平》にを《治》さめて、みろ九《弥勒》のよ《世》、まつ《末》のよといたさすぞよ。(中略)うし九そ《牛糞》がてんか《天下》をとるとゆことが、こんど《今度》のことであるぞよ。よき《善》ものわをち《落》ぶらかしてありたぞよ(一八九六年旧九月一九日)。

なおの娘婿になる王仁三郎はこの御筆先の記された二年後に高熊山に籠り、ここで後に『霊界物語』として口述される神界の光景を幻視する。このときに出現した国常立尊《くにとこたちのみこと》が艮の金神に同定される。この極東の列島における神々の諍いの物語が幻視する光景はヨハネのアポカリプスを想わせる。黙示録は終末論的な予言の書であるが、なおの御筆先は世の立てかえ、つまり全面的な社会改革を目指して、水晶《ミロク》の世として現世にユートピアをつくるといっている。艮の金神、つまり国常立尊の神託である。

列島社会でのユートピアのイメージはまずは須弥山頂にあるとされる極楽であった。これは当麻曼荼羅に、浄土変相図法で描かれている。浄土には近寄るすべもない。日想観として念ずるだけである。ところが末法の世がやってくる。仏滅から二〇〇〇年日（一〇五二年）の翌年に平等院鳳凰堂が建立される。現世に浄土の摸像をつくろうとした。だが『平家物語』『太平記』の時代と乱世がつづくなか、阿弥陀信仰はすたれ、替って弥勒《ミロク》の住む兜率天《とそつてん》が浄土と考えられ、ミロク信仰が室町中期以降急速に広まる。ミル（ロ）ク神は沖縄の離島にまで船にのってやってくる。伊勢、春日、鹿島の神々をしたがえ弁財天と乗船している。これがなおの御筆先に登場するミロクである。その世界は光が充満し、濁りなく純粋に透明である。おそらく華厳経に描かれているような宇宙空間である。その神は世直し、立てかえをせよという。なおは王仁三郎と組んで大本教を立ちあげる。艮の金神を祀るための結社であった。巫としての斎王倭姫は「神風の伊勢」をアマテラスの聖地に定めた。艮の金神はどこにいるのか。聖地はどこか。巫としての出口なおが「天子を保護して」いる綾部の東北《うしとら》ではないか。

『天橋立図』は天橋立を参道とする丹後一の宮、籠神社の宮司、海部直の千継祝の需《もと》めに応じて、八三歳の雪舟が描いたといわれている。鳥瞰図のような全体構成は名所絵図の手法により、地理的な関係を正確に描写しているが、右下の海上にその場所にはあり得ない二つの小さい島が書き加えられている。冠島（雄島）、沓嶋（姫島）である。籠神社の奥院が真名井神社である。伊勢の外宮に招来されたトユケのいた真名井である。これを辺津社とし、沓嶋はその沖津社の位置関係にある。地図上で二点を結ぶ線を延長すると、大江に元伊勢といわれる真名井の井戸がある。出口なおが「水晶の御水を頂きて」と語っているのはここの聖水である。元伊勢皇大神社―籠神社―沓嶋（祭神イツキシマヒメ）は地図上ではほぼ一直線上に並んでいる。宗像神社の本宮―辺津宮―沖津宮の関係と同型である。おそらく息長氏系の海部直からこの関係を指摘され、鳥瞰図の視点から決められた『天橋立図』の全体構成から外れてしまっていた冠島と沓嶋を最後に雪舟は図面の右下隅に書き加えたと思われる。

大本教の聖地を探していた出口なおは突然、冠島・沓嶋開きを行う。これもまた艮の金神のお告げである。「此世界には、神の住居を致す聖地は沓嶋冠島の山よりない。……龍宮の乙姫殿は海の匠の御住居でありたなり昔から人民の行かれなんだ所を今度二度目の世の立替に付いて聞かしてあるのは大望な事であるなれど、人民からは何も解らんなれど」という筆先を出す（一九〇〇年六月一〇日）。

重源が外宮に参籠するのには先例があった。前年にやはり盲人の勧進聖であった鑁阿《ばんな》は大神宮に参籠したところ、天下を直すべきであるとの夢想を得ていた（『玉葉』）。重源は三日三晩通夜し、明け方に夢告を得た。これを神託としてパフォーマンスに仕立てる。しかし伊勢の大神の発したコトバはすべて伝聞でしかない。

出口なおが神がかりしたのは座敷牢に閉じ込められているときであった。それまで筆を持ったことはなかったのに、突然筆先が走りはじめた。艮の金神が世直しを語りはじめる。王仁三郎はその頃、高熊山に籠っていた。寒空に襦袢一枚で一週間水一杯飲まず、一食もせず、岩の上に静坐しつづけた。そして幽界を幻視する。国常立尊の天地創造のプロセスが語られる。坤《ひつじさる》の金神があらわれる。国常立尊＝造物主＝デミウルゴスとみれば、後に彼がこの『霊界物語』をヨハネの黙示録に比較しているが、その国生みの物語はむしろプラトンの『ティマイオス』の語る世界の創出の物語に近い。ぶっきらぼうで言葉足らずの出口なおの御筆先を補完している。王仁三郎は綾部の南西、瀬戸内海に浮かぶ無人島を神島に指定する。沓嶋に龍宮の乙姫が閉じ込められていたのにたいし、神島にはミロクの神霊が押し込められていたとその霊感を説明する。こうして裏日本から瀬戸内海へと日本列島を横切る斜線がうまれる。住吉と安曇を起点にして朝鮮半島へ向かう二つの交易路が結びつく。

出口なおは膨大な数の御筆先をのこした。王仁三郎はそれを解読して読みやすく書きなおしたが、ときに争いも発生した。仮名だけの書が漢字交じり文で記述されている。

> 変生女子（王仁三郎）の身魂は何時も敵討役がさがしてあるぞよ。二千世界の事が皆さして見せてあるぞよ。此筆先を持ちて神の教を拡めて下されよと、出口の口で申させば、こんな釘の折れた見たいな文字の書いた筆先ははずかしいて世間の人に見せられんと申して取り上げてくれぬから、そんなら写してよい字にして拡めて下されと申せば、こんな下手な文句は読めん、写すのも馬鹿らしいと申すなり（以下略）（一九〇三年、旧三月五日）。

のちに王仁三郎は高熊山に籠ったときに視た幻想を『霊界物語』として口述筆記で残している。出口なおはたどたどしい手つきで神の〈声〉のような語りかたで筆を走らせているが、王仁三郎は思い浮かんだイメージを言葉に変換しながら語っている。前言語《ロゴス》的なメッセージと、後言語《ロゴス》的、つまりロゴスが論理的に組み立てられた後の言語との違いがある。おそらく『古事記』は口承されていた物語を発語された状態で直接的に記述している。たいして『日本書紀』は漢文で漢字を用いて記述された。なおの御筆先は文字が記号として発生する状態をみせている。神がかり、すなわち憑依したときに、非論理的に、イメージさえもともなわずに筆先をうごかしている。その墨跡そのものがイメージになっている。

重源の得た夢告は、三日三晩一睡もせずに籠りつづけたあげくのことであった。

王仁三郎の霊界透視は七日間飲まず食わずで岩のうえに座りつづけたときに浮んだ幻影だった。

出口なおの神がかりは四〇日間座敷牢に入れられ外界と遮断されたときだった。

このような身心の拘束状態を井上有一も経験している。一九四五年三月一〇日の東京大空襲の際に、みずから教諭だった小学校で千数百人の避難者とともに煙に巻かれ、気絶したまま八時間後に蘇生した経験を想起して、その三〇年後に「噫横川国民学校」と題するひとつの書をかいた。その筆を持つ間は憑依状態だっただろうと私は思っている。この書＝イメージを読解するとつぎのような文章が浮かんでくる。ミロクの世にはほど遠い。

アメリカB29夜間東京空襲、闇黒東都忽化火海　江東一帯焦熱地獄　茲本所区横川国民学校　避難人民一千有余　猛火包囲　老若男女声なく再度脱出の気力もなし　舎内火のため昼の如く　鉄窓硝子一挙破壊一瞬裂音忽ち舎内火と化す　一千難民逃げるに所なく金庫の中の如し　親は愛児を庇い子は親に縋る「お父ちゃーん」「お母ちゃーん」子は親にすがって親をよべ共　親の応えは呻き声のみ　全員一千折り重なり　教室校庭に焼き殺

井上有一「噫横川国民学校」、1979年
群馬県立近代美術館蔵

される　夜明け火焼け尽き　静寂虚脱　余燼瓦礫のみ　一千難民悉焼殺　一塊炭素如猿黒焼　白骨死体如火葬場生焼女人全裸腹裂胎児露出　悲惨極此　生残者虚脱　声涙不湧噫呼何の故あってか無辜を殺戮するのか　翌十一日トラック来り一千死体トラックへ投げ上げる　血族の者の叫声今も耳にあり

右昭和二十年三月十日未明　米機東京夜間大空襲を記す当夜下町一帯無差別焼夷弾爆撃　死者実に十万　我前夜横川国民学校宿直にて奇蹟生残　倉庫内にて聞きし親子の断末魔の声　終生忘るなし

ゆういち

出口なお

一九〇四年(明治三七年)旧二月一四日の筆先

で九《出口》ちなお、めじ《明治》三十七ねん二《ふた》がつ十よか《一四日》、あや《綾》べ《部》のりう《龍》九や《宮》かた《館》がたか《高》まが《天》はら《原》とあいさざ《定》まりて、これまでのてん《天》のきそ九《規則》がち《地》できめ《決》るよ《世》がまい《参》りてき《来》て、このよ《世》のやりかた《方》おさばり《をさっぱり》か江《変え》てしまうぞよ。

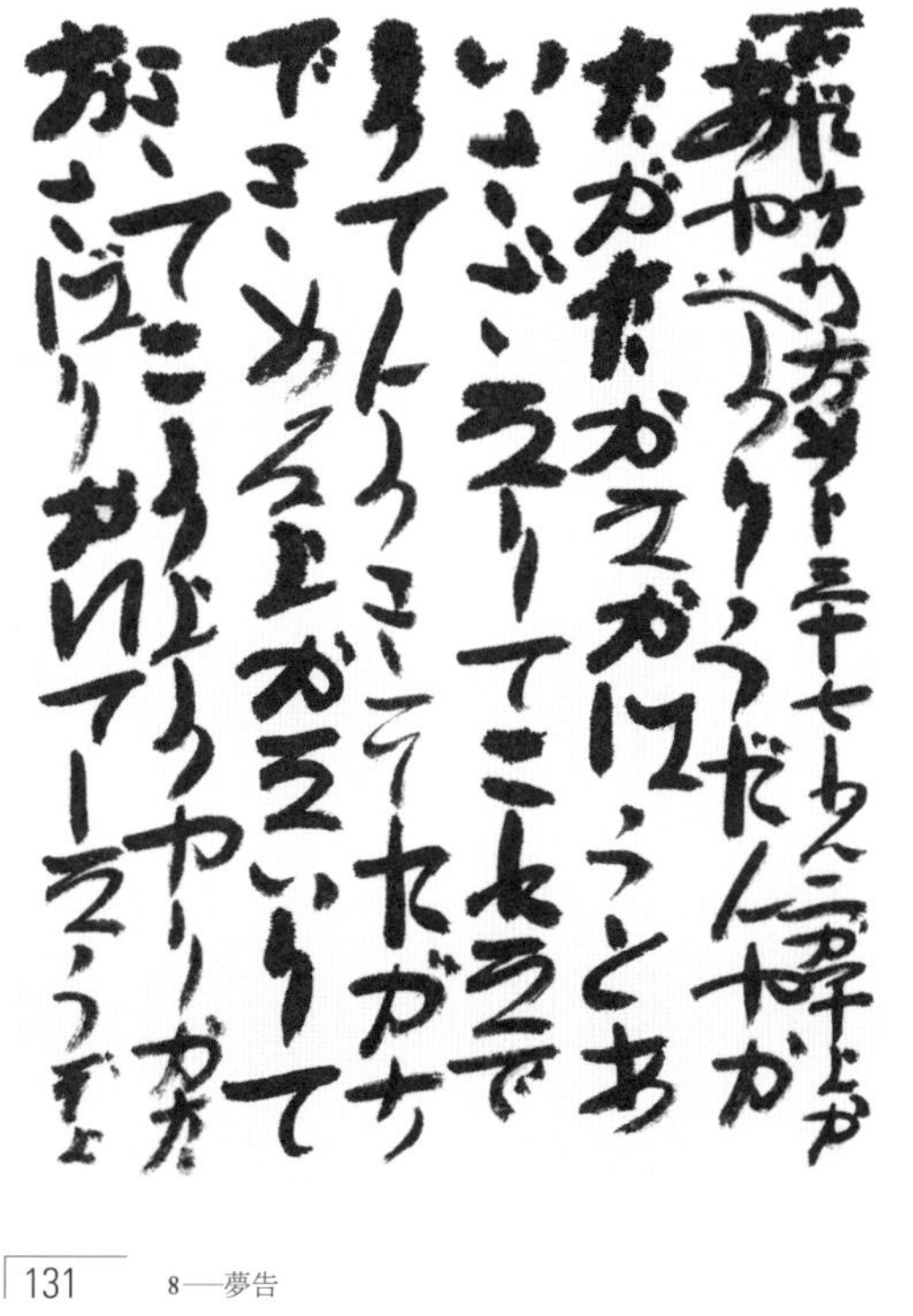

9 海原

時間とは時計の針が刻むものだ(TIME is what clocks show)。

アルバート・アインシュタイン

出典は不明。だが、いかにもアインシュタインの語りそうな喩えだ。ミッキーマウスの言葉とともに、オーランドのチーム・ディズニー・ビルディングのコーン状の中庭の床に、プラックに彫って嵌め込んだ。この建物を設計しているとき、テーマパークの発明者でもあるウォルト・ディズニー・カンパニーのオーランド・オフィスであることにこじつけて、「時間」をテーマにする提案をした。中庭を巨大な日時計に仕立てる。経度上での「とき」を示す日時計の針(影)と世界標準時、地域の基準時間、それに各自の腕時計とのズレが空間的に感知できる、と与件にないデザインの説明をした。斜陽になっていたディズニーの建て直しでCEOに呼び込まれた、TVトークショーを初めてつくったプロデューサーだったマイケル・アイズナーが世界戦略を練っている頃だった。帰国してまもなく、メモ用紙に走り書きしたアインシュタインの言葉がとどいた。

高橋悠治に誘われて、フロリダのアトランティック芸術センターのアーティスト・イン・レジデンスの施設に三週間、二〇人ほどの若いアーティストたちと泊まり込みで共同制作をやったとき、週末旅行にケネディ・センターの宇宙船打ち上げ見物と、オーランドのEPCOTセンター訪問がスケジュールされていた。むかしケープ・カナベラルと呼ばれていた頃、お祭り広場の装置を構想中だったので、参考にするため可動式の巨大な発射台をみようと旅程を組んだ。発射台はバミューダ海域側の砂地のうえに建設中で、手前のラグーンの辺りに発射見物台がつくられる予定だが未完だと聞き、急遽ヒューストンのNASAインフォメーションセンターに展示されている月着陸船のモックアップ(輪郭だけの原寸模型)をみた。その管制室のシステムの複雑さに驚き、急遽お祭り広場のダッグアウトにコンピューター・ルームと制御盤が並ぶ指令室を追加する。冷戦中のアメリカにとっては、スプートニクで先鞭をつけられたおくれを取り戻すための科学技術者総動員の真最中だった。

いっぽう大阪では、博覧会の会場のプランが未来都市のモデルと宣伝されていた。「未来都市は廃墟だ」とそのプロジェクトが動きだすはるか前に宣言してあった手前、このスローガンに同調するわけにもいかず、第三次技術革命がうみだしているメディアが瞬間的に出現(明滅)させる虚像こそを体感できるシステムに目標を絞りこむ。月着陸に出かけるわけではない。仮像を体験する。一切合切が見世物になる。テクノロジーも手品にすればいい。もったいぶってきた大文字の〈芸術〉が片仮名のアートになる。

振り返ってみると、大阪万博がのこした文化的、そして思想的なレガシーは、〈芸術〉を格下げする、小文字でアートと記述する、テクノロジーさえも、と要約できるだろう。月着陸が成功(一九六九年)する三年ほど前に、宇宙船発射台に観客席がつくられ、月着陸船のモックアップが展示されているのをみて、猿廻しのように「デメ&デク」がコードを引きずっているのでかまわないと思った。船外の宇

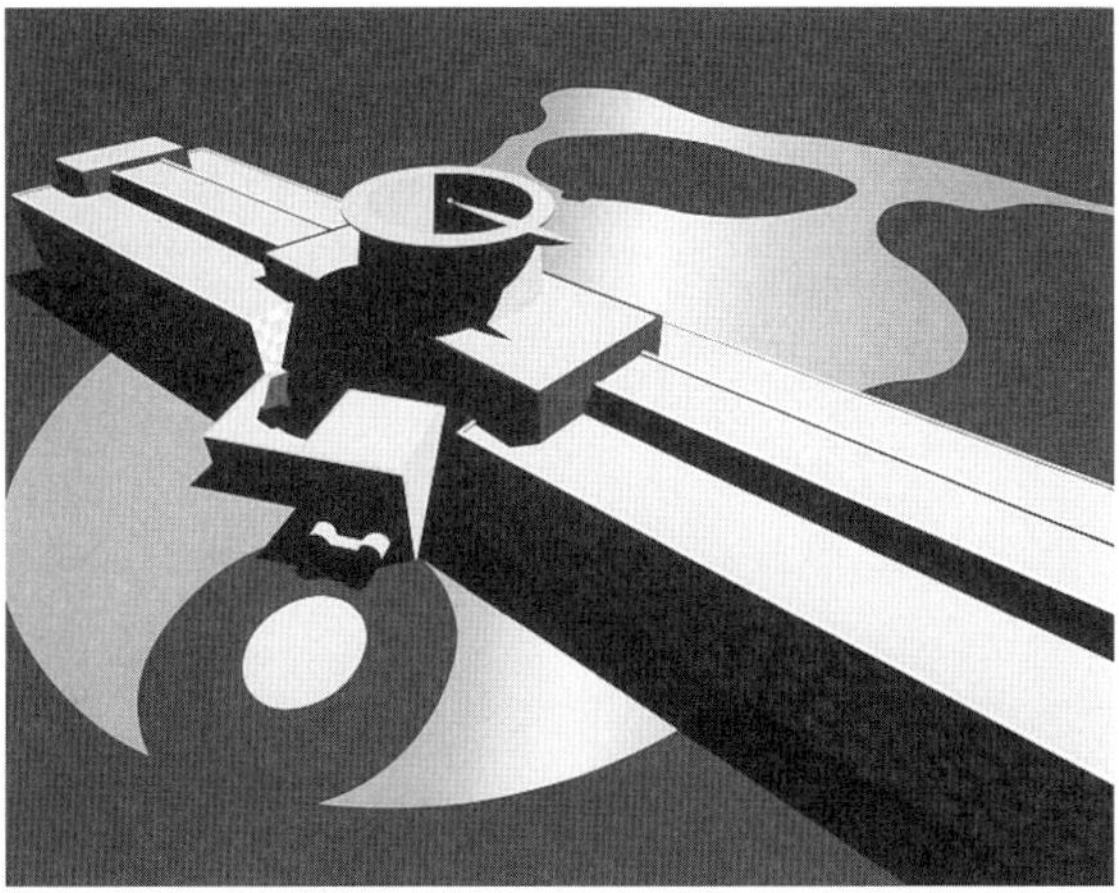

磯崎新『チーム・ディズニー・ビルディング』(シルクスクリーン)

宙遊泳でも、パイロットはやっぱりコードで連結されているではないか。マクルーハンは、線のテクノロジーは一九世紀の産物だといった。たしかに線はレトロである。だからそれが文化的記号になる。

ウォルト・ディズニーは夢を見世物に仕立てた。アナハイムのディズニーワールドの核はマジック・キングダム、つまりファンタジー・ランド。夢の島だ。夢は無意識にひそむ全記憶が順不同でイメージに組み合わさって浮上するわけだから、それはすべて過去の事象だ。ところが晩年になって、ウォルトは未来を売ることを考えた。南フロリダの湿地帯、ヘビとワニしか住んでいない広大な湿原を借財して入手する。まだ都市インフラは何もなかった。オーランドという地名もお伽話の国名である。ホテルの客室数ではパリ、マンハッタンを抜いて、いまでは世界一になってはいるが、このリゾート遊園都市はゼロから開発されたのだった。

大阪万博は「未来都市のモデル」を会場計画のコンセプトにした。タルコフスキーはその宣伝を真に受けて、準備中の『惑星ソラリス』の研究所シーンのロケ地に選んだ。到着してみると閉幕し取り壊されて千里には未来の跡形もない。研究所から現実の地球に戻るシーンだけを赤坂見附の堀の上空に架かる首都高のインターチェンジで撮影した。ソラリスの海が脳内イメージの比喩だったとすれば、赤坂見附のインターチェンジは夢の覚醒過程と見立てればいい。ともあれ未来都市は存在しない。大阪万博の会場ができあがってみると、誰も未来を語らなくなった。実現してしまったら、それは現在なのだ。

ポール・ヴァレリーは「人間は後ずさりしながら、未来へ踏み込む」といっている。人間は過去しかみえない、みていない。にもかかわらず、モダニズムは未来という目標を設定した。私はそれを競走馬の鼻先にぶら下げたニンジンに例えたことがあるが、目標＝テロスが設定されないと「計画」は進行しない。五年、一〇年先に達成目標を設定するのが政治である。経済指標も右肩のあがり、さがりで解説する。未来を目標＝テロスに代入している。そして、過去の実績を振り返って運用を指示する。科学理論を装っているけど、これは詐欺師の術ではないのか。フェイクのつくりかたにそっくりだ。呪術師は騙してはいるが詐欺はしていない。

未来は存在しないのにありもしない「未来都市」を語るのは術だとわかっていても、経済成長期の列島では、政治家・官僚・知識人・研究者がメディアに登場するためには未来を騙らねばタレント扱いされなかった。ヴェトナム戦のさなか、東京オリンピックに次いで国家的祭典に位置づけられた大阪万博に国家総動員をかけるための音頭取りだ。「明るい未来」という意味不明のはやり言葉がうまれる。大東亜戦争のときは「八紘一宇」が合言葉であった。このたびは「世界の国から今日《こんにち》は」。世紀がかわって二〇二〇年に向かっての国家総動員を演出するメディアは、五〇年昔の一九七〇年に向かって流れた世界文化革命を反復している。違っているのは、ヘルメットと棍棒姿にたいして、このたびはゆるキャラの花盛りだということ。はやばやとトゲが抜かれてしまっている。

その中間期の八〇年代に斜陽化していたディズニーの再建を指揮したマイケル・アイズナーはブランド作戦を展開した。世界各地にディズニーランドの完全複製された模像をばらまいた。建設可能な土地が物色される。付属施設として大量のホテルも必要になる。開発プロジェクトでは規模算定がまずなされねばならない。そんなグローバル・プロジェクトの末端を依頼されたとき、いったいディズニーランドで何人の入場者数を見込んでいるのか、と私は総指揮者にちょっと幼稚な質問をした。

「世界中の人間が一生に一度は来場したいと思う場所をつくりたい」と彼は応えた。リアルな夢想家でなければならない再建起業家にとって、けだし、これは名言である。ディズニーを将来まで運転する戦略が明示されている。人口動態と経済指標を手がかりにして制度決定する近代の都市計画の理論を超えている。

ウォルト・ディズニーはＥＰＣＯＴ（明日の実験的コミュニティ）をつくってリアルな都市に仕立てようとして失敗した。その後始末に呼び込まれたアイズナーは未来「時間」なんて考えていない。グローバル「空間」と人口「数」だけを考えている。ディズニーはまだ開発をつづけている。世界人口は上昇しつづけている。国家総動員などやる必要はない。余暇の日数は増え、観光客数は増加している。彼らはブランドだけを頼っている。テーマパークのはじまりがアナハイムのマジック・キングダムだった。フルシチョフがアメリカ訪問のとき、みせてくれない！と駄々をこねたことで有名になった。オーランドでの仕事の経験を通じて、私はフレドリック・ジェイムソンが編集した『Ｓ・Ａ・Ｑ』に「テーマパーク」と題した文章を寄稿した（Theme park in *The South Atlantic Quarterly*. Vol. 92 No. 1 (1993)）。

テーマパークは現況—線的展開—目標達成という近代主義的構図にたいする疑問が発生したその間隙に登場した。数量化し抽象化されたプログラムではなく、テーマという具体性をもった架空の像が代置される。そして計画はその最終目標から逆算される。すなわち、非線形的な活動形式が要請される。ＥＰＣＯＴセンターは「ディズニー」がマジック・キングダムについで開発した二つ目のテーマパークである。それは一九六四年のニューヨーク万国博を恒久施設化するというアイディアに基づくといわれている。この計画の過程で興味深いのは、当初ウォルト・ディズニー自身が構想したExperimental Prototype Community of Tomorrowというコンセプトで、それは、いまだにその名称をとどめている。ここでは現実に未来のコミュニティでなされる生活を先取りして、その生活のなされている有様を博覧会と同様に観客にみせるというアイディアであったという。この計画はナイーヴなまでにユートピア的であった。明日の理想社会を描きだそうとしたからである。そのうえ、実際に機能している状態を実現しようとするわけであるから、語義的に矛盾もする。実現すべくもないユートピアが実現してしまった有様を、実際に生活としてみせねばならないからである。

樹海が水平線までひろがっている。高速道路が一本だけ横切っている。砂漠地帯を一本線で走る道路上の光景は、海岸線まで到達するハリウッドの西部劇の光景で馴染みがあるが、同じアメリカ大陸でも南フロリダでは砂のかわりに水だ。樹海にみえたのは湿原地帯、水辺に生息するマングローブのような低木が表面を埋めている。容易には踏み込めませんよ。ヘビとワニの栖になっている。つまり人間が生活できるような土地ではないのです。地図上は海ではなく陸地だが、水上だとみればいい。フロリダにはカルーサと呼ばれる先住民が住みついていたが、彼らは舟か筏のように水に浮くもののうえで生活した。コンキスタドールとして新大陸に侵攻したスペイン人から追い払われる。生活の痕跡まで一掃された。資産家ではなく製作費が常に売り上げを上まわるような経営をしていたウォルト・ディズニーが広大な湿原を手にいれた理由がわかる。ここは「約束の土地」のような楽園どころか開拓不能の荒地だったのだ。

遠くにバックミンスター・フラーのドームが浮かぶ。モントリオール万博以来の未来都市のシンボルだ。前面に大きい池が掘られ、周辺に水族館をはじめさまざまな施設が並ぶ。彼はその周辺にさらなる実験的なコミュニティを開発したかった。その計画は頓挫。後継者は世界博の模像をつくった。世界旅行を見世物に組んだつもりだが、これは魅力に乏しい。本物がまだ存在するためだ。あくまでディズニーのオリジナルはマジック・キングダムだ。「夢」を売ることには成功した。だが「未来」は売りものにならなかった。

「あなたに依頼するチーム・ディズニー・ビルディングの敷地はフラー・ドームの横を通る高速道路の反対側、まだ目印になるものは何もありません。湿原のままで踏み込めません。進入路だけは予定していますがね」。

上空を旋回しながらデザインの手がかりを探した。樹海しかない。海だ。海原《うなばら》という言葉を思い出した。航海している。羅針盤が必要だな。要求されている建物はかなり大きい。オーシャン・ライナーぐらいのヴォリュームになる。湿原を掘り池をつくって浮かべよう。伝説の方舟の容量を一桁上まわることになる。オーシャン・ライナーだから、中央に煙突が必要。それを日時計に仕立てる。羅針盤のかわりに地球上の位置を判定できる。デザインをすすめるうちに火力発電所の冷却塔の姿に似てきた。

「原子力発電所を思わせないだろうか」。

「時間」をテーマにする提案をしたときに、返ってきたただひとつのコメントだった。アインシュタインの「時間とは時計の針が刻むものだ」のコトバの走り書きが送られてきたのが、このデザインが承認された印だった。

パッラディオにローマの古代遺跡の実測図を制作させ、これを挿図にしたバルバロ版『建築十書』(ウィトルウィウス)の編纂出版者、ダニエーレ・バルバロは、自邸として小型のヴィッラも設計させた。両翼の先端に鳩小屋と大きい日時計がついている。ストラスブール聖堂のファサードにも日時計がついている。この街はかつて大型の時計の生産地だったので、聖壇の横にコーニスにとどくほどの背のある振り子つきの機械仕掛けの時計が奉納されている。日時計を建築にとりつけるのに先例はあるのだ。勿論、インドのジャイプールの天体観測所にはさまざまな日時計がデザインされている。世界で最初というわけにはいかない。しかしスケールだけは世界最大にしておきたい。その内部に踏み込むこと、そして空を見上げて弯曲するコーンの内壁におとす影のうごきを感知すること。機械仕掛けは一切なし。テクノロジーを誇示しても見世物にはなるまい。

グレート・バリア・リーフの東端まで陸地だったことが、この地の原住民アボリジニの古語イデンの神話で語られている。海面上昇によって海岸線が大きく後退したのだった。一万年ほど前と推定されている。ギルガメシュや旧約創世記で語られる大洪水は六〇〇〇年前の出来事だった。黒海はかつて淡水湖で、塩水の地中海との水位差が一五〇メートルあった。その両海を区切っていたボスポラスに突然クラックが走る。今日でも六〇メートル強の幅しかない海峡を地中海から黒海に向かって瀧のような水流が走る。その水量はナイアガラ瀑布の二〇〇倍と計算されている。黒海の水位は一〇〇メートル上昇して、海水面が等しくなる。黒海沿岸の広大で肥沃な農地や、牧草地は水没した。これがギルガメシュに語られた大洪水の物語ではないのか。方舟《はこぶね》が漂着した〈高み《シューディー》〉はどこか。シュメール語のアルメニア人の地（アララット）であるとすれば、ボスポラス海峡亀裂説はかなり辻褄が合う。オーランドの湿原、グレート・バリア・リーフの珊瑚礁、メソポタミアの大洪水。〈水の惑星〉だからこそ生物が発生し、水棲から陸棲へと住みかえても、身体の九〇パーセントは水であり、水を供給してやっと生存している。水中・水上・水辺に住居をつくることしかやってこなかった人類が、なぜ水位上昇ばかり気にするのだろうか。アトランティック芸術センターの建物も湿原のうえに建てられていた。床下は水がたまっている。各棟はブリッジで連結されている。ワニが歩くのをみたスタッフもいた。ケネディ・センターはここから約一時間のドライヴの距離にあるが、途中の高速道路の両側は勿論湿原地帯。それが、オーランドまでつづいている。フロリダ半島では、珊瑚礁が昇起し、オーストラリアのグレート・バリア・リーフは海中に沈んだに過ぎない。両方とも現地産の建築用材として珊瑚の石灰岩(ライムストーン)を使っている。

「闇の空間」(一九六四年)を、空間・時間を場所・機会に読み替えてプエブロ族の集落の形態分析をやったアルド・ファン・アイクを引用することからはじめた。この現象学的な空間・時間論はマルティン・ブーバーの説に由来することが後に判明するが、モダニズム建築の展開を二〇年代末から三〇年代にかけて主導したＣＩＡＭの書記長をやったギーディオンの、亡命先でのハーバード講義録『空間・時間・建築』(一九四一年)が必読の教科書だった私たちの世代にとっては、近代科学が基体概念とした時空の定義をまずは理解せねば、建築都市デザインを語る資格はないとされていた。

その基体概念に疑義をもった。西欧の都市空間モデルでは日本的都市空間が理解できないのだ。日本には辻や河原はあったが広場はない。「かいわい」といえば直ちに盛り場の雰囲気は了解できる。だが西欧近代が開発した図法では描きだせない。たいして吹抜屋台を雲煙技法で雲のたなびくあい間に浮かす。ぼかし、にじみなどで間が埋められる。ワッペン型の紋章のかわりに家紋が配される。名所図絵では関心の度合いに応じて道の長さが圧縮されている。細部に至るまで均質に扱われるデカルト的空間にたいして、江戸の古地図はあたかも鏡面に映る球体のようにひずんでいる。透視図法も測地図法も使わずに自由自在の表現方式が開発された。現実に感知されていた都市空間は均質ではなく、濃淡なのだ。霧のように立ち込めるみえない微粒子の濃度と流れだ。『日本の都市空間』（一九六三年）を共同研究で実測し図面化したときに、この列島の空間は時間を介在させることによって、はじめて感知できると考えた。

ＳＰＡＣＥとＴＩＭＥが空間と時間と訳された。これらの基体概念は漢字文化圏では共通に使われている。おそらく西周の訳語が広まったのだろう。空間は空《ヴォイド》＋間《ま》、時間は時《クロノス》＋間《ま》。空間も時間も漢字文化圏にはなかったためだ。おそらく、西欧の近代科学用語としての用法を和風の感知形式に適合させるべく間が導入された。門のなかに、日もしくは月を加える。この文字には絶妙な含意がうまれる。人に間を加えて人間という言葉もうまれた。

『フォリー』展（一九八三年、レオカステリ・ギャラリー）に草庵風茶室をデザインしてドローイングを出品した。これを木版で摺っておいたのがきっかけになって、原邦造邸（現ハラミュージアム）の旧庭園に『有時庵』ができあがる。フォリーはガジーボのような庭園のなかの四阿でもあるが、これを近世の日本ではルスティカのイメージにつないで藁屋根でつくるしきたりがあった。その展覧会のあったニューヨークで、茶席とはいかなるものか、と問われたとき、松平定信の「一期一会」で茶の宗匠が煙に巻く真似をするわけにもいかず、道元の『正法眼蔵』第二〇巻「有時の巻」にひっかけて、これを庵名にしたと答える。茶室開きを「扁額を挙げる」と呼ぶことにひっかけた。道元は「時《とき》は飛去す」と語っている。時は存在している。だが、存在する「時」の根拠は何か。

『闇の空間』では「空間」を闇と虚の両極からの把握を試みたのにたいし、「時間」を始原と終末から搦めとることを「プロセス・プランニング論」（一九六三年）で試みた。リアルな建築やデザインのプロジェクトに組むと、それは決定という切断行為の集積である。時計の針は時を刻んでいる。日時計は時を影のうごきに変換して計測している。チーム・ディズニー・ビルディングの中庭の日時計の床にはめ込んだアインシュタインの箴言は進んでいたり、遅れていたりする時計の針が示す時刻を比喩にして、「時間」を相対化している。不変と思われた光速でさえ、重力場によって穹曲されていることを、さりげなく語っていたのだった。

「時間」も「空間」も無かった、と『荘子』を裏読みできる。だが、その存在を仮定《テンタティーヴ》しない限り、リアルなプロジェクトは成立しない。マルセル・デュシャンはミンコフスキーの通俗的な「時空間」論を手がかりに作品を制作して名声を馳せたが、その科学的と呼ばれた論を信用してはいなかった。懐疑主義者であったが、仮説を用いねば世間を騙せない。「……が与えられたとすれば」、「……でさえも」といった仮定法をタイトルにした。ディズニー的にはそれがテーマである。仰々しく「存在論」を語る芸術の世界にも背を向けた。荘子は礼楽の全盛時代に背を向けた人だった。『荘子・応帝王』の「渾沌」の記述法はアイロニーの神髄だ。デュシャンが荘子を知っていたかどうかなど関係ない。世界の存在証明が論理学的に不可能であること、両者ともそのことが作品になったのだ。

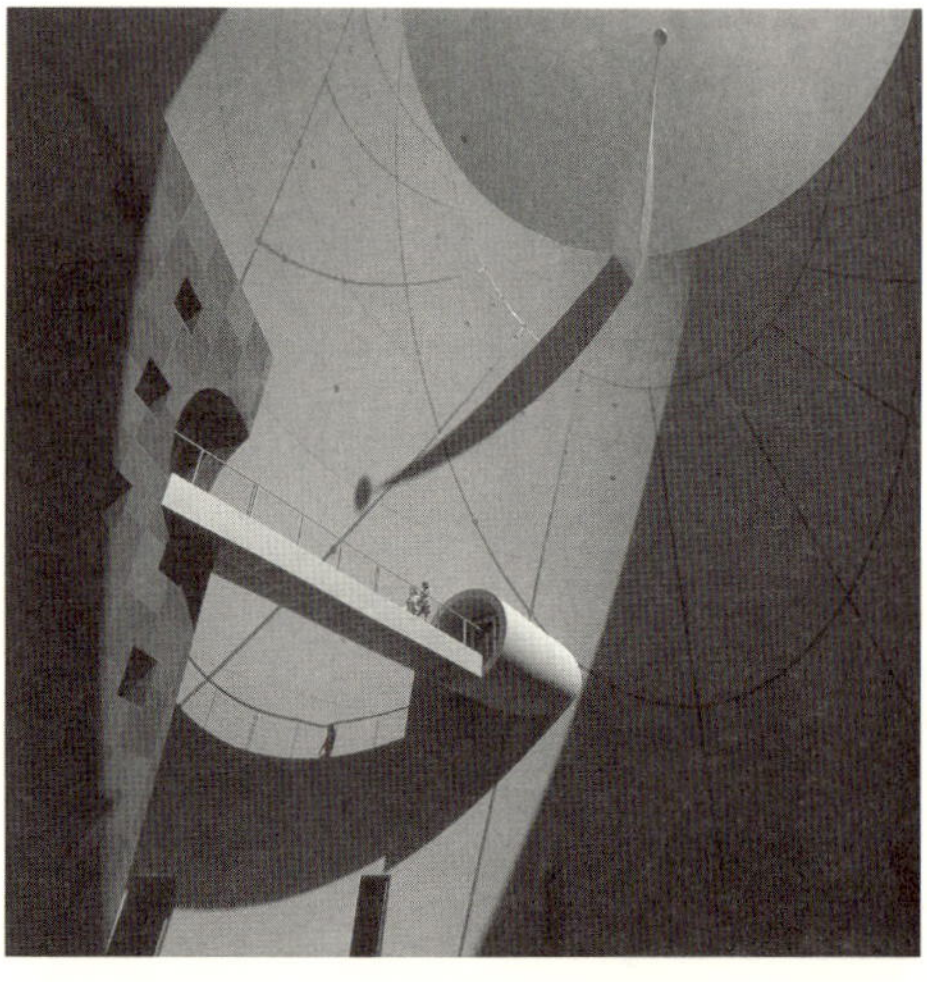
チーム・ディズニー・ビルディング（1991年）
写真＝藤塚光政

渾沌

南海之帝為儵　北海之帝為忽　中央之帝為渾沌
儵与忽　時相与遇於渾沌之地

渾沌待之甚善
儵与忽謀報渾沌之徳曰
「人皆有七竅　以視聴食息
此独無有
嘗試鑿之」
日鑿一竅　七日而渾沌死

『荘子』（応帝王）

これを現代語にいいかえると次のような意となる。

南海の帝、儵（あわてもの）と北海の帝、忽（せせこましい）が
中央の帝、渾沌（カオス）の地を訪れて歓待された。
儵と忽はその恩義に報いようと
「人間には七つの穴があり、視る、聴く、食べる、息をしている。
ところが渾沌には穴がない。これをつくってやろう。」
と相談して毎日ひとつずつ穴をうがった。
七日目には渾沌は死んだ。

タルコフスキーの『惑星ソラリス』の海は荘子の語るこの「渾沌」だったのではないか。儵と忽は溶融している海をのっぺらぼうとみている。自然そのものの比喩だが、それは『ティマイオス』

でデミウルゴスが「箕《み》」で揺すっている溶融状態の物質そのままである。特記するべきことには、生成されていく未分化の世界には「空」と「時」はあったが、「空間」も「時間」も存在しない。儵と忽は恩返しに「間」を掘りこもうとしていたのではないか。間=ギャップだ。振動がそこから発生する。

III

安仁鎮

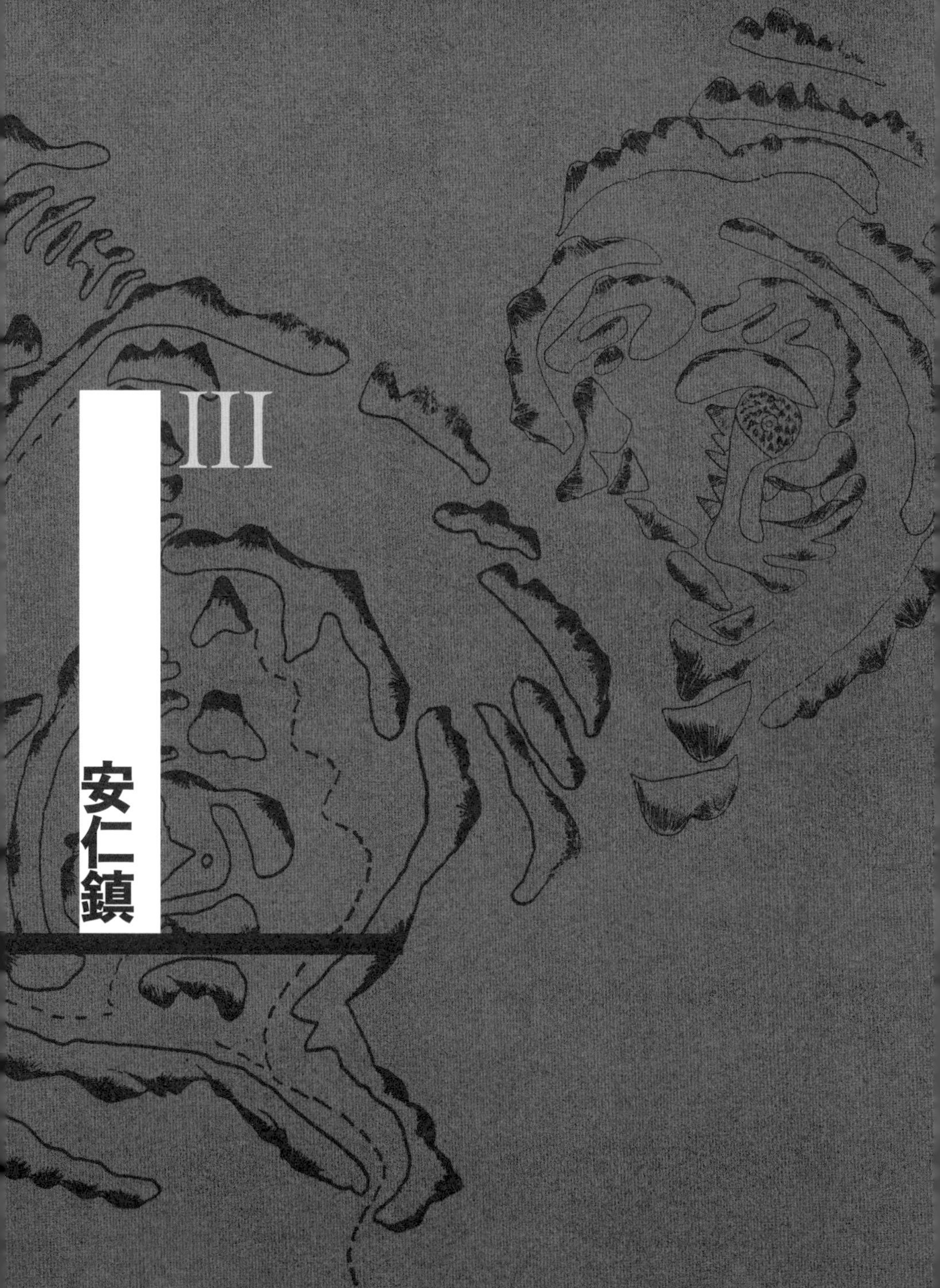

I

法

1

茶道は変装した道教であった。

岡倉天心『茶の本』

五浦六角堂は三・一一の大津波で根こそぎ浚われた(二〇一二年再建)。

太平洋に突き出た岩礁の先端にさながら西湖十景を想わせるような点景としておかれていた。両側は荒磯で波飛沫が散っている。この光景から九鬼男爵夫人と太平洋航路で帰国したときに、船の帆先に立った思い出と結びつけるようなロマンティックな連想が説明されることもある。たしかに五浦の地に隠栖する契機になる怪文書のはじまりの物語ではあっても、かつて貴族の別荘の庭園で茶屋と呼ばれてきた、ルスティケーション(田舎家風)された草庵茶席ほどの「囲い」(侘び茶室)とはいえない。むしろこの岩礁のわきの砂浜に小舟が一艘引きあげてあり、釣り人の姿で漕ぎ出すことがより話題になっており、その節のいでたちは魚籠を下げ釣り竿をかかえた道服姿でマタギのように毛皮を羽織っていた。「五浦釣人」(平櫛田中)。道服が道教の仙人を想わせる。文人趣味が重ね合わされている。この時代、日本においては漢様《からよう》好みが流行しており、海浜につくられた別荘の庭園には海のみえる場所の屋敷を観海荘、高みの茶屋を観瀾亭と呼ぶならわしがあり、海にちなんだ漢風の名称がつけられていた。

岡倉覚三著『茶の本』(一九〇六年)は英文で出版され、ベストセラーになった。臨済禅を学んだ栄西の『喫茶養生記』が日本で喫茶の慣習を紹介した最初の本とされている。陸羽(七三三—八〇四年)の『茶経』に基づき、禅林において喫茶がサプリメントのように薬用にされたことが解説されている。三〇〇年あまり時代が下って「侘び茶」の手前が成立し、「囲い」と呼ばれる茶席を利休が開発した。その直弟子、山上宗二は禅林高僧の墨跡だけを茶掛けにして評判になった。「茶禅一味」という解説がはじまる。一六世紀末のことである。以来日本の茶道は禅林にはじまるとする通説ができあがった。天心は「侘び茶」を喩えに使っているが、『茶の本』はむしろ日本文化論であり、「花」を多面的に分析する筋書きがあり、道を説くにあたり喫茶の慣習の始発を陸羽に遡って、それを道のひとつとの喩えにしたはずだった。しかし茶をめぐるエピソードが増えたために、それがタイトルにされた。つまり侘び茶を解説したのではなかった。陸羽は喫茶の習わしを道教に結びつけた。六角堂を風景のピクチャレスクな点景としての東屋、つまり茶屋として、ここから太平洋を展望するための見晴らし台とみれば、五浦は茶道を道と理解する日本的道教の世界がイメージされていたことに気付くだろう。

観瀾亭の由来をたどった研究によれば(熊田由美子『天心と六角堂』)成都郊外の都江堰にひとつの亭があり、これが観瀾亭と呼ばれていた。かつて岡倉天心は初めての中国旅行でこの地まで歩みをのばした。都江堰は始皇帝の同時代に急流の岷江を分流させる難工事が完遂されて以来、二〇〇〇年余、四川平原が中国のなかで最も肥沃な土地につくり変えられた。その分流の突端に建てられた八角形の亭が観瀾亭と呼ばれている。古代中国の治水技術の粋だと語り継がれてきた。一九五〇年代中期に中露関係が悪化したとき、近代的機械技術に頼らず、すべてを人海戦術で押しきる技術政策がとられ、土法と呼ばれた。たとえば農業は「大寨に学べ」というスローガンで超ローテクのまま近代化がすすめられた。この「大躍進」は大失敗であり、餓死者は少なく見積もって二〇〇〇万人だったと伝えられている。このときモデルにされたのが都江堰であった。

二〇〇八年五月一二日、都江堰上流、チベット族系チャン族自治州を震源とするマグニチュード七・九の地震が発生、中国大陸ほぼ全域に地震波は到達した。北京、上海、香港、台北など超高層が密集する都市も震度二・〇級。とりわけ数千キロの遠隔地に到達したのは長周期地震波であった。死亡者数九万人以上、このうち学童約二万人。東日本大震災の津波による死亡者二万人と比較すると被害は桁外れに高い。学校建築の耐震基準の甘さと手抜き工事が被害を増幅させたといわれる。都江堰の護岸に亀裂がはしり、周辺の歴史的遺産の建物も倒壊した。

雪どけの激流を魚嘴と呼ばれるとがった擁壁で分流させ、さらにそれを飛沙堰で調整する。天然の流れにあらがうことなく人力だけで治水することに成功した李冰は、この地で道教の寺院、二王廟に祀られている(これも地震のとき倒壊した)。岡倉天心は最初の中国旅行の際、この奥地までなぜ尋ねたのか。成都には杜甫草堂がある。これが当初のものであるという証拠はない。私は、むしろ琵琶湖疏水が田辺朔郎によって構想され、これが着工した時期に天心がフェノロサの京都・奈良古美術調査に同行していることに注目する。成都から西へ六〇キロ。都江堰こそはこの疏水工事の先行例ではないか、と天心は目標を定めたのであろう。さらに、ここには道教の聖山・青城山がある。その風景は幽と形容されている。当然ながらここも訪ねたと思われる。

いつから天心は道服を着用しはじめたのか。道教狂いになったのはここ青城山ではないか、と私は想像している。行者が千日回峰行を行う峰々より、はるかに嶮しい。常に霧が立ち込めている。道服を日本美術院の制服にした。それが奈良時代の官衣だったとされている。修行者の体力を持ち合さぬ私は最奥の天師洞まで昇ることができず、人力で前後からかつぐハンモックのような籠にのせてもらった。天心がここの道観(道教寺院)を奥まで尋ねたかどうか、記録にはない。ともあれ、今日では都江堰と青城山をあわせて世界文化遺産に登録されている。『茶の本』は『老子』五千語の読解ではじめられている。つまり唐代の文人陸羽の著作『茶経』を英語圏の読者が理解していた『老子』によって説明したわけだった。冒頭に引用したエピグラフで彼の意図が判明するだろう。

五浦と都江堰に共通するのは水である。激流と荒磯。その流れに突きささるように突端に置かれる。魚嘴と岩鉈。舳先に座して潮をみる。ざわめきを感知する。日本の近代都市のインフラストラクチュアとして京都に琵琶湖疏水が建設された頃、フェノロサとともに古美術の調査でその周辺を歩きまわっていた天心が蜀の果てまで歩みをのばした理由である。そして都江堰の南側にそびえている道教の修行地、仙境と呼んでもいい青城山に行きつく。道服で日本列島の東端と中国大陸の西端をつなぐことになった。その両端を三年の間隔(地球年でみればほぼ同時)で巨大地震が襲った。ユーラシアプレートの両端がわずかにすべった。それぞれの先端にあった観瀾亭は被害を受けた。観光スポットであるため直ちに再建された。

日本海、東シナ海を包摂し、アジア、ヨーロッパ全域にひろがるユーラシアプレートに、インド、オーストラリアプレートが衝突し、ヒマラヤ連峰を造山しながらチベット高原を圧迫し活断層帯が動いたのが四川大地震であった。二一世紀になってこの一帯は活性化していた。二〇〇八年(リーマン・ショック)に都江堰付近に発生したマグニチュード八・〇が最大であったが、マグニチュード六—七程度は頻発していた。

私は九〇年代末にマオ・グッズの大規模なコレクションをはじめていた樊建川と出会い、四〇棟ほどのテーマ博物館づくりを手伝うことになった。彼が四川省大邑県安仁鎮の郊外に養魚池地区を入手し、刘家琨が相談役、张永和がマスタープランをつくり、手分けして徐々に一棟ずつ建設する。大きなテーマは国共合作である。現地に行った。かつての集落はほとんど壊れ、廃墟になっていた。ここも直下型の大きい地震にあっていた(一九七〇年二月二四日、大邑地震、マグニチュード六・二)。液状化現象が発生していたのではないかと思われる。天心の行跡を私はまったく別の関心のもとに追っかけていたらしい。五浦はアートタワー水戸の設計をやっていたとき、都江堰は内戦状態だった文化大革命が終結し、はじめて外国人の視察が許可されて日中文化交流協会の訪問団に参加したときに見学した。

今世紀になって、発生した巨大地震がその両端を結びつける。天心は近代化するアジアを思考し、私は現代化する世界へプロジェクトを編成するために歩きまわる。一〇〇年のズレがある。だが『老子』五千言に興味をもつ点では一致している。

私がニッポン人であることは誰もが知っている。だが中国にいると矶崎新(チーチーシン)と呼ばれる(Ji·Qi·Xin)。祖父が漢詩の選者をしており父親が同文書院を卒業したから、戦災で焼けた自宅には漢字の額などが沢山あったが、満州建国年うまれの私の少年期は戦争中で、中国への侵略、残虐行為の手柄話などを聞かされて育った。戦後になって中国現代史では『阿Q正伝』（魯迅）と『延安文芸講話』（毛沢東）が私の世代の必読書であり、それ以上の知識を学ぶ機会はなかった。

「四川軍閥は国民党のなかで最強だったのです。この安仁鎮が根拠地でした。この兵士たちは地元ではいまでも英雄ですよ」。将軍の兄、劉文彩は大地主で、チベット風アールデコの大邸宅は、いまでは文化財として改修、公開されている。その屋敷の片隅にある収租院は必見だ。「劉家のゲストハウスは文化大革命のとき共産党に接収されて本部になりました。先日その旧宅を入手しました」。大長征の途中、この地に赤軍が駐屯した際、毛沢東が宿泊したといい伝えられている。「今夜の宿としてその時代の家具を配置して当時のままを再現してあります。正面の中庭のレリーフは文化大革命時代の作です。洗面器や鏡台や水差し、コップもすべて文革期のマオ・グッズ・コレクションですよ。文革期以降はこのゲストハウスはこの地方の記録映画制作組、つまり宣伝隊が使っていました」。文革時代に時間が飛んでいく。「この中庭にスクリーンを立てて、一九六六年一〇〇万人集会、一九六七年二〇〇万人集会での天安門広場の毛沢東を記録した映像をおみせしましょう」。

タイムスリップした映画セットのなかにいるような錯覚におそわれる。毛沢東語録が印刷され、江青らしい軍服姿の女性やニコニコ顔の赤ん坊が語録の間に散らばる。琺瑯引きの洗面台の横に、尿便も置かれている。電灯はない。ライフラインと呼ばれているインフラがまだ整備されていなかったことを思いだした。『２００１年宇宙の旅』（スタンリー・キューブリック、アーサー・C・クラーク）の最後の生きのこり、宇宙飛行士ボーマンのために「モノリス」が虚像としてベッドルームを想像的につくりあげていたシーンを思いだした。リゲティの音楽がひびいて、ガラスのタンブラーが壊れる。生命が消滅する。宇宙卵が中空に浮かぶ。

「現代中国史は国共合作の歴史です。国民党と共産党は合作と内戦をくり返し、あの時期は四期目、さしずめ現代は第五期目ではないか」とマオ・グッズ・コレクターの樊建川は力説する。四〇ほどあるパビリオンで最初に着手するのは共産党館と国民党館。これを並べたい。四川軍閥館もあるし、日中戦争中にビルマ、インドから支援物資を満載して、悪天候のためヒマラヤ氷河上に墜落した輸送機が先年発見され、その物資を機体とともに運んできて丸ごと展示する、抗日戦支援館もある。「矶崎新先生には日軍館と漢奸館をお願いしたい。日本軍が引き上げる際に捨てた鉄兜五〇〇〇個、小銃一〇〇〇梃、チェコ製機関銃三〇梃は倉庫にあります。戦車が入手できないのですが、日本でみつかりませんかね」。想像もしなかったオファーに私は言葉を失った。

魯迅記念館は三ヶ所ぐらいでみた。弟の周作人がどんな評価をされているのか気になっていたが、年譜では実弟であると記されていたのが一ヶ所だけ、その他では完全に無視されていた。南京の政庁や中山陵はモダニズム民国の型が完成していて、その的確なスケール感に誘われた。ここには国民党が分裂し、日本の傀儡政権もあったはずだと思ったが、記述されてもいない。そして南京大虐殺は大きな記念碑にまでなっている。日軍館も漢奸館も、それだけのタイトルのままではミュゼアムとしては政治的に認可されないのだ。共産党館と国民党館と並べて建てたりしたら認可は降りないだろう。周作人を顕彰するなんて無理だな。大渡河作戦のあと、四川省の高原に踏み込んだ位置にある安仁鎮のあたらしい博物館群は長い間、開館許可がでなかった。樊建川は諦めきれずにビジター・センターを文化大革命テーマホテルにつくりかえた。香港メディアだけがこの奇妙なプロジェクトを追いかけていた。リーマン・ショックとともに四川大地震が発生した。

案の定、日軍館は躯体のまま、長い間放置されてしまった。国民党館は伏せて、八路軍館だけを開くことで、このテーマ博物館は出発した。四川大震災の発生がマオ・グッズ・コレクター樊建川の企画の手助けとなった。黒竜江省ダマンスキー島の領有権をめぐるロシアとの争いに一兵卒として参加していた樊建川は、さっそく救援隊を組織して現地に向かった。中国軍の支援隊に加わる。彼らは瓦礫の下に何層にも埋まった学童たちの救出を担った。瓦礫の下の遺体はばらばらに砕け、一週間が過ぎると腐敗がはじまった。兵士達はその惨状に尻込みしはじめる。嘔吐するものもでた。

計画の予定地を急遽変更した。汶川大地震博物館と名付けられた最大のスケールをもつ建物の内部展示は圧巻である。さまざまな階層の住民の居室が、破壊されたままの状態に生活用品を含め壊れた窓越しに数十室並んでいる。彼は私が第六回(一九九六年)ヴェネチア・ビエンナーレ国際建築展で、阪神淡路大震災の積み重なった瓦礫を展示して日本館が金獅子賞を獲得したときのことを細かく知っている。あのときは壊れた木材を積み上げただけだった。成都、大邑県ではさまざまな被災者の停止した生活が、その家具、置きもの、衣類など一切合切の小道具が停止した時間のまま置かれている。二〇年前は「建築」が崩壊〈解体〉することを反建築として提示することに意義があった。安仁鎮では「生」が存在を停止した事実が出来事として記録されている。

三・一一の大津波の後で多くの大型漁船が陸上に打ち上げられ、曲芸のように建物に突きささったりした光景をボランティアたちが記録している。しかし、多くの場合、不慮の死者の遺族を配慮して惨状の記録そのものが消されている。避難所となった体育館の内部につくられた仮設のパーティションは一週間も過ぎると撤去される。いま永久建築として復興された施設よりも、あの仮設のパーティションのほうがはるかに優れた建築なのだと私は考える。モノは風化する。ゴミとして廃棄される。コトは記録できない。イメージとして存続する。今日のミュゼアムのコレクションはモノを尊重する。出来事としてのコトはモノでないために忘却される。いずれも消滅をめぐるアポリアである。モノが大量に収集されてドン・キホーテの売り場のように展示することもひとつの解法であろうが、ゴミ捨て場、あるいは汚水処理場と背中合わせの施設になる。それを記念祭とか大礼とか銘打ってイベントに組み立てる一回性のパフォーマンスとしてメディアに流れても、ときが過ぎるとツイッターのつぶやきのひとつとしてニューロンの記憶電流におさまり消滅する。このアポリアを解く手がかりはないのか。

この博物館の一隅には、巨岩で押しつぶされた何台ものショベルカーやダンプカーの横で一匹の豚が飼育されている。瓦礫の底からうまれたての子豚が数匹みつかった。その一匹がまだ生きている。一五〇キロを超えた巨体をもてあましている。群衆のなかを散歩させるのを日課にしている。だが近々この豚も姿を消すだろう。

施設群のすき間のような空き地に犬小屋ほどのサイズの部屋が建っている。胡慧珊記念館と書かれている。一つの小さいドア。内部は四メートル×六メートルぐらい。彼女の自宅の個室のサイズ。床、壁、天井、すべてはピンク一色に塗られている。作家志望であった一五歳の少女も圧死した二万人の学童のひとりだった。リュックサック、数冊の愛読書、着用していた衣類、文房具、ノートに記された詩編や試作の小編、エッセイ。これらの遺品が学校で使用して

胡慧珊記念館（建川博物館群）、
劉家琨設計、四川省大邑県

いた椅子、デスクなどと共に壁に掛けられている。刘家琨がこの記念館をデザインした。四川省奥地の安仁鎮にある、この地からみた中華民国の建国と新中国の一〇〇年の歴史をテーマにした建川博物館群のなかで、ほとんどみすごされてしまうほどの片隅にひっそりつくられた、小さい祠のような胡慧珊記念館を私はその白眉であると思っている。樊建川はマオ・グッズが流行するもっと昔から、やみくもに民具をかき集めるようにコレクションしていた。彼は、かつてインパール作戦などに狩りだされた旧日本軍兵士が、靖国神社の遊就館には収まりきれない軍刀やゲートルや手榴弾や、腹巻にしていた寄せ書きのはいった日章旗などをひそかに収集しており、怨念のこもった狂気に近い気性を感じていた。時代が異なれば赤壁で越の歌を唄っていた兵士にでもあり得たような無名のひとりである。五〇〇〇台の振り子時計、五〇〇〇台の家庭用ラジオ、一万枚の毛沢東語録が印刷された洗面鏡。天安門広場の一〇〇万人紅衛兵集会。ポケット型毛沢東語録をキップ替わりにして全国から北京に押しかけた紅衛兵による二〇〇万人集会。モノが入手できねばその記録文書をさがす。コレクションの欲望である。とめどなく、停止することがない。欲望のラディカリズム。

　震災後の世界最大の床面積をもつ新世紀環球中心の誕生でも、欲望のラディカリズムが、蜀の国に根づいている。成都郊外に開発されつつあった新区のディベロッパーはすでにマスタープランが完成し、着工寸前であった都心部の施設を寄せ集め、幅約五〇〇メートル×四〇〇メートル、高さ一三〇メートルの延べ一九〇万平方メートルの一軒の建物に集約して、設計をやり直し、三年で完

新世紀環球中心（成都郊外）と新国立競技場（ザハ・ハディド）、コンペ当選案のスケール比較
© Zaha Hadid Architects

工。オフィス、ホテル、コンドミニアム、ショッピング・モール、ＴＶスタジオなどの複合体である六本木ヒルズの三倍の容量である。カントが定義した美と崇高の概念を用いれば、かつて香港の対岸にあった九龍城の魔窟のほうが、おぞましさにおいて格段の緊張感に溢れていた。環球中心はウドの大木。カスカスの内部空間、「数」、「量」だけが売りである。突きささるような強度に欠ける。だが、このアホらしさが、震災復興を逆手にとって世界一のモノをつくるという蜀の人の心意気でもある。

この奇怪な巨大建造物のホテル・エントランスの入口を捜すのに、マンハッタンに比較すると一〇ブロックぐらいの輪郭を二周してチェック・イン・カウンターに到着。水平に五〇〇メートル（三五〇メートルだよ、と訂正された）歩き、やっと目的の部屋に到着。同じ距離をもどって、さらにタクシープールへ。合計すると東京駅の南端から北端までを二往復したことになる。タクシーに乗ってトーク会場に移動する車中で、あの圧死した少女のメモリアルとして、道端の空地に犬小屋サイズの祠をデザインした今日の相手、刘家琨に、先日開館したばかりのこの世界最大の床面積をもつ環球中心についての感想を語ってもらうことからはじめることを思いついた。ディベロッパーが法令の違反で逮捕されたことを聞いた。メモリアルとしての祠。これが〈芸術《アート》〉の神髄であることは、世界文明史が証明している。同じく九万人の死者の四川大地震を梃子にしてギネスブックに登場することになった環球中心は、はたして〈芸術《アート》〉としての「建築」たりうるのか。

中国全土が文化大革命で揺れていた一九六〇年代末、私は日本の美術メディアに『建築の解体』を掲載していた。私の同世代の世界の建築家たちが〝過激たれ！〟を合言葉のようにして乱暴狼藉のイメージを繰りひろげた。大学解体、造反有理、国家総動員のかかった大阪万博の賛同者は裏切り者、私は股裂き状態に陥っていた。そんなとき、ユートピアニズムをシェーアバルトのガラスの詩のイメージへと遡行して愛憎関係の只中に据えて、私の仕事を批判する短いエッセイの書き手をみつけた。宮内康である。〈建築〉そのものが解体されない限りにおいて、モノとしての建築は、解体されてもやはり建築にすぎないと私は読んだ。

近代日本建築史において「建造物宣言」❖はもっとも重要なテキストのひとつだと私は考えている。だが実物としての事例がない。宮内康は夭折した。この環球中心こそが宮内康がイメージした「建造物」なのではないか。他に事例をさがせば、九・一一で倒壊したウォール街のツイン・タワー、ワールド・トレード・センター（WTC）だろう。この判断に宮内が同意するとは思えないが。巨大数《グレーター・ナンバー》がうみだすおぞましき崇高性を感知した稀有の批評家であった。

❖宮内康「「建築」から「建造物」へ——序にかえて」（『怨恨のユートピア——宮内康建築論集』（井上書院、一九七一年）所収）

刘家琨はこのプロジェクトを最初に依頼された。ブチ込まれることを覚悟できたらやっただろうね。ナンセンスなまでのスケールアウトの建造物だ。法規違反をしなければ案がまとまらない。

やっぱり蜀の人間の心意気だ。

司会者が指名した日本に留学していたらしい研究者がわれわれ二人の経歴を紹介した。通訳されなかった。突然観客がドッと沸いた。

「磯崎新は日本の建築界のチェ・ゲバラといわれています」といったらしい。

中国の文化大革命が進行中に美術メディアの片隅でやっと書きついでいた『建築の解体』が、日本建築界の主流言説だったなどとは考えてもみなかった。その頃に丹下健三と主流建築メディアで対談をやった。十数年後、篠原一男との対談で丹下は「ポスト・モダンに出口はない」といった。生涯を通じてのモダニストだったわが師にとって、私はおもてにも出てこれない山中に逃げ込んでいるゲリラであった。
同じ頃、大邑県安仁鎮をひとりのスイス人が訪れている。
ドクメンタ5から派遣された新人キュレーター。彼の名はハラルド・ゼーマン。

2

文革期において、四川省ではコミューンによる権力奪取化過程で武闘が拡大し、「核弾頭以外の武器はすべて使用されました」という有様で、中国全土でもっとも豊かだった土地がもっとも荒廃した。回復の兆しがみえはじめるのは七〇年代の中期。四人組の批判がはじまった頃だった。この地の道教の廟には『三国志』の関羽が軍神として祀られている。敵味方入り乱れたとき、武闘で決着をつけるのは「蜀の心意気」だと私が考える理由でもある。

大邑県安仁鎮の大富豪、刘一族も例外ではない。国民党軍閥のなかでは最強だったといわれる四川第二軍団の将軍は刘文輝、その兄刘文彩は大地主で著名な行政官。「革命は、客をごちそうに招くことでもなければ、文章を練ったり、絵を描いたり、刺繍をしたりすることでもない。そんなにお上品で、おっとりした、みやびやかな、そんなにおだやかでおとなしく、うやうやしく、つつましく、ひかえめのものではない。革命は暴動であり、一つの階級が他の階級を打ち倒す激烈な行動である」(『毛沢東語録』)の有名な一節で知られている、国民党中央宣伝部長代行に着任した直後の毛沢東理論、「湖南省農民運動の視察報告」(一九二七年三月)のいう土豪劣紳であることに違いない。いずれも打倒されてしまうとしても、彼らのチベット風アール・デコの邸宅やこの鎮に電車の路線が建設されているのは、はるか中国奥地の小さい街を、上海のバンド(外灘)が建設される頃から同時に近代化する目論見がすすめられていたことの証明である。文革期の武闘は、街並みを大量の瓦礫にしたと同時に政治システムも荒廃させた。その跡を襲う大地震。度重なる災厄がむしろ隠されている民衆のエネルギーをかきたてる。史書が記述するのは政治的闘争が主流ではあるが、その背後にたえず天変地異が発生していることに注目すべきであろう。そんなときに歴史が変わる。リスボン大地震が啓蒙思想をうみだし、ラキ火山の大噴火がフランス革命の遠因であることは常識になっている。この喩を用いるならば、慶長豊後大地震による南蛮貿易港瓜生島沈没が西国探題であった大名大友家の滅亡を決定づけたのだ。

「収租院」は刘文彩邸の奥にある租税倉庫の名称で、中庭のまわりを倉庫が取り囲んでいる。一九六五年六月、四川美術学院の教師趙樹桐、王官乙が学生五名とともに、この地方の伝統技法である泥塑で一〇〇体あまりの群像を制作した。搾取される農民たち、容赦せずに取り立てる大地主をとりまく役人たち。このシーンがその場面に置かれる農機具や計量に用いた秤などと組み合わされ、等身大の大パノラマとしてコートヤードを取り囲んでいる。

文革期、中国の全家庭に向けて量産されていた振り子時計とラジオはモダニズム一歩手前のアール・デコ風デザインだった。これに宋朝体の書風の毛沢東サインが印刷されている。一方「収租院」の泥塑はソ連官制のリアリズムである。それが土着のローカルな技法泥塑を用いて制作された。今日中国のいたるところにみられる数十メートルに及ぶようなモニュメンタルな彫像はアール・デコ風。北朝鮮がアフリカ諸国に輸出している独裁者像も同系統だ。ヒトラー御用達のアル

「収租院」オリジナル
1965年

ノ・ブレーカーに由来していることに注意しておこう。だがアール・デコ風技法はまだ出現していない。文革期に大量生産された毛沢東像はリアリズムではあるが、アール・デコ的形式化がはじまる移行期的な特徴がみえはじめている。形どりされた模造が大量に作られていった際にパターン化されたためだと思われる。

「農村が都市を包囲する」戦術を背景に農民一揆を評価した毛沢東が、天安門上から旧都城壁をみて、「あの壁じゃなく、工場の煙突からもうもうと立ち上がる黒煙をこそみたい」とつぶやく。首都計画に参画していた、ソ連から招待されていた都市設計エンジニアたちは旧城中心部の再編に着手する。ヨーロッパの首都にならって、都市壁を取り壊し、長安街が旧市門や牌楼を押しのけながら市街地をぶち抜く。明治期の「お雇い外国人」としての技術官僚と同様なメンタリティだったと思われる。多くのアーティストがソ連から呼ばれた。彼らが美術学院で指導した新中国の学生たちが、保守化したスターリニズムを地方に持ち帰り、土地の技法と融合させた。

『全体芸術様式スターリン』でボリス・グロイスは、都市、建築、音楽、デザイン、映画、官僚システム、生活習慣、思想に至るまでを貫通したひとまとまりの社会全体がアートだ、と定義している。つまり、国家そのものまでが、スターリニズムという別種のアーキテクチュアとしての〈作品〉になったというわけだ。とするならば「収租院」は散種されたマオイズムといえよう。あのとき毛沢東はまだ生存していた。文化大革命という荒仕事をやっていた。その過程で官僚機構全体を破壊した。建国宣言から二〇年経って、ひとつの革命が終了する。スターリンは実権を握って二〇年かけてひとつの全体主義アートをつくりあげた。毛沢東も同じく二〇年かけたわけだが、天安門が「清掃」されるまでにもう二〇年かかった。そのときレーニンのつくりだした国家も崩壊する。いずれもツリー型官僚機構が硬直するためだった。

この型を代替するセミ・ラティス型はクリストファー・アレグザンダーによってすでに提案されていた。❖これを官僚機構として代置できるという保証はない。システム論的にはツリー型とセミ・ラティス型はアンチノミー(二律背反)であって、相補的概念ではないからである。相補性が求められるのは、ひとつの型で全体を覆いきれないとき、起源も作用も構造も由来も異なる別種の型が、全体を補完できるような閉ざされていないシステムの社会においてであって、オープン・ソサエティへ向かうときである。「シティ」が「メトロポリス」へ、君主制が民主制へ移行する。近代化の過程で実験的に編成された近代国家的官僚制の構造が軒並、暗礁に乗りあげてしまった。

❖クリストファー・アレグザンダー「都市はツリーではない」(一九六五年)

二世紀にわたって民主代議制(セミ・ラティス型)によってツリー型官僚制を補完する試みがなされてきた。地すべり的に変化がうまれたのは、ベルリンの壁の崩壊で語られる一九九〇年頃、そのときビューロクラシーがテクノクラシーへと、アナログからデジタル社会へと内側から変貌する兆候がみえはじめた。あらためて組み立てられるべきシステムは渾沌《カオス》(荘子)であると私は考える。これが維持されるのは、その内部でイムニタス(免疫)が作動するときである。これを明確に定義した方式はまだない(一九九五年以降、私は混沌が免疫によって維持されるシステムの事例を捜しつづけている。それをプロジェクトに組んで時空間に投企して作動状態を観察している。例外状況に新しい兆候がみえることは確実としても、時空概念に縛られない〈芸術《アート》〉でしか、これは明示できない)。

政治闘争から街頭示威運動にいたるまで、巨大水利事業から新都市開発にいたるまで、組織的プロパガンダ・アートから通信媒体のデザインにいたるまで、歴史的記録の全データを〈ミュゼアム〉へ収録することにいたるまで、ひとつの思想を生活慣習のマナーの末端まで貫通させた社会全体を芸術作品《アート》と定義する。一九三七年パリ万博の中央通りで、シュペーアのドイツ館とイオファンのソ連館とが対峙してエッフェル塔が行司のようなポジションを占める。全体主義的アートとして、ヒトラーとスターリンが向かい合ったときの光景である。政権を奪取した毛沢東がその後の二〇年間にニクソンと握手するときまでに意図していたのは、土法を介して七億(当時の全中国人口)の人民が統治される社会総体をひとつのアート作品に変質させることだった。「収租院」は文革アートである。それが土法としての毛沢東思想の代表的な成果品であった。樊建川の収集したマオ・グッズは、全体主義アートとしての枠組みに従えば民具として大量生産され、装飾として毛沢東語録を使用するというバウハウスやロシア・アヴァンギャルドのプロパガンダ・アートの手法を、文字の国、中国で展開したものだった。文字表現については、私は「造反有理」と語られた際の壁新聞が重要な役割をもったと考えている(草森紳一『中国文化大革命の大宣伝』)。それは八〇年代に新しい流れをつくったポップカルチャーとしてのグラフィティ・アートの先駆だった。

一九九九年第四八回ヴェネチア・ビエンナーレのビジュアルアート・ディレクター、ハラルド・ゼーマンは、ポスト天安門世代の多数の現代中国美術家たちを国際舞台に登場させた。そのひとり蔡國強はゼーマンが三〇年昔に内戦中の四川省大邑県安仁鎮まで足をのばし、「収租院」をドクメンタ5に展示することを試みたが、政治的、経済的に不可能だったことを知り、これをヴェネチアで再現することを提案する。当時集団制作をしていたメンバーの生き残りを招待し、大勢のイタリアの美術学校のボランティアを募り、制作に手間がかかる泥塑の技法に替わり手早く制作できる油土を用いた。流行の現代美術のスタイルとは異なるが、新中国美術の国際デビューを飾る大スペクタクルだった。金獅子賞が与えられた。

蔡國強が終幕の光景を予想していたかどうか、私は知らない。四ヶ月が過ぎて、油土は乾燥し、ひび割れし、かなりの部分は剥落した。心棒として組まれていた竹の骨組が露出した。風化している。蔡國強が作品に火薬を用いるようになったのは、その後のことである。彼は時間の経過(瞬間も含めて)そのものが作品になると気付いたのだと思われる。爆発アートにつづいて花火師を騙る。九・一一直後、二〇〇一年一〇月、上海APECに際して、浦東の新都心側からのぞむ、旧上海を代表する都市光景を形成していた一キロメートルに及ぶバンド地帯の住民を避難させ、屋上に龍脈のような仕掛花火を設置。対岸から見守るブッシュをはじめとする全世界の首脳の度肝を抜くパフォーマンスをやった。大都市スケールの祝祭スペクタクルだった。

ヴェネチア「収租院」は全体主義芸術作品「マオ」の風化を、ファイアー・ワークは植民地租界「バンド」の爆破をスペクタクルとして作品化したのだった。

「アートタワー水戸のねじれた塔は昇龍じゃないんですか」といきなりいう。「水戸のための風水プロジェクト」のトークに呼ばれたときのこと。ブランクーシの「無限柱」を意識してはいたが、まさか昇龍とは！ 意表をつかれ

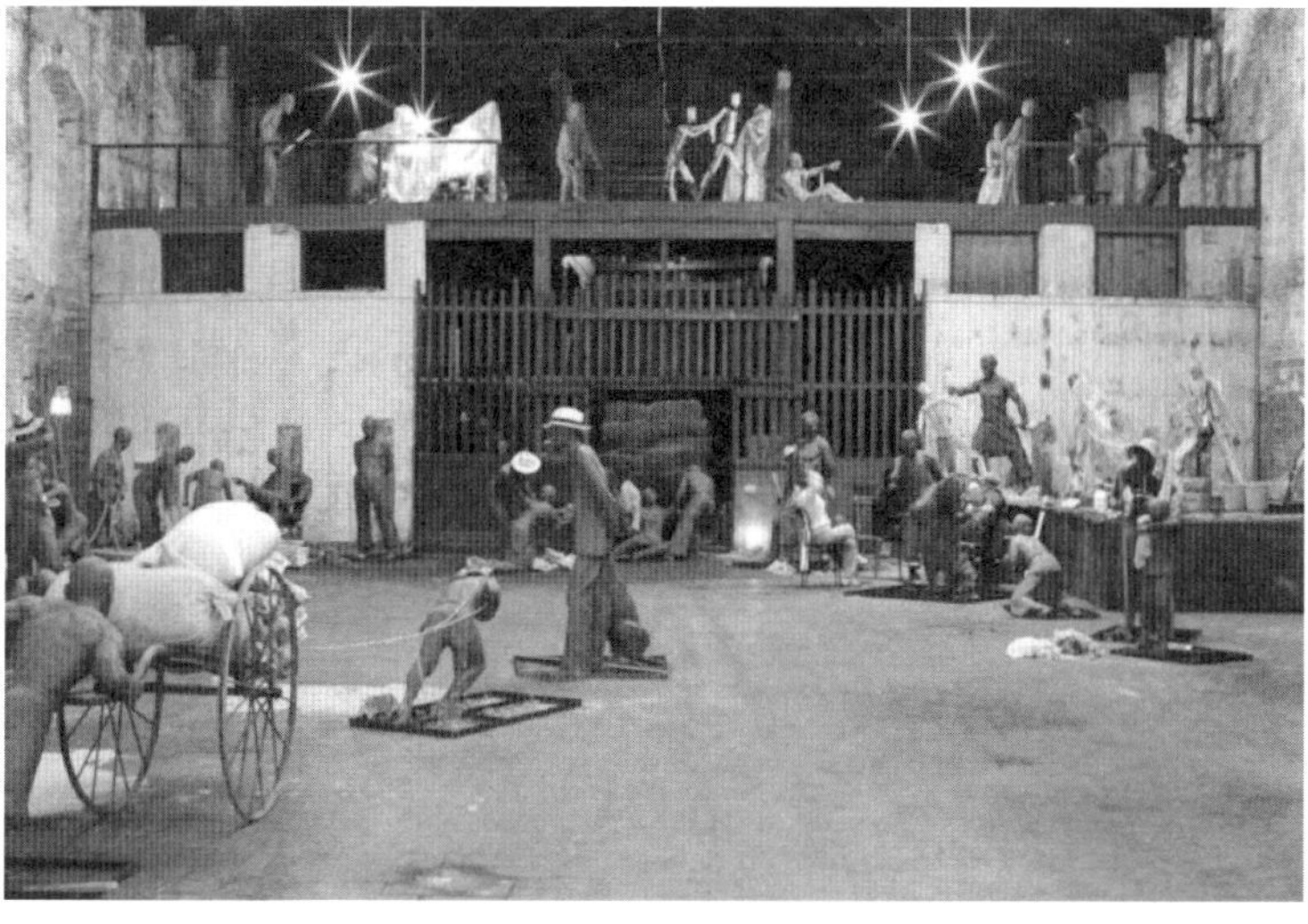

蔡國強「収租院」
ヴェネチア、
1999年

た想いだ。京都コンサートホールの基本配置を、「京都」が風水説に基づいてつくられたことを伝え聞いて、これをみえない測地線にすることを考えていた矢先だった。明代の『中国三大幹図』をみると、中国全土に編み目のように龍脈が張り巡らされている。朝鮮半島にも龍脈が走っている。それに比べて、風水説が弧状列島に到達したとき、四神相応説などが易経を介して定着しはしたが、暴れまわる龍脈を国土計画の根幹に据えたりせず、桃源郷のような孤立した極小宇宙を「うまし国」と呼んでいたのではないか。龍が舞うような激烈な風土ではない。竜虎相搏図より風神雷神図のほうが好まれる。龍は皇帝を象徴する超越的な形象だが、列島では邪悪な鬼神とみられている。鎮魂の対象であるけれど、遠ざけるにしくはない。青龍白虎朱雀玄武の四神相応説もまた語られてはきたが日常生活にまで根付いたとは思えない。東北西の三方を障壁のように囲う連山も、まあ風炉先屏風ぐらいの高さと思えば、やはり龍の住む場所がない。奥山の瀧を龍神に見立てて、ここに閉じ込め、日常生活への祟りを封じる。私は龍脈消滅説をたてようと考えていた。

蔡國強の招いた風水師は、いまではぎっしり建物が埋めている低い丘を龍脈と見立てたようだった。龍頭が欠けているといったらしい。石塊が「獅子像」と名付けられて鬼門の位置に置かれた。布石の一手である。推定するに、蔡國強は水戸芸術館の設計者が京都コンサートホールで風水に位置決めの手がかりを求めていることを知り、その五年前に設計をはじめた水戸芸術館は風水説による武装はできていないはずと考え、その欠落部分を補完することをプロジェクトに組んだと思われる。新しい世代が芸術館の周りをバリケード用の材木で囲みはじめ、撤去を指示した館長と対立、天安門事件のミニ・ローカル版のような事件となったことも、彼は日本移住以降、筑波、いわきに居をかまえていたからよく心得ていたと思われる。五〇〇羽のひばりを芸術館の一隅で飼い、鳥かご、つまり牢獄から大空へ開放させてやる権利の切符を五〇〇円で観客に売るプロジェクトは再び館長の不興をかった。〈芸術〉概念を逆なではしても、咎め立てされる汚点はない。私は警察沙汰を含めて、アーティストたちの乱暴狼藉にはさんざんつき合ってきた。龍頭の彫刻も、理に落ちる。岡倉天心がアジアを、私は国境のみえない世界の海を探しているとすれば、世界を流浪しているかにみえる蔡國強が探しているのは、うまれ故郷（福建省の港街）のある中国であろう。

龍にのっかっている。龍脈のない日本列島で龍をつくりだそうとしている。万里の長城を巨龍に見立て、その前にキャンバスをひろげ、龍がうねるように火薬を帯状に撒いて点火する。一瞬の爆発によって、雲龍図が誕生する。上海のバンドに並ぶ世界の銀行支店の屋上を龍が走る。そのはじまりがヴェネチア「収租院」にあると私は考える。安仁鎮のオリジナルは中庭を囲って、群像がシーンごとにまとめられていた。それを一幅の連続した物語に並べかえる。『清明上河図』以来の画巻の形式である。並べ替えてパノラミックな一連の劇に仕立てる。その流れが龍に見立てられている。

そのすべてのパフォーマンスに一貫して登場するのは中華的なものの核心にある龍である。その神話作用に賭けている。天を舞う龍の作用効果は「十字架」の比ではない。台頭する強国としての中国を背負っている。

大和政権成立以前、中国に朝貢することによって冊封されていた邪馬台国は当然ながら中華的なものを受容していた。日本神話にもその影が残っている。だが神話作用の代表である龍は絶滅の一途をたどる。不可抗力の荒ぶる神としての大蛇《おろち》となる。卑弥呼の墓と断定されている箸墓古墳にまつわる物語では夜な夜な出現する貴人の正体は小さい蛇である。春日若宮縁起物語では溶解している。姿のみえない神へと変貌したのだった。

私は芸術館のタワーをブランクーシの「無限柱」のコンセプトに喩えた。蔡國強は、それを昇龍図につないだ。ポスト・モダンとポスト・ポップの違いであろう。


文化大革命の進行中に「収租院」を発見したハラルド・ゼーマンは、後年ハンス・ウルリッヒ・オブリストのインタビュー❖で、ドクメンタ5で「個的な神話」をテーゼに挙げた理由を説明している。テーゼ／アンチテーゼ、構成主義／超現実主義、ポップ／ミニマル、リアリズム／コンセプチュアル。それを統合（弁証法的統一）するのが展覧会企画の基本形であった時期に、新しいアートの型を探索するアーティストたちは、身振り《ジェスチャー》ハプニング・パフォーマンス、行為《アクション》ミクスト・メディア・ハイブリッドなどの勝手な仕事を何でもありとして並列する。旧習《オールドハット》を脱ぎ捨てるキュレーションをやったのだった。「『主題の不在』という主題」（磯崎新）、「芸術の廃棄」（アラン・ジュフロワ❖）などとパラレルな思考であった。一九七〇年頃の時点では、まだ現代中国の先端的アーティストは国際舞台には登場していない。宙づりの二〇年が過ぎて、天安門広場が「清掃」（余傑『劉暁波伝』）され、それを体験し、観察していたポスト天安門世代のアーティストがハラルド・ゼーマンの敷いた道筋にのって登場する。

旧習《オールドハット》「収租院」がボロボロに自壊する過程がひとつのパフォーマンスとして組み立てられた。比喩的に語れば、全体主義芸術（マオ）の風化過程が作品になった。

国共合作が成立するのは日本が敵として現れたときだ。三次、四次と語られるのは、敵が消えると内戦になったためで、毛沢東語録では「湖南省農民運動の視察報告」は国民党の中央宣伝部長代行のとき、「延安文芸講話」は中国共産党書記長の時期である。国民党を台湾に追い詰め、

『アートフォーラム』、一九九六年二月号に掲載された、「モノへの思考（Mind over Matter）」と題されたインタビュー（ハンス・ウルリッヒ・オブリスト『キュレーション』（二〇〇八年、邦訳二〇一三年）所収）

Alain Jouffroy, L'Abolition de l'art, Claude Givaudan, 1968（「芸術の廃棄」峯村敏明訳、『デザイン批評』一九六九年一月号）

「ひとつの中国」が宣言される。内戦としての三国鼎立史観を大国史観へと転換したのだった。

中国が世界の現代美術界への参画を表明した世紀の変わり目の頃(二〇〇〇年)、大長征の進軍路をたどるパフォーマンスが流行した。あの進軍路は井岡山から大きく迂回し、延安に到達していた。呉・蜀の地ではゲリラ戦だったが、魏の地、中原あたりでコースが枝分かれする。ここで近代の平面的な展開作戦に変容したためだった。出発点上海《シャンハイ》にもどって(上海ビエンナーレ)海上《ハイシャン》、つまり世界へ向かう。北京に向かうコースが完結したのは、八八八《パーパーパー》、すなわち北京オリンピックが開催された時点だった。現政権になって「ひとつの中国」路線が「一帯一路」へ連結する。日軍館は日本侵華罪行館と命名された。漢奸館はまだオープンしてない。花火の蔡國強と並んで八八八《パーパーパー》の立役者だった「鳥の巣」のデザイナー艾未未は国外追放された。

八八八《パーパーパー》と同時に発生したリーマン・ショックに際して、資本主義社会はそれを金融危機とみて大型銀行への公金の投入によって切り抜け策をつくったが、中国は公共インフラへの集中的投資を行った。フリーウェイや高速鉄道網が張り巡らされた。

そのとき三峡ダム(一九九三年着手、二〇〇九年完成、二〇一二年水力発電開始)はまだ未完だった。

一九一九年に孫文が提唱したことから、中国全土に及ぶ水利事業は、歴代の政府の懸案事項だった。黄河治水事業から中国文明ははじまった。もうひとつの大河長江の治水を完成させることが統治者の責務であった。着工後、九〇年代から〇〇年代にかけての国家主席、首相は代々技術系出身者だった。テクノクラシーへと伝統的なビューロクラシーを組み替えることが、この国の統治者に求められた資格であった。都市は、水利と道路のネットワーク、このダブルのネットさえできればいい。九〇年代に目まぐるしいスピードで延びていく基盤整備の有様は、戦後五〇年の列島の一〇倍のスピードで進行した。つまり五年で日本の戦後の都市建設のすべていつきつつあった。世紀の変わり目に逆転された。経済指標では実態がつかめない。八〇年代頃、都市の街路は自転車の大群で埋まっていた。〇〇年代では自動車で埋まっている。この国には密集のラディカリズムがあるのではないか。三〇〇万程度でバランスがとれていた都市がみるみるうちに三〇〇〇万都市に変わっている。その密集地帯に水とエネルギーを供給する。強力なテクノクラシーでない限りこんな無謀な超都市は出現させられまい。

三峡ダムでは水没住民数、約一〇〇万人を移転させねばならなかった。安置房と呼ばれる開発で耕作地を失った農民用都市住宅がつくられる。それだけでは都市にならない。附属施設や関連する住民の数を加えると三つの一〇〇万都市が必要となる。このとき重慶市党書記、薄熙来は文革期に毛沢東が実践したような「法やルールより、大衆からの喝采を重視する「唱紅」」政策で押しきる。

全体主義アート〈マオ〉はポスト天安門世代でも生きつづけている。ハリウッド映画やヨーロッパ・クラシック音楽がいかに大量に流入したとはいえ、二〇年サイクルを二度繰り返し天安門が「清掃」されたとはいえ、それは旧習《オールドハット》のビューロクラシーであって、とって代わったテクノクラート官僚にとって、やっぱりマオ・アートしかないのではなかろうか。薄熙来が失脚し次に習近平が国家主席になったとき、彼はかつて歴代の主席が誰も訪れなかった曲阜の孔子廟を訪れたのち独自の「文芸講話❖」を発表した。毛沢東の「延安」を模している。そして「不要搞奇奇怪怪的建築」と語る。前者では文芸をプロパガンダ・アートに組み替えることを要請していた。後者は明らかに海外で流行しはじめたウィアード・アーキテクチュアの乱入に釘をさしている。伝統的建造物のキッチュでもなく、国際的に流行している奇怪《ウィアード》デザインでもない。だがいまだにその代替モデルは出現していない。その前に雄安や前海にサイバー・シティをつくろ

❖二〇一四年一〇月一五日に北京市内で行われた文芸座談会において発表された。

うと考えているらしい。建築より都市が優先するのは中華文明にとっての不変の原理である。

山田慶兒は「土法の思想」(『デザイン批評』、一九六九年六月)で、現代的方式としての洋法にたいして、その土地の在来の方式は、専門職でなく、手職の方法であり、「大躍進」の時代の技術思想に結晶したと説明する。二〇〇〇万人(四〇〇〇万人説もある)の餓死者がでたのは毛沢東の「実践論」に基づいて専門職、管理職、労働者の三結合が全国的に展開され、「土法炉」で農村生活が破壊されたためだった。この論文が書かれた文革の最盛期には、土法はほとんど語られなくなったというが、これは技術的生産論においてであって、むしろ思想へと転位し、紅衛兵にはじまる旧式の官僚機構《ビューロクラシー》の解体が進行していたことをみると、洋法からの土法による革命は全面的に深化していたと私は考える。一桁うえの数の知識人学生が下降され、沈黙を強いられた。

建国宣言されて二〇年過ぎ、やっと革命が完了したが、全土は瓦礫《デブリ》になっていた。その日付が一九六八年。このメルクマールを一二〇年巻き戻して、一八四八年『ルイ・ボナパルトのブリュメール十八日』(カール・マルクス)に比肩する説が今日では多々みられる。私はこれをさらに三二〇年逆行した一五二七年の「ローマの劫掠《サッコ・ディ・ローマ》」に戻したい。このとき二〇〇年にわたりつくりあげられてきたルネサンスのヒューマニズムの思想が解体されたのだった。その歴史的事例を比喩にすれば、一九六八年は啓蒙主義に由来するモダニズムが解体されたのだ。「ローマの劫掠《サッコ・ディ・ローマ》」で解体された最新のアーティストたちの仕事はクレメンス七世様式と呼ばれる(アンドレ・シャステル)❖。この比喩を延長すれば、一九六八年で解体されたのは、全体主義アート〈マオ〉だといえよう。カルロス五世の侵攻でローマが劫掠されたとき、法王は一時的に避難はしたが、ただちに復活し、イエズス会のような法王親衛隊がうまれる。実権を握った林彪はじめ

❖ アンドレ・シャステル『ローマ劫掠』(一九八四年、邦訳二〇〇六年)

四人組もすべて失脚した。「収租院」やマオ・グッズはそのときに歴史的遺物になったのだった。そのときから〈ミュゼアム〉の収集、展示対象物となった。

3

一九六八年から五〇年目の二〇一八年、数々の出版や展覧会の企画がつくられている。あの頃は明治百年であったから、もっぱら「日本のかたち」つまり近代としての日本を再考するレトロが浮かんでいた。いっぽうで近代化とは未来の型をひとつのモデルに見立て、これをユートピアと呼びこれに向かって社会は進歩するという、普遍的に思われていた歴史観があった。

この一本調子のモダニズムに疑義を申し立てる数々の事件が世界的に多発した。中国では文化大革命、世界では五月革命、世界文化革命などと呼ばれている。こんな呼称や定義はこの渦中に巻き込まれていた私には無縁で、かかえこんでいたプロジェクトが軒並み、事件に巻き込まれ宙吊りになり、あぶない橋を渡りつづけていた、あのときの平衡感覚だけが蘇る。

一九六八年の五月にはミラノにいた。第一四回ミラノ・トリエンナーレに小さいコーナーを与えられ、ここに『電気的迷宮《エレクトリック・ラビリンス》』を設置するため、制作工場と展示現場を往復していた。この現場でハンス・ホラインとアーキグラムのピーター・クックなどと知り合うことになるが、事件は開会式当日に発生する。カルチェ・ラタンの余波がここにも波及し、開幕と同時に全館が若いアーティスト、学生の大群に占拠される。二年後に大阪万博で股裂き状態になったときと同じ立場だった。この二つの文化的事件に巻き込まれた有様は即時にレポートした。被当事者であること（被投的）を自分自身の問題として分析した。そして、両者はアートとテクノロジーの制度にかかわることに気付く。これが私の文化論の筋書きになった。

帰国のキップはパリ経由になっていたが、騒乱中のパリへの入国は制限されていることを聞き、急遽ヴェネチア経由ウィーン発に切り換えた。一ヶ月おくれのヴェネチア・ビエンナーレも占拠される直前で近寄れず、ひたすらハリス・バーで時間をつぶして、ウィーンへ。ここでテーバイの七つの門のように、ナチスドイツの建設した七つの巨大な対空高射砲タワーをめぐり歩き、取り壊しが噂されていたウィトゲンシュタイン邸をみた。勿論、あやしげな女性がたむろしていたアドルフ・ロースの「アメリカン・バー」ものぞいたが、そのとき宿泊したアンバサダーホテルのロビーにあったTVで、同じ名前のアンバサダーホテル・ロサンゼルスでロバート・ケネディが暗殺されたニュースが流れた。世界は不穏な空気につつまれていた。

帰国して三島由紀夫の『文化防衛論』を読んだ。閣筆した日付けがわざわざ記されている。一九六八年五月五日。おそらくカルチェ・ラタンの騒乱のニュースが日本にも届いたのであろう。

街中がグラフィティで埋まっていた。紅衛兵が「造反有理」の壁新聞をはじめたのがきっかけだったと思われる。列島の大学でも太い文字で「大学解体」が記された。中文の簡略体がさらに勝手な書体で簡略化している。ガリ版刷りのチラシを撒くかわりにスローガンを垂れ幕や横断幕に大書する。プロパガンダの手法であったのが、新聞やチラシと重なり、大学校門脇に立てられる。同様なプロパガンダはフリーウェイ上の広告板・ビルボードだ。記号(文字)が散乱する。浮遊記号が都市空間を埋めたのだった。建造物の表相が明滅する。実体はかくれてみえない。その情況をまとめた「見えない都市」をキネティック・アートに仕立てたのがミラノ・トリエンナーレの『電気的迷宮』だった。『文化防衛論』はプロパガンダ文書である。三島由紀夫はそのつもりで書いている。カール・マルクスの『共産主義者宣言』に張り合おうとしたかったのだと思われる。
ミラノ体験をつうじて『空間へ』で扱いきれなかった筋がみえてきた。六〇年代までは最先端のすべての思考は「不確定性《アンサーテンティ》」で説明できた。モダニズムが依拠したのは線的《リニアリティ》思考だ。だが錯乱状態が発生している。五月革命、文化大革命など革命と呼んでいるけれど、転覆が発生すれば一件落着というほどに事態は単純ではない。エドガー・アラン・ポーの『メエルシュトレエムに呑まれて』みたいに脱出の手口がみつかるわけではない。だがラディカルは自滅することにしか行きつく先はない。行先不明の迷宮になっている。カルチェ・ラタンの街路上に記された数々のグラフィティに「ユートピアは死んだ」のひとことがあった。私は一九六八年五月にユートピアという目標＝テロスが消えたのだと考える。絶対時間に基づく線的思考が無効になった。にも拘わらず事態は進行している。さまよっている。肌わかれし、枝わかれし、偶発的な結合の網目が張りめぐらされる。まだ非線型《ノンリニアリティ》は立ちあらわれていない。まずは破壊すること、解体することと、すべてがラディカリズムだ。線的思考に代わる思考法をさがした。曖昧性《アンビギュイティ》。……格落ちしたな。

一九六八年は一五二七年の「ローマの劫掠《サッコ・ディ・ローマ》」ほどの歴史的文化的な意味をもった年だと考えた。大文字の一九六八になったのだ。私の建築家としての方法を「手法論《マニエラ》」とした。あの頃ラディカルとしてきら星のように並んでいたさまざまなジャンルの同僚たちのなかで自爆せずに生きのび得たのは、みずからの方法を自己言及的に批判するメタ思考ができた連中だけだった。線的思考のモダニズムとしてユートピアを目ざすアヴァンギャルドは「死んだ」のだ。この年から二〇年間、歴史は宙吊りになる。もどってきたのは一九八九年。天安門の「清掃」事件があり、ベルリンの壁が「崩壊」した。「ローマの劫掠《サッコ・ディ・ローマ》」を予知したジュリオ・ロマーノの生きた時代に感応したアンドレア・パッラディオやジョルジョ・ヴァザーリの仕事に私は関心を移した。

『建築の解体』文庫版のために書いたあとがきを以下に示す。

“The Kandy-Kolored Tangerine-Flake Streamline Baby”（一九六五年）という長ったらしいタイトルの本をみつけた。歯がたたず、それでもこのルポルタージュは超パンク（こんな呼びかたもなかった）なカスタム・カーデザイナーの物語らしい。サイケデリックなポスターが出まわり、アフロヘアーが地下鉄の駅まわりにうろついている。一九六〇年にネオ・ダダを旗揚げした連中の大半はマンハッタンに流れた。彼らを訪ねて歩きまわっているとき、ヴィレッジの夜店みたいな棚にアート本やペーパーバックなどが並ぶ、そんななかにあった。辞書にも載っていない単語が並んでいる。これが『エスクァイアー』に発表されたときは“There Goes（Varoom! Varoom!） That Kandy-Kolored（Thphhhhh!） Tangerine-Flake Streamline Baby（Rahghhh!） Around the Band（Brum-mmmmmmmm）……”となっていた。ダダの詩の朗読会などにたち合っていたので、驚くほどのことでもない。だが俗悪な田舎祭りの山車のかざりのような感覚で、フェンバレン風のパーツがキャデラックのフェンダーに組み合わされたハイブリッドデザインが高速でうなりたてる。そんな西部の光景がハイセンスが売りの『エスクァイアー』に登場する。さらにはこの若者は“The Electric Kool-Aid Acid Test”でＬＳＤのプロパガンディスト、ティモシー・リアリーを追いかける。眼前の世界が溶解をはじめ、カレードスコピックに極彩色で渦がうまれ、そして宇宙の果てへ翔ぶ。そんなイメージのサイケデリックなパフォーマンスとして、ディスコテークのプロジェクションやソラリゼーションする映像として生活空間へ侵入している。

「見えない都市」(『空間へ』)の末尾で私はサイバネティック・エンバイラメントと題した節を加えた。

1. 一定の均衡した条件が維持できるように、その環境に保護膜があること。——ホメオスタシス
2. 互換性にとんだ空間であること。——エキスチェンジァビリティ
3. 各種の可動装置が含まれること。——アパラタス
4. 人間—機械系が成立すること。——A I
5. 自己学習していくようなフィードバック回路を所有すること。——ディープラーニング

これは高度なテクノロジーによって、都市空間を制御運用するシステムで、二〇一〇年以後の今日ではごく常識的な整理であるとみえるが、五〇年前のテクノロジーでは不可能な夢でしかなかった。これを具体的に提案に組んだプロジェクトはすべてアンビルトになった。ところがアメリカ西部では、ロー・テクノロジーによって、正統モダニズムではない何ものかが発生しつつある。トム・ウルフのもうひとつのエッセイ。

"Las Vegas (What?) LAS VEGAS (Can't hear you! Too noisy) LAS VEGAS!!!!"

不毛の砂漠の真ん中にギャンブル都市をつくる物語だった。アトランティック・シティは禁酒法のまだある頃につくられた。一方こちらは第二次大戦後のやはりギャンブル的な開発からはじまった。今日でも孤島のような距離感がある。マンハッタンやシカゴのように、必然性が

あり、計画的に設計建設されたのではない。ギャンブルを求める短期滞在者の宿泊する街だ。瞬間の勝負に賭ける。永久に固定された施設などいらない。仮の宿。瞬間。明滅する。二五時。完全に人工的な非自然空間である。それを埋めるのは記号。浮遊している色彩と光。ディズニーランドは同じくテーマパークである。たいしてラスヴェガスはコンベンション・シティになった。虚構された都市、虚像だけで埋められている。マンハッタンは厳格なグリッドのうえに、立体格子が立ち並ぶ。実像である。カーテンウォールがうむ無重力感は実像が錯視されているだけだ。ラスヴェガスはマンハッタンと同じ素材をつかっているが、表面をでかいネオンサインが被っている。それは符丁であり、記号である。ペラペラな表相を記号が埋める。ヨーロッパ的などっしりとした都市空間とはまったく異質である。こんな文化空間が発生している。通俗的ポピュリズムだ。

「見えない都市」は記号《サイン》が実体《像》を食い潰しはじめた状況をレポートしたはずなのに、そこからどのような都市文化がうまれてくるのか、つかみきれていない。連載中の『建築の解体』に都市論としてまぎれこませることにした。ヴェンチューリのグループがラスヴェガスに向かったという情報が入る。トム・ウルフの「西洋の歴史において、ラスヴェガスとヴェルサイユだけが建築的に統一された都市である」と記していたフレーズが気にいっていたのに、先を越されるか。とすれば、ハリウッドの丘にある天文台から見下ろした夜景で「見えない都市」を想ったことをもう一度確認しよう。チャールズ・ムーアの章を「伝達メディアとしてのポップ建築」とした。

ラスヴェガスではなく、ロサンゼルスを語ると決めた。未刊行だがレイナー・バンハムがすでに『ロサンゼルス論』❖を執筆中であることも、本人から聞いていた。誰もみつけていない手がかりはないか。参考資料になるかもと思ってサンタモニカのアートブック店で、経本のように

❖ Reyner Banham, *Los Angeles: The Architecture of Four Ecologies* (1971)

折りたたみになっている『サンセット・ストリップ上のあらゆる建物』❖を「伝達メディアとしてのポップ建築」を論じる手がかりにした。エド・ルシェの名前も当時は知らなかった。

連載中に大阪万博がオープンした。駅前の赤壁、といわれるようになった福岡相互銀行の設計と施工監理のため、アトリエを福岡に移してあった。東京、大阪、福岡を転々としていた。ある日、福岡に着いたら警察への出頭命令を受けた。別室に入ると証拠品としてマリファナが一株、ひっこ抜かれた状態で置かれていた。当時南島の無人島でヒッピーたちがコミューンをつくっていた。福岡のアトリエはそこへ移動するものたちの中継地になっていたらしい。ひとりのスタッフが姿を消していた。そんな騒ぎのなかでの執筆だった。……ここでフィリップ・ロスの死亡記事がとどく。トム・ウルフの死亡記事は一週間前のこと。デジタル機器をいっさい身辺から遠ざけているから、二日おくれで到着する『ニューヨーク・タイムズ』の文化欄だ。五〇年前と受信の状況は違っていない。……というわけで、この連載はとぎれとぎれで五年かかった。

CをKにするピジンイングリッシュについての知識もないアメリカ語理解では、スーザン・ソンタグの〝キャンプについて〟のCAMPがどんな意味をもっていたのか、わかるはずがない。仕方ない。粋《いき》みたいなものだろう、〈いき〉をアメリカ人は感じないように、キャンプは敬遠するに越したことはあるまいと思っていたが、高橋康也が明快な日本語訳をつくった。❖やっと理解できたと本人にいうと、ベケットについては一字一句、その背後にひそむ何百もの喩も知りつくしている碩学は、エンプソンのような時代おくれを建築論に使っているやつがいるので驚いたよ、と応える。前著『空間へ』の頃(六〇年代)までは、不確実性《アンサーテンティ》で時代の気分を説明できたのに、一九六八年の数々の事件の挙句、サイコロを振れば行き先がわかるというレベルでは

Edward Ruscha, *Every Building on the Sunset Strip* (1966)

スーザン・ソンタグ「《キャンプ》についてのノート」(『反解釈』竹内書店新社、一九七一年)

無理で、両義的《アンビギュイティ》（曖昧性）とでもいうべき次々に見知らぬ何ものかが立ちあらわる迷宮のなかで、アリアドネの糸ももつれたまんま、それでも一筋縄ではやれない相手をぶった切らねばならない。ヴェンチューリの*Complexity and Contradiction in Architecture*（一九六六年）は、コルビュジエの『建築をめざして』（一九二三年）以来の重要な著作とヴィンセント・スカーリーが評した。さっそく日本語版権を美術出版社（『美術手帖』（ＢＴ））が獲得、珍しくスピーディーに訳されたが、キャンプの初訳と同じく意味不明、というより誤訳の山。（ヴェンチューリ本人は、その日本語訳をもう一度英訳してもらったところ、別の本じゃないかと思ったね、ハハハ……と私にいう。）

まともな訳は二〇年後、ポスト・モダンも過ぎ去った頃だった。衝撃的なこの本はもはや日本での旬が切れていた。そしてチャールズ・ジェンクスのような二流のジャーナリストが通俗的な流行解訳者として登場する。『ポスト・モダニズムの建築言語』。今日でも、他領域の論者がポスト・モダンについて論じるとき、この本が参照されるという恐るべき事態がつづいている。言語論を記号論へ連結する作業が一九七〇年前後の文化論的転回へつながったことは事実だが、批評ということが理解できていないこのポスト・モダニズム論者は建築的記述がうわすべりした誤解ばかり。ジャーナリズムにおいてのレポーターではあるがクリティックではない。この表相的なジャーナリストは、何でもありの東京のさかり場デザインを論じており、奇想ジャポニカの一種であった。いずれコーヒーテーブル・ブックの編者になるジェンクスにたいして、誤訳され含意不明のヴェンチューリのペーパーバックの小型本が何百倍もの重要性をもっているとは思っていても、「建築の複合と対立」は列島には存在していないというべきだった。そのとき、ヴェンチューリの次の論文「醜悪《アグリー》と陳腐《オーディナリー》の建築」（一九七一年）があらわれた。超構造体《メガストラクチュア》と都市拡散《アーバンスプロール》、つまり英雄的で独創的なモダニズム本流にたいして醜悪《アグリー》で陳腐《オーディナリー》な混合《ミクスト》メディアのバラックを評価する。その論法はハイ&ロー、いい趣味わるい趣味、マンハッタン対ラスヴェガス……二項対立にしぼり込んでいる。

二項対立では、いずれの側かの選択を迫ることになる。たいして、好きだが嫌い、良いけど悪い、インタレスティングだがボーリング。多数の含意があるときはカタログのように羅列しかない。それを症候群《シンドローム》として記述する。列伝形式で語りついでいた。それを並べて、総まとめするには？ かつてめまいでブッ倒れたときの原因は、確定できないがメニエール氏病症候群だと診断されたときのことを想いだす。パラッツォ・ベッキオで記者会見中に倒れたときはスタンダール症候群となっていた。ともあれアンチノミーから逃れるには、ひとひねりせねばなるまい。エンプソンの『曖昧の七つの型』にヴェンチューリの『建築の複合と対立』を代入する。建築論が詩論となり、詩論が建築論になる。手がかりは“Las Vegas (What?) LAS VEGAS (Can't hear you! Too noisy) LAS VEGAS!!!!”(トム・ウルフ)だった。『サンセット・ストリップ上のあらゆる建物』(エド・ルシェ)にはデザイン・サーベイの手法が用いられている。石涛が、書(言語)画(記号)は一画にはじまると記したのは画論においてだ。ウィトルウィウスを模して同じタイトルで建築論をかいたアルベルティは、禁書になったポルノグラフィ『ヒュプネロトマキア・ポリフィリ』の著者に模されている。いずれもアルゴリズムに基づいて勝手な演算がなされているに過ぎない。それをチューリング・マシーンが搦めとる。

シンボルの濃度と流れ(サイバネティック・エンバイラメント)で都市システム論を組み立てた。だが、そのシンボルは「ダック」や「デコレーテッド・シェッド」(ソフトアーキテクチュア)だ。『醜悪と陳腐の建築』(ヴェンチューリ)、色彩と光だけの記号が明滅する都市空間。

ヴァルーン、ヴァルーン！ ブルルーン、ルーン!!

列島では「シーン」、結界を張る！（カムイ伝）

シェークスピア研究の大家の論考をビルボード建築に連結する。それをＬＳＤが撹拌する。浅間山荘の銃撃戦を実況中継でみながら、〈建築の解体〉症候群を書き継いできた。症候群の一項目「アブセンス」を書こうとしながら、もうとりあげるべき素材がなかった。芝居のト書に、「ここで退場」とある。何とか区切りをつけようと、「埋めることのできない巨大な空洞につきあたった……。私たちの作業はその中心の空洞に向かい合うことをさけられなくなりつつある」（あとがきにかえて）。

鹿島出版から新版がでるとき、諸般のレイアウトがあまりに複雑であるため、版型を再編できず、完全に復刻した。箱だけが変わった。ここに一九六八年の建築情況とサブタイトルがついた。三島由紀夫が『文化防衛論』に一九六八・五・五と日付をいれたように、『建築の解体』はこのときに巻きこまれた事件の報告からはじめたためだ。大文字の一九六八年である。

ユートピアが死んだ。正統モダニズムもそこへ向かう社会主義的イデオロギーも瓦解した。乱痴気騒ぎだった。新宿騒乱。大学占拠。反万博。股裂き状態だ。マリファナ騒ぎでメディアから追っかけられた。中腰のまんま資料をあさっていた。すべてが一九六八に立ちかえる。この年に何かが崩れた。モダニズムが終わったのだ。その廃墟の上で、残骸をひろいあつめて、相互に無関係に勝手なプロジェクトがはじめられた。しばらくして、ルイジ・ノーノが、みつけたトレドの泉の碑文から「進むべき道はない。だが進まねばならない。――タルコフスキーに捧ぐ」（一九八七年）を発表した。『ノスタルジア』にはノーノ本人も出演している。このコトバを三・一一のときにも私は使った。事件（事故）の後、瓦礫のなかを、それぞれが道を探して歩いていた。

初版のとき、白紙の束見本を焼いて焦げた跡をあらためて撮影し、裏扉の見開きに使った。箱書きを宮川淳に依頼した。

われわれの時代の知に特有な視線《まなざし》。
それは言語や記号への傾斜がすでに象徴的に示しているように、みずからのディスクール自体に向けられた視線である。
問われているのは、問わなければならないのは、
われわれがそのなかで語っているディスクールそのものなのだ。
『建築の解体』の
もっともラディカルな意味もまたそこにあるだろう。
テクネー・素材・主題といった近代建築のそれとは
別のディスクールについて考えはじめること――
引用について、表面について、あるいは織物《テクスト》について……
宮川淳

媒体《メディウム》についてはクレメント・グリンバーグが『アヴァンギャルドとキッチュ』において、その複数型媒体、媒体《メディア》についてはマクルーハンが『メディアはマッサージである』において美術論と情報論の鍵概念として論じている。いま私は上海同済大学の連続集中講義「媒体論」を準備している。中文では同じ文字である。日文ではカタカナで書記することによって、美術と情報が表記される。

私がとりあげようとしているのは、都市、建築、美術《アート》に共通する設計論《デザイン》であり、これを制度《システム》、装置《アパラタス》、作動《パフォーマンス》としてプロジェクトすることにより「不可視を可視化する《ヴィジュアライズ・ザ・インヴィジブル》」事例を語ろうとしている。漢字に英語を片仮名のルビとしてふり、日本語の文脈で文章化する。それが私自身がやっている思考法だ。まどろっこしいし、意味的には相互に関係のないモノが寄り掛かっているから、意味不明な記号でしかあるまい。デザインはイメージを形象《かたち》に変換する仕事だからますます混乱する。恣意的で偶発的なイメージの連鎖がうまれたりする。曖昧性《アンビギュイティ》を症候群《シンドローム》として説明したりしたのは、こんなややこしいしがらみから逃れられないためで、けして韜晦《とうかい》するつもりではない。などといいわけしているのは、学生時代にアートとテクノロジーに同時に興味をもったためだった。

アメリカではアート&テクノロジーと呼ばれていた領域をめぐって、この国では実験工房ができた。そのひとり山口勝弘と親しくなり、六〇年代末には共同で公共事業としてのプロジェクトを受注するため、「環境計画」という名前の会社をつくった。エンパイラメンタル・アートという、定義されていない領域のデザインだった。私は「サイバー・シティ」(電脳都市)を、彼は「イマジナリウム」をそれぞれ提案に組んだ。勿論、アンビルト。二十年余の車椅子生活のあげくの追悼文。

虚像仕掛人　山口勝弘

大文字の〈美術〉が小文字の〈アート〉になる。産業社会の神殿だった美術館から情報社会の誰もが身にまとうアートへと拡散する。

山口勝弘の『ラス・メニーナス No. 1』（一九七四年）が変換点になった。このときメディア・アートが登場した。

のっけから、神殿（芸術という制度）の旧習は無視していた。光線の屈折「ヴィトリーヌ」（一九五二年）、光の彫刻「Cの関係」（一九六五年）、で実験装置をアートにした。ヴェラスケスの大画面上をさまよう視線を追跡することで、もったいぶった芸術的読解の無意味をあざ笑った。軽快な身振りがこのマッドサイエンティストの心情だった。

歴史的な理論武装も怠ってない。テクノロジーをアート側へと向けた先達、モホリ＝ナジ・ラースロー（バウハウス）やフレデリック・キースラー（シュルレアリスト）の忘れられていた仕事を再発掘した。

情報ビットが飛び交うなかに浮かぶ虚像をインタラクティヴな迷宮に組みあげる「イマジナリウム」の構想に結晶する。非存在の存在を存在させる。メディア社会のみえない神殿である。

このめくるめく疾走に日本美術界は取り残された。情報ビットには重量がない。すでにこの社会のすみずみにまで浸透している。

大文字の〈美術〉が小文字の〈アート〉にのっとられたのだ。この事件の仕掛人が山口勝弘。飄々として虚像をもてあそぶ。すでに俳諧人の羨むほどの「軽み」の境地に達していた。

磯崎　新

サイバー・シティもメディア・アートもテクノロジーを使ってはいるが、最先端ではない。どちらも人間が介在しているかぎり、ローテク応用問題である。

情報社会の土法である。

2 導師

1

「あの頃ラディカルとしてきら星のように並んでいたさまざまなジャンルの同僚たちのなかで、自爆せずに生きのび得たのは、みずからの方法を自己言及的に批判するメタ思考ができた連中だけだった」といった。そのときの同僚の仕事は、大江健三郎の『万延元年のフットボール』(一九六七年)と吉田喜重の『エロス＋虐殺』(一九七〇年)だった。両者の仕事はすでに一〇年前から追跡していたが、私個人は安部公房、勅使河原宏組に所属し、『他人の顔』(一九六六年)の美術協力でクレジットされる関係にあったので、直接交流するのは七〇年代以後のことになる。

東松照明の日記のように東京の文化空間を取りつづけたシリーズのなかの、「一九六七年十二月二十三日」と日付のついた写真は、推定するに、クリスマス・イヴを私のアトリエでやったときのもので、彼をふくめて一柳慧、杉浦康平たちと、翌年一九六八年の第一四回ミラノ・トリエンナーレのプロジェクトを立ち上げるパーティーだった。五月革命に巻き込まれるなど知るよしもない。このとき巻き込まれた「事件」について、はるかに若い世代からのインタビューで私は自己言及性について次のように応えている。

阿部真弓　このときのトリエンナーレの全体テーマは「巨大数《グレーター・ナンバー》」。当時の「CASABELLA」の特集号を見てもイタリア側の展示には、すでに学生運動の雰囲気を伝える展示がありました。

磯崎新　そう、ジャンカルロ・デ・カルロも全学連の写真をつかった展示でした。私自身はまるごと事件の渦中に放り込まれた。かなりラディカルに組み立てていたはずの理屈が有無を言わせずに占拠されてしまった。建築批評家のブルーノ・ゼーヴィはデザインを社会的に組み立ててきたインスティテューションの中核であるトリエンナーレを若いデザイナーが占拠したことを重視した。攻撃を加えたことは、デザイナーの出自に関わっているという。産業社会がみずからの製品を商品化する付加価値を与えるため、パッケージの制作や形体をデザインして市場に送り出す、その役目を詩人やアーティストがやりはじめたのがデザイナーという職業のはじまりで、これが社会的に制度化されて、ひとつの職業に組み立てられてきた。そのプロモーションする中心の機構がトリエンナーレだ。これを攻撃することは、デザイナーが出自としていたみずからへの攻撃ではないのか。展覧会占拠という事件報道のなかで、これが唯ひとつ説得力のあるコメントだった。それを私は「自己言及《セルフ・リファレンシャル》」と理解する。すなわち「文化革命」とは〈既成権力への異議申し立て〉だった。ここにはみずからを文化的思想的に成立させた根源への問いかけが含まれている。「王殺し」の六〇年代版である。

阿部真弓　マンフレッド・タフーリも、『イタリア建築史 1944―1985』中のこの時期について割かれた章に、一九六八年の五月革命以降、建築の学士号が救い難くノスタルジックなものとなった、とも書いています。

磯崎新　みずからの出自を攻撃するとは何か。日本に帰ってきた後に、私は自己言及、自己批判することによって、自分が引きずっている、あるいは学んできた、これまでのシステムやアイディアやエステティックなどすべて含めて、これらを解体するやりかたを選んだ。だけど、なぜ壊して、その先どうなるかは誰もわからない。これがラディカルの宿命で、行きつく先にユートピアは存在しないとすれば自滅するしかない。もう一度復活できた人とそのまま消え去る人がいる。

（『磯崎新の建築・美術をめぐる10の事件簿』、二〇一〇年）

私がこの過程で行きついたのは、建築についての建築デザインをやることだった。それを敷延すると、文学についての文学、映画についての映画、演劇についての演劇、音楽についての音楽を開発することだ。いいかえるとスターリニズムが組み立てられつつあった一九三〇年代前後のロシア・アヴァンギャルド論争において、リアリズムを採りフォルマリズムを捨てたことの真反対をやることだった。大江健三郎、吉田喜重の先述の仕事、そして私たちの『電気的迷宮』は徹底的に形式主義的であったため、それぞれ批判された。前二者はともに扱うテーマは政治的であるため、関連する事件で訴訟もされている。ミラノでは占拠され、破壊された。事件に巻き込まれたが、ゆえに復活している。徹底して自己言及的だったためである。自らの方法を根源にさかのぼって批判する。つまりメタ批評として、それを「作品」に仕立てることを行った。

権力闘争を勝ち抜いて統治者になったスターリン、ヒトラー、毛沢東は、それぞれ既成権力としての導師《グル》になったのだと考えられる。反体制側も別のタイプのグルをさがした。ビートルズの『サージェント・ペパーズ・ロンリー・ハーツ・クラブ・バンド』（一九六七年）のジャケット・カバーは、インドのヒマラヤ側の山中にマハリシ・マヘーシュ・ヨーギーのコミュニティを訪ねたときのグループ写真である。ジョージ・ハリソンがラヴィ・シャンカールのシタールを学び、この地に案内した。リバプールの下町のロック・グループが、二〇世紀を表象するような『ビートルズ』に成長した記念すべき「事件」だった。

ジャン=リュック・ゴダールの『ウィークエンド』(一九六七年)では大交通渋滞に巻き込まれて森のなかにさまよいこんだアンナ・カリーナが、ヒッピーのコミュニティの入信の儀式を受ける。大股開きをさせられ、その前に立ったグルが生卵を割って股間に落とす。このときのグルのなれの果ての物語が『フラッシュバック』だ(デニス・ホッパー、キーファー・サザーランド主演、一九九〇年)。ゴダールは『ベトナムから遠く離れて』(一九六七年)で試みた実験的手法をこの商業映画でも駆使していたが、二〇年後の手品師デニス・ホッパーは一切合切がパロディ。ヴェトナム戦争が終わり、新自由主義の消費文明によって六〇年代のエコ・コミュニティの熱気が冷めて、フラワー・チルドレンのグラフィティで車体を埋めた大型バスでウッドストックへ駆けつけたことがノスタルジーになってしまった。それでも、「八〇年はもうすぐ終わる。九〇年代に入れば、六〇年代が五〇年代にみえるだろう」と、手品師グルは、トム・ウルフ風の白づくめスーツで、白塗り大型ストレッチを雇い、FBIに辞表を出し、『イージーライダー』のハーレー・ダビッドソンにのる若者を見送る。B級映画である。これは一九六八年のエコ・ユートピアの葬送である。〈ヒトラー〉アート、〈スターリン〉アート、〈マオ〉アートもグル本人の死後に消滅し、もはや復活しない。〈エコ〉アートのグルも落ちぶれてしまった。そして回想《ノスタルジア》がはじまる。蔡国強のヴェネチア「収租院」が会期末に風化しボロボロになったそのプロセスも〈マオ〉アートの葬送であった。

未来を目標＝テロスとして、国家、社会、都市のすべてのプロジェクトを編成したモダニズムの運動が、一九六八年で停止したのである。二世紀にわたり試行錯誤しながら全面的に制度化された社会システムは一挙に崩壊するわけにもいかず、徐々に変質しながらさらに二〇年間宙吊りになる。だがすべての制度は残存する。新中国では文化大革命と呼ばれた時期に二〇〇〇年にわたって継続してきた、巨大な官僚《ビューロクラシー》機構が徹底的に破壊された。勿論統治機構は必要だ。四人組が打倒されたのちの統治は主としてポリテクニーク出身者がグル代理を務める。工作人と呼ぶべきタイプの指導者たちである。この間に中国社会はテクノクラシーへと実質的に転換したと思われる。そして現政権の成立とともに新しいタイプのグルが登場する。

　カンピドリオの丘の中央、ミケランジェロがデザインした楕円形広場の焦点上に置かれたマルクス・アウレリウス帝の騎馬像の台座に昇り、ベートーベンの第九を大音響でひびかせるなかで焼身自殺する。「世界のおわり」についての長口舌をふるう予言者も別タイプのグルである。タルコフスキーの『ノスタルジア』では、グルに魅せられ、彼の焼身自殺する瞬間に、グルに指示された儀式を行う。『惑星ソラリス』では、懐かしい故郷は「ソラリスの海」がつくりだした仮想現実に過ぎなかったことが、スケール・モデルの錯覚として種明かしされる。回想《ノスタルジア》は脳内メカニズムがうみだした錯覚だった。『フラッシュバック』はB級に徹しているから全編が盗用《パクリ》である。〈エコ〉アートの没落を、消費社会の到来のあげくのヒッピー・コミューンの解体の物語に仕立てる。かつては『タイム』誌のカバーになったグルが、メディア社会においてスキャンダルを演出することでベストセラー商品「本」をでっちあげる。ここのコミューンの手づくりシェルターは『ホール・アース・カタログ』のマニュアルどおりのローテク、2×4《ツー・バイ・フォー》木造フラー・ドームである。雑貨屋や古道具屋で、つまりガレージセールで入手できる。

ビートルズが訪れたマハリシ・マヘーシュ・ヨーギーの瞑想のコミューンでは、コカインやＬＳＤを使うことなく古代チベットから伝わる瞑想法によって翔んでいた。そこでは人間の魂を宇宙の振動する波動の受信器に見立てていた。瞑想のポーズによって聞こえないような微振動の感知機構が研ぎすまされる。ヨガが身体的受信装置をチューニングする。『ビートルズ』はその使徒になった。

〈エコ〉アートは、近代技術がうみだした大量生産される商品の公的な流通機構の隙間に、手工業を人海戦術によって、「農村が都市を包囲する」オルタナティヴだった。これもまた土法である。

国家的指導者としてのグルの典型的な型は、日本のメディアが将軍さまと呼んでいた金日成である。いずれの近代国家の首都にも、中心に広場がある。その周辺にミュゼアム、建国指導者の廟、国民議会、記念塔、神殿などが共通して配置され、そこで国家的祭祀や祝祭が催される。コンコルド、天安門前、宮城前、赤の広場、ワシントン・モールなど、それぞれ都市が異なる歴史を背負うために違った形状ではあるが、基本諸施設の組み合わせが必須条件になっている。そのなかで注目すべきポイントはグルのお立ち台の位置である。ここから、導師《グル》や導師《グル》代理が閲兵する。

赤の広場ではレーニン廟の壇上にスターリン。

天安門前広場では天安門のテラス。ここで毛沢東が建国宣言を発する。

宮城前広場では、かつては二重橋。昭和天皇は橋上で白馬にまたがって立った。

平壌の金日成広場では大人民学習堂のお立ち台。二代目金正日が姿をみせる。

これら近代国家の首都広場のなかで、広場のサイズ、これを取り囲む公共的諸施設、建物の軒高やひろがりなど、平壌がもっともコンパクトでプロポーションもまとまっている。一九五〇年にはじまった朝鮮戦争の結果、首都平壌は徹底的に破壊された。モスクワ・ペキン・トウキョウには、パリのルーブル宮のように故宮がある。だが平壌はかつての王の宮殿があったとしても、金日成が政権を握ったときには一面の廃墟であった。その復興都市計画で注目すべきは、「都市全般の建築構成は「世界最強」をテーマに記念性、力の象徴性を強調すること」("A study on The Pyongyang's Revival Construction immediately after the korean war armistice" By Ming Li)とあることである。記念性、力の象徴性を強調しているのは、この時期姿をあらわしはじめたモスクワの巨大な七つの尖塔によって中心の赤の広場を取り囲む、スターリン・デコと呼ばれるモスクワ中心部総合開発の理念をそのままモデルとして受け継いでいることだ。赤の広場のある中心を取り囲むように七つの尖塔をもつ高層施設が配されている。この発想は古代都市国家の城壁で市街区を取り囲んでいたことにかかわっている。古来建築物は街区を埋める要素のひとつである。近代都市に変貌する過程で城壁を崩し、ブールバールと呼ばれる並木道にかえ、計画上は都市基盤と呼ばれるインフラストラクチャーに変わる。街区《ブロック》を埋める都市的建築が単体建築物として自立しはじめる。このように分解された要素を拡散させると今日の塔状建築物の乱立する大都市のシティースケープになる。金日成はスターリンと足並みをそろえ、間接的規制ではなく、都市と建築を一体化させて、一国の首都を象徴するような巨大な装置を実現させたいと考えたと思われる。〈スターリン〉アートとしてのモスクワのように平壌を〈キム〉アートにつくりあげる。

二〇代でヒトラーに信頼され、彼が獄中で夢想した国家の首都のイメージスケッチを手渡され、その具現化を依頼された建設総監アルベルト・シュペーアが描いた第三帝国の首都ベルリンもまた、ひとまとまりの巨大な都市装置であった。地下道や地下埋設されるインフラストラクチャーとそのうえに立つ街区の建築物、さらには路上に置かれる記念碑や街灯や橋にいたるまで、そのデザインはシンケル由来のネオ・クラシシズムで統一されている。鍵十字が国徴として都市空間の隅々までを埋めつくす。ひとつの国家の首都を巨大な機械装置として作動させる設計図はでき上がっていた。第二次世界大戦末期に全面的に旧市街地は破壊され、今日は陳腐なモダニズム建築に置換されているが、あのとき夢想された第三帝国首都装置の地下部分は、そのまま閉鎖されて残されている。

平壌の金日成広場は正面に人民大学習堂、その広場側にお立ち台があり、左右に朝鮮中央歴史博物館、朝鮮美術館、朝鮮労働党本部、貿易省庁舎、外務省庁舎、内閣庁舎など、中央政府機関が並び、大同江の対岸にチュチェ思想塔が立つ。これらが資料でみる建物の名称であるが、注目すべきは中央正面はライブラリー、両面はミュゼアム、そして対面するのはモニュメントとしての塔。すべてを主体《チュチェ》思想で一貫させている。

赤の広場にはレーニン廟がつくられている。天安門前には毛沢東記念堂がある。いずれも近代国家建国の指導者《リーダー》を祀っている。その脇に国家級のミュゼアムが配されている。そのプロトタイプはフリードリッヒ・ジリーの、隣国でナポレオンが台頭してヨーロッパ全域が変動に巻きこまれたため未建成《アンビルト》になってしまった、前述の『フリードリッヒ大王記念廟』(一七九八年)である。プロイセンのフリードリッヒ二世(大王)は啓蒙君主として名高く、美術品、珍品などのコレクターでもあった。フリードリッヒ・ジリーはベルリンの中心部に、アクロポリスの丘のようにこれらの収蔵品の展示空間を盛りあげ、最頂部にパルテノン風の神殿をのせ、この中央に大王の柩を置いた。全体は廟《モスレウム》である。同時に美術・博物館《ミュゼアム》でもある。同時にひとりの啓蒙君主を祀る神殿でもあることを確認しておきたい。隣国フランスでは王を断頭台にのせたが、新たな統治体制が確立せずナポレオンの帝制もまだ組み立てられていない。そんな不安定な移行期に、メトロポリス化していく一九世紀の統治を回復するための中心的文化施設のプロトタイプが、すでに描かれていたのだった。それは廟であると同時に啓蒙《エンライトメント》のミュゼアムである。

一九世紀のメトロポリス化しはじめた近代国家の首都は、この啓蒙君主の廟がモデルになった。たいして二〇世紀の前半に提案された諸国家は、その建国の指導者《グル》の廟をとりまくミュゼアム群をモデルにした。後半に提案され実現したのが、ブラジリアと平壌である。ブラジリアはワシントン・モールを下敷きにしている。平壌は先述したようにスターリンによるモスクワ改造を範にしたようにみえるのだが、決定的な違いは当初から廟《モスレウム》が中心広場にはないことである。かわりに主体《チュチェ》思想そのものが中心広場に置かれている。遺骨を納める柩にも、主体思想にも、いずれも建国の導師《グル》の名がつけられている。しかし遺体というモノと思想というコトとは本質的に存在論的にも異なっている。物体と、そのフェティッシュである。

王権神授説に従えば、王を殺すことは神を殺すことだった。フランス革命において決定的に重要だったのは、国教としてのカソリックが廃止されたことである。世俗的世界の統治者としての王はいずれ皇帝が代理を務める。だが統治手段から宗教が排除されたとき、何かが欠落したのではないか。私たちが習った知識では、理念として、自由、平等、友愛の三つのスローガンが語られる。これはアメリカの建国の理念でもあった。啓蒙主義の時代の国家統治理念である。

バスティーユ占拠の後、革命政府は度重なる政争とテロを繰りかえし、その末期に政権を奪取したロベスピエールは、一七九四年六月八日、「最高存在の祭典」をパリ、シャン・ド・マルス公園で催す。ジャック＝ルイ・ダヴィッドがオリンポス山を模した盛山の頂上に宇宙樹をいただく舞台装置を担当、ギリシャ風ドレープのついたローブをまとい月桂冠をかぶる女神と神女の群が登場した。それまでの都市的祝祭の基本形は、ゴルゴダの丘のキリスト磔刑の再演であった。たいして啓蒙主義の「理性」はギリシャ神話をモデルに選ぶ。「最高存在」とは？　その中軸に取りだされた宇宙樹とは？　月桂冠を被る女神とは？　それらは王を殺し、神を消去したあげくの神学的アイコンである。近代国家の像が模索されている只中に、このモデルが国家的祝祭の演出として出現したことを特記したい。国家統治に招集されたアイコンである。神は殺されてはいなかった。早々と復活させられた。最(至)高存在は神の別称であった。マレーヴィチが宣言したシュプレマティスム、ピエト・モンドリアンがデ・スティールで探求した宇宙的究極原理も、すべてロベスピエール政権が催したこの祝祭を根源にしている。このとき理性が神の代理となった。当然ながら、理性のための神殿が構想される。理神殿。

巨大な球体をモニュメンタルなスケールの台座に据える。球体の内部は空洞。プラネタリウムの星座のように小さい穴があけられている。『ニュートン記念堂』と名付けられたアンビルト構想図は、フランス革命の直前の一七八四年、建築学を講義する夢想家の手によって描かれた。エティエンヌ・ルイ・ブレ(一七二八年二月―一七九九年二月)。作者の説明文には、巨大な闇の球体の底部にニュートンの柩が置かれている。錬金術師から合理的、科学的思考を組み立て、近代科学すなわち理性の学の祖となったニュートンの廟である。それ以上を作者は語っていないが、この廟こそが理神殿であろう。啓蒙主義にかかわる多数の著作が出版された。これらは科学的原理を学ぶ「本」として著された。『ニュートン記念堂』のユニークな点は、これが神殿に見立てられたことである。

　王の建築家になり、徴税施設を多々設計したクロード・ニコラ・ルドゥ（一七三六年三月—一八〇六年一一月）も、同じく球体をモチーフにしたデザインを残している。王室の独占事業であった製塩工場をブザンソン近郊ショーにまとめて設計はしたが、革命政権になって王党派に疑われギロチンにかけられる寸前に釈放される。失意のなかでビルトされたあの製塩工場を手がかりに想像上の理想都市を描く。そのなかで庭師の住宅を球体にしたことで注目を浴びるが、ブレと同じく、空洞の球体が一点監視型に配された集合墓地の中心に置かれている。この空間もチャペルのように礼拝空間に見立てうる。形態的にはローマのパンテオンのモジリである。『ニュートン記念堂』は超越的なスケールをもっている。純粋化の究極に還元された形態が、その圧倒的なスケールによって崇高性を感じさせる。理性を祀る理神殿の基本モデルになった。建築型としては廟である。ここに柩が納められるか否かはどうでもいい。圧倒的で崇高性を感じさせる空間そのものが礼拝をさそう。

　金日成広場の中央の正面に配されているのは人民大学習堂である。レーニン廟、毛沢東廟のような創建の指導者《グル》の遺骸フェティシズムとは違って、創建指導者《グル》の「主体思想《チュチェ》」である。学習するライブラリーであり、情報としてのメディアセンターである。かつて啓蒙的理性は光《イルミネーション》としてイメージ化された。その痕跡が、人民大学習堂が向かい合う対岸の「主体思想《チュチェ》塔」の頂部にある炎のかたちをしたトーチ（松明）にひそんでいる。学習堂と思想塔。いずれも理神論に由来している。数ある近代国家の首都中心広場のなかで、平壌の中心広場がもっとも緊密な緊張関係をもつデザインになった理由のひとつだろうと私は考

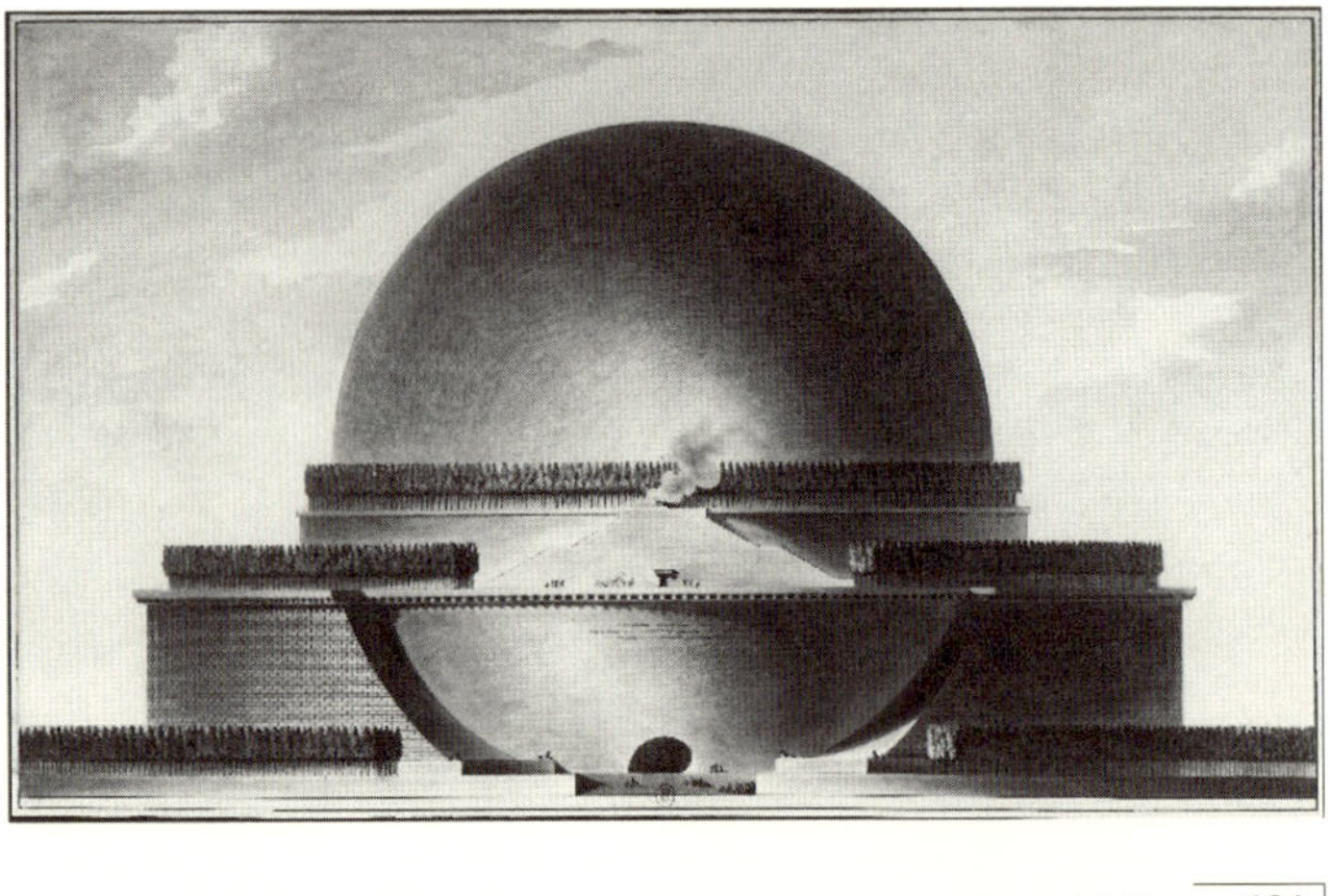

ニュートン記念堂、
1784年
エティエンヌ・ルイ・
ブレ

えている。この広場をとりまく各種のイコンにもそれぞれ奇妙な謎がある。すべての施設が完成し最後にとりつけられた思想塔の頂部の赤い炎の彫刻。

平壌全市を睥睨するトーチ（松明）は何か。

「至高存在の祭典」の神女《ミューズ》たちは松明をかかげていた、と記録されている。

2

一九七二年一一月六日、国内航空路線、羽田発福岡行きの便がハイジャックされた。歴史上はじめて発生した組織的計画的な乗っ取りは、公安当局の対応・事件報道に数々の混乱と憶測を呼んだが、無事（?）ピョンヤン空港に到着、赤軍派を名乗る乗っ取りメンバーたちはここで北朝鮮政府の庇護下に入った。二一世紀を宣戦布告のない戦争に引き込んだ九・一一のWTCタワーの崩壊事件につかわれた戦術が、あのときはじめて発案されたのだった。

私は福岡に仕事場を構えていたので、この便を利用していた。たまたま乗り合わさなかっただけのこと。針生一郎にそんな話をすると、本人は残念だったたな、俺は乗客でいたかった、いまでもこの次のハイジャック便に乗りたいと思っているんだよ、と真面目な顔をして語る。彼にマゾヒスト願望があったことはエッセイ風のフィクションから伺える。

乗っ取りグループの実名も報道されたが、リーダー格のひとりが姿を消しているという噂を聞いた。作戦の謀議は占拠されていた東大・安田講堂の並びの工学部八号館の一室で行われた。そこはメディアの眼から逃れるために、大阪万博会場の基本構想を仕上げるための作業チームがこっそり図面を作成した部屋であった。勿論、私の作業は大阪に移ったので、日大と東大の全学連が大集会を催し、鬨《とき》の声を上げるのを、遠巻きに見物にいった程度で、この付近には近寄ることも不可能だった。姿を消したのは東大都市工学科の一期生のひとりK。万博の基本構想の秘密作業をやったときの補充要員であった。ハイジャック実行の直前に、Kは別件で逮捕されていた。収監されていたのだった。はたして針生一郎の気分が通じていたかどうか。閉じ込められていたのだ。

アーキテクチュアが戦略室でうみだされる。

都市や社会システムをデザインするアーキテクトの思想が、思いがけない側面で短絡する。WTCを崩壊させたハイジャック犯の首謀者と名指しされたウサーマ・ビン・ラディンの暗殺の瞬間を、サテライトを通して指示し、なりゆきを見守るホワイトハウス地下のシチュエーション・ルームのモニュメンタルになった集合写真がある。かつては工学部八号館、四〇年後はホワイトハウス地下シチュエーション・ルーム。「ハイジャック」というパフォーマンスのはじまりと結末。

ダライ・ラマがチベット仏教の正統的導師《グル》であるように、フランス革命で政権を握ったジャコバン党のロベスピエールも啓蒙主義思想の導師《グル》とされる。金日成もまたみずからつくりあげた主体《チュチェ》思想の導師《グル》である。ポタラ宮は「世界の屋根」と呼ばれるチベットの雪山の高峰にとりかこまれた台地の頂部に建設された。ポタラとはサンスクリット語の補陀落の意である。五台山が文殊菩薩の住まいとされていたように、ここは観音菩薩の聖地であった。その地形は須弥山に似ている。浄土変相図に描かれた阿弥陀如来の宮殿が置かれたような中央の「高み」にポタラ宮は置かれ、ラサ全域を睥睨する。新中国時代になって、その前面が広大な都市広場として整備された。ここもまた、広場で都市的祭礼がなされる

ホワイトハウス地下の
シチュエーション・ルーム。
ウサーマ・ビン・ラディン
暗殺の瞬間の映像を見守る
オバマ政権のアーキテクト達。
2011年5月1日。

際には背景《バックドロップ》になる。首都中心広場との関係でいえば、ピョンヤンの人民大学習堂に等しい。

　ポタラ宮は一九五七年にダライ・ラマ一四世が亡命し、それに従って世俗政権も移動、北部インドに亡命政府をつくったので、北京の故宮と同じく、建造物と附属装飾物だけがミュゼアムとして観光用に公開されている。たいして人民大学習堂はライブラリーで、「主体思想《チュチェ》」の主人公金日成は二代目の「先軍思想」発案者金正日とともに、中央広場に遺骸を置かれることはなく、離れた場所につくられた錦繍山太陽宮殿に祀られている。人民大学習堂には伝統的な青瓦の屋根がのっている。この廟は水平スラブを重ねた構成主義風のファサードをもち、列柱が多用された北京・天安門広場をとりかこむ人民大会堂や毛沢東記念堂とは異なって、全面的な石造でシュプレマティスムの建築的展開であるアルキテクトンを想起させる。啓蒙主義的思想がうみだしたデュランの新古典主義建築に立ちもどった風にもみえる。青瓦屋根のような伝統的モチーフを消すと、あのライブラリー《建築》とまったく同様な建築的構成原理に基づいている。

　ブリティッシュ・ミュゼアム発行の資料によれば、この人民大学習堂は約一〇万平米。六〇〇室。金日成の全著作と一万点に及ぶドキュメントを収め、「社会全体の知性化プロジェクトの中心であると同時に、全人民の学習のための至聖所《サンクチュアリ》」として、七〇歳の誕生日(一九八二年)に開館した。つまり「主体思想《チュチェ》」の導師《グル》の思想を社会全体に浸透させるための学習の場、至聖所である。思想の神殿といってもいい。レーニン、ホー・チ・ミン、毛沢東は遺骸を廟《モスレウム》として祀っている。モノとしての遺骸がフェティッシュに祀られるのにたいして、北朝鮮人民共和国は思想が中心である。理神殿を正統的に継承している。むしろフランス、アメリカの近代国家建設の理念が受け継がれている。

　一九世紀を通じて、城壁で区切った都市と農村は区切りを崩し、二〇世紀になって、地上に建てられた建造物を表相記号が覆いつくし、内部へ浸透し、透明、半透明の粒子状に溶解したあげく地表の人工物は流動化し、〈エコ〉システムを撹乱し、「宇宙船地球号」が操縦不能になった。こんな混乱の二世紀（近代化）に立ちおくれ、思いがけずにも国際情勢下の戦場となり、その再建を四面楚歌のさなかで押しすすめるなかで、導師《グル》がつくりあげた「主体思想《チュチェ》」と「先軍思想」、これを都市建設と核開発にしぼりこむ。この長期戦略の由来をたどると、レーニンの共産主義国家でも、毛沢東の人民民主主義国家でも、ヒトラーの「千年王国」でもなく、啓蒙思想をそのまま国家理念として組み立てることを夢想した建築家トーマス・ジェファーソンのそれに近い。彼はアメリカ独立宣言の起草者である。三代目大統領に選ばれる。フリー・メーソンに入会した「宇宙の建築家」であり、新政府のゴーストライターであった。金日成とジェファーソン。政治的にも歴史的にも思想的にも無関係で、両者を並列して取りあげることはナンセンスといわれることを承知のうえで語ると、両者の名前を冠したモニュメント（記念堂）が、平壌《ピョンヤン》にもワシントンＤＣにも建っている。「主体思想塔」と「ジェファーソン記念堂」が首都中心広場《モール》を貫く中軸線とこれに直交するホワイトハウス軸線上に位置している。それは国家のモニュメントとして、なによりも重要な基点である。変更不能のポイントである。その国家が消滅するまで、そのポイントは動くことはない。

フランス革命当時コンコルド広場にはギロチンが設置されていた。ルイ一六世、マリー・アントワネットはじめ、多数の旧体制派がここで処刑された。ゴルゴダの丘でイエスが磔刑にかけられたのと同じく、多数の観衆のみるなかで刑は執行された。このポイントにエジプトからオベリスクが運ばれた。ベルニーニがデザインしたローマ法王庁前の楕円の中心に置かれたのがはじまりで、このときエジプトからヨーロッパに二基が移送されたそのときのもう一基がコンコルドにある。いまのコンコルド広場のオベリスクはみすぼらしい。ローマ法王庁広場のそれの予備だったためだという説もある。ともあれここにオベリスクが建てられるとき、立柱式が日本でもはなばなしく演出されるように、本体よりもはるかに巨大な木造の仮設的櫓やクレーンが設計され、その作動そのものが見世物になった。

ワシントン記念塔はローマ法王庁前・コンコルド広場中央などに立つオベリスクの巨大な模造である。高さ一六九メートル。たいして「主体思想塔《チュチェ》」は東西一六段、南北一七段、東西南北あわせて七〇段。一七〇メートル。オベリスクは四面がわずかに傾斜し、頂部がピラミッド型であるのにたいし、四面の傾斜は上方に向かって収斂する。より尖塔形の特徴を示し、その丘に炎のかたちをした烽火《のろし》がのっている。夜間は内照式でトーチのように光る。ここに点燈されたとき、全世界のニュースになった。やっぱり、ここでもか、と思った。レニ・リーフェンシュタールの『民族の祭典』は、巫女にかこまれた神女から手渡された松明の火をかかげて、第一走者が走りだすデルフォイの祭壇のシーン(勿論、映画撮影用に再演された)からはじまる。あのトーチだ。

火盗人《ぬすっと》プロメテウスは黒海沿岸ソチにつらなるコーカサス山中に閉じこめられる。デルフォイの神殿が管理していた火の使いかたを人類に教えたことによる原罪をひとまとめに背負わされた。いまは起源の異なる神話になっている。ゾロアスター教(拝火教)がギリシャにとって、東方の異教とみられた証拠である。私はディオニュソスはその後継だと考える。ゾロアスターのドイツ語読みはツァラトゥストラである。スタンリー・キューブリックの『2001年宇宙の旅』(一九六八年)の序章で、類人猿が木片をひろいあげブーメランのように空中に放り投げたシーンが、突然宇宙空間に切り替わり、大音量でリヒャルト・シュトラウス作曲の『ツァラトゥストラはかく語りき』が鳴り響く。ここでなぜニーチェの言葉が引用されているのか。フリーメーソンの入信の儀の最終段階にあらわれる神学的イコンが鍵となるだろう。そこにゾロアスターの最高神、アフラ・マズダが姿をみせる。この神はイルミネーションを表象している。〈光〉である。電灯が発明される以前は火、これを持ち運ぶための松明、情報伝達のための狼煙、そして灯台《ビーコン》。それらは闇を照らすための光であった。職業としての「建築家」という称号が与えられるようになるのは一九世紀になってからで、それ以前、建築家を保証するのはフリーメーソンに入会できた者だけだった。モーツァルトのオペラ『魔笛』はこの入信の儀の物語である。若年のカール・フリードリッヒ・シンケルが描いた闇の女王のシーンがとりわけ有名で、高みから甲高い声が響いてくる。若者が入信のために試練に遭う。「イルミナティ」がゾロアスター(ツァラトゥストラ)由来である証拠として〈光〉の対極に〈闇〉があることがはっきりする。同じように〈光〉を双極の存在とみる〈華厳〉では、宇宙に充満する光の強度に論点をしぼっているようにみえる。全宇宙へ光を拡散し過飽和の状態へ収斂させる。宇宙は空である。光があまねく行き渡る。

東大寺の大仏は「華厳宗」の中心である大日如来とよばれる毘盧遮那仏である。古代創建時も、中世再建時も、制作の記録のなかで最大の難関は、その巨体を覆う金箔の入手手段であった。高さ一六メートルの金銅を鋳込むことは職人(アーティスト)の技術であって問題視されていない(専門技術者を海外から招けばいい)。東北地方の砂金が発見されたのではじめて完成の目途が立ったと記録されている。中世の再建に際しては大勧進重源の人的コネクションで、伊勢に隠居している西行を呼びだし、東下りを依頼する。東北を支配していた藤原氏に大仏の全身を覆うだけの金箔の調達を依頼した。今日では西行東下りが歌まくらの数々を通じて知られているが、実情は政治的権力のおとろえた発願者、後白河法皇の顔をたてるための密使として西行は派遣されたのだった。巨大な身体が金色で光る。その〈光〉で鎮護国家する。このイルミネーションを歴史的イベントにする。大仏開眼が歴史的瞬間になった。視線が〈光〉になった。アルベルト・シュペーアが、防衛上の問題から軍が反対した『ニュルンベルクのマイスタージンガー』序曲が鳴り響くなかで、一二〇基の防空用サーチライトを夜空に向かって一斉点灯した瞬間は、天平の大仏開眼ではインドからの渡来僧、菩提僊那が代行したが、中世では後白河法皇がみずから仏前の足場の吊り籠にのり轆轤《ろくろ》で引きあげられて二〇〇メートルの縹《はなだ》色の縷《る》がつながり、結縁をねがう参列者がその糸を握る、その瞬間に等しい。大仏の眼が開いて全方向に向かって光線が放射される。それが「華厳教」でイメージされている究極の宇宙の姿である。

世界全体が〈光〉でサチュレーションする瞬間は、一九四五年八月六日、午前八時一五分、ヒロシマ上空に走った閃光につらなっている。人々を畏怖させ、ひれ伏せさせる。火が手渡された瞬間。「イルミナティ」の入信の儀のはてに覚醒する。つまり啓蒙され悟りがひらかれる。『魔笛』は覚醒にいたるプロセスをエンターテインメントに仕立てたわけだ。『宇津保物語』では琴の音によって、宇宙的覚醒が起きる。中上健次は「今はもう琴の音は琴ではなくて空にのぼり空を光らせながら落ちてくるまじり気のない無色の日の光だった。闇は完全な日のなかにあった。仲忠は俊蔭がまた自分と同じように日と闇を行き来し、彼岸と此岸とをみたのだと思った。仲忠は自分が物に取り憑く事もできるし物に取り憑かれることもできる霊媒になったような気がした」(『北山のうつほ』)と、『宇津保物語』を翻案しながら記している。北山の空洞のなかで琴の秘曲が伝授されるときの描写であるが、ゾロアスター(ツァラトゥストラ)からスーフィーがうまれてくる過程が直感的に感知できている。

現代中国で一九八九年の天安門事件について語ることはタブーであるので、「媒体論」(上海同済大学大学院)での首都広場論として編成したパワーポイントのイメージから、天安門広場の群衆写真や戦車の列の前に立ちはだかる人影のカットなどは全部とりはずした。シット・インが長引き膠着状態になったとき、当時はまだ王府井のうら側あたりにあったはずの中央美術学院の学生たちが、一〇メートルくらいの背の石膏像を荷車にのせて天安門前にかつぎだした。自由の像、"The Statue of Liberty"だった。バルトルディがデザインし、アメリカ独立一〇〇周年記念のフランスからの贈りものとしてギュスターヴ・エッフェルが骨組みを設計し、マンハッタンの対岸に建てられた像のコピーだった。急逝した胡耀邦総書記をしのんで、人民英雄記念塔に献花がなされたことから波及して自発的に大規模なシット・インに発展した。そのなかに山車のようにかつぎ込まれたのが「自由」の像だったが、海外メディアは真面目な政治集会に、お祭り騒ぎのように、しかも中国とは無縁の、あろうことにもウォール街に対面する位置のランドマークとなっている女神像をかつぎ込むとは不謹慎だといわんばかりの白けた報道ばかりだった。私はその二年前に清華大学で講演をやった。そのとき熱狂的だった学生達を知っていた(座り込みをはじめたのは北京大学、清華大学の学生だった)。だがあの石膏像には白けた。別の理由だった。日本の各地に同じ位の大きさの「自由の女神」像が量産され、なにかのチェーンショップの広告塔としてたてられ、これが環境的に景観破壊だと議論されていたことを知っていた。かつて巨大観音像が高崎や大船や加賀などにつくられた。これは観音信仰(補陀落だ)で街のランドマークになった。量産された石膏像はほとんど異物のように普通の街並みに割り込んだ。フ

バルトルディのスタジオ。
ギュスターヴ・エッフェルの設計した骨組み。
トーチをささえる腕。
「自由」の像、リバティ島、1886年完成。

リー・ウェイ沿いの巨大広告板やHOLLYWOODの丘・天文台の巨大文字などと同じく、「見えない都市」の構成要素として評価してきた私にとって、この「自由」の像は仁丹の広告板よりはるかにおとるように思えた。しかも『猿の惑星』の最後のシーンに登場して一挙に文明の消滅が表現されたほどにアメリカ文明の象徴物になっている。天安門にかつぎ込まれた「自由の女神」像は抜け目のない日本の業者が売れ残りをひそかに運び込んだギャグではないのか？　その後の記録によると、ＣＡＦＡ（中央美術学院）が制作した「自由」の像は骨組みがやわで傾き、一部壊されたりして、多くのキマジメな座り込み学生からは嫌われ早々に退散させられたらしい。惨劇が発生したのはその直後であった。

一九八九年五月に天安門広場にもちこまれた「自由」の像は、はたしてあの祝祭的雰囲気に適切なアイコンだったのか？　オリンポスの女神像はジャコバン党ロベスピエールが発案し、シャン・ド・マルス公園の広場中央に築いた頂上に宇宙樹をのせた立体舞台を画家ダヴィッドがデザインしたとき、ギリシャ風のドレープをまとった女神がたまたま「自由」の像に転用された。女神自身は錫杖をもっていたと思われる。従う巫女たちの列は松明（烽火）を片手でかかげていただろう。スエズ運河の建設を指揮したレセップスに従って彫刻家バルトルディはエジプトに行き、運河の入口に巨大な灯台をつくる提案をした。このときの提案が古代ギリシャの女神像を灯台にすることであった。これがニューヨークに実現した「自由の女神」像の原案である。このときは左手をあげている。

日本ではじめて報道されたときは「自由神が燭を執りて世界を照らす銅像」（東京日日新聞・一八八六年一二月三日）となっていた。The Statue of Libertyを正確に訳せば、「自由」の像であって神像ではない。ドラクロワの『民衆を導く自由の女神』が一連の像の原型にあることは間違いあるまい。右手にフランス国旗を挙げている。その「自由」はドレープつきのローブをまとったりしていない。貧しい民衆のひとりとして蜂起の先頭にたっている。ダヴィッドのとりだしたオリンポスの女神は半世紀後にはひとりの無名の女性になっていた。そして民衆の導き手、導師役のシンボルとして「自由」を表象しているアイコンになったというべきであろう。もはや神はいないはずであった。理念があったのだと連想するならば、天安門前にもち出されたのはアメリカニズムとは無縁の、むしろ近代の啓蒙的理性としての「自由」であったとみれば、広大な広場を埋めたシット・インを祝祭として荘厳したのだとＣＡＦＡの学生たちは思っただろう。その前にダヴィッド、ドラクロワのイメージがバルトルディを介して「主体思想塔」の頂部のトーチへと変転していたのだ。

ピョンヤンとラサの導師に共通するのは、死がないことである。なま身にたいしての執着はない。帝(王)位の継承方式をみるといい。ダライ・ラマの霊は輪廻して、次の継承者のうまれた瞬間に宿るとされている。キムの霊は血族に継承されているが、手続きは日本の天皇継承儀式である大嘗祭と同様である。この次第については折口信夫の『大嘗祭の本義』に詳しく分析されている。論点の基本は天皇霊がただひとつ古来から存在し、代々の天皇の身体はその霊の容器であるとされていることで、大嘗祭につくられる仮設の悠紀殿、主基殿は霊の移転の儀式の場である。

三代目を継いだ金正恩は前夜、暗闇のなかを二代目の遺体の横で過ごし、翌朝の葬儀にあたり、霊柩車の前方右側(テレビカメラの正面)を歩いた。大嘗祭を終えて即位を完了する日本の天皇と同じポジションであった。ここにはダライ・ラマの霊の転位と同様に輪廻の法則がうかがえる。北朝鮮の三代にわたる導師《グル》の継承方式は東北アジアのシャーマニズムに由来すると思われる。折口信夫の天皇霊の仮説は日本が同様の形式に基づいてきたことのたとえでもある。

輪廻であって、死ではない。

「主体思想」、「先軍思想」のように、「思想」を統治権力の中心に置いている。初代は啓蒙思想家ジェファーソンに同じであるとすれば、二代目は世界的不況を乗り切り、核開発、マンハッタン計画を遂行したルーズベルトの立場に近い。三代目は誰に近いか。シンガポール会談を成立させたトランプか。ともあれスターリンとも毛沢東とも歴史の深層にひそむ霊的なものにおいて喰い違っている。「思想」を国家統治の根幹理念にする点ではむしろ啓蒙主義のおとし子である。とするならば、アメリカにより親和性がある。

大国にはさまれて辺境でありつづけた半島の少数民族は、したたかにシャーマニズムを発掘しながら「イルミネーション」をかかげている。近代の啓蒙主義を超える新しい社会モデルが組み立てうるか。世紀の変わり目の頃、江南水郷の開発計画の提案をアジアの各国の学生から募集するコンペの審査に呼ばれた。数百点の応募案のなかに、たった一点、あまりにすっとん狂で全審査から無視されていた案があった。瓢箪型のプールサイドにハーマン・ミラー社製らしいデッキチェアを並べ、ノイトラ風のリビングルームが天井一杯のガラス戸でひらいている。ひときわ目立ったのは、五〇年代型の特徴を示す尻尾のとびでたキャデラックの最高級型がガレージの前に置かれていることだ。アメリカン・ウェイ・オブ・ライフが謳歌された時期の純正モダニズム商品が何のてらいもなく組み合わされている。唖然とした。北朝鮮からの応募作品だった。

「モスクワ空港で待つ」ザハ・ハディド。サマルカンドの中心地区開発国際コンペの審査に両者とも往くことになっていた。

3

この夏はザルツブルク・サマー・フェスティバルの関連で、建築とアートの夏季セミナーの講師をハンス・ホラインと一緒にやっていた。ハンスはカラヤンが芸術監督をやっていたときに滞在した一軒家を手配していた。前年にバルセロナのパラウ・サン・ジョルディは完工して、パバロッティの独唱会で幕をあけた。オリンピックは翌年。ひさしぶりの夏休みをモーツァルト没後二〇〇年祭のなされるこの地で過ごすのもいいな。こんないいわけをしながら、ザルツブルク城のある山上のセミナー・ルームに通った。音楽フェスティバルは城下のオーディトリアム群をつかっている。モーツァルトのオペラ全曲が上演されるプログラムだった。サマルカンド行きは『コジ・ファン・トゥッテ』上演日に重なっていた。

一九九一年夏。この日付を確認しておきたい。二年前に天安門事件が起こった。その最中に北京を訪問したゴルバチョフは失脚。つづいてベルリンの壁が崩壊、あげくにソ連が解体されつつあった。サマルカンドへはウィーンからの直行便はなく、モスクワ廻りしかない。社会主義国と資本主義国がくっきり分かれていた冷戦構造が揺らいでいる。ベトナム戦争後、アメリカ諸都市の中心地区開発をやった目ざとい開発業者がまず東ベルリンへ、そしてモスクワにとびはじめていた。サマルカンド中心都市開発にひっぱりだされたのはそんな開発資金の流れをあてこんだ政府側の企画に違いないが、何しろモスクワは無政府状態だった。モスクワ便にチェック・インした荷物の中身は空になる。機内持込みの手荷物も空港に着いても安心できない。床に置いたら、とたんに置き引きされる。内戦状態になっている。無政府状態か。エリツィンがロシア最高会議棟（ベールイ・ドーム）に立てこもる守旧派議員に向かって、戦車を繰りだしバズーカ砲をぶち込む。二〇年前、民主主義的手続きによって成立したチリの大統領府が爆撃され、アジェンデ政権が崩壊したときに巻き起こった噴煙を思いおこす。このときのクーデターはCIA（いや、ウォール街というべきか）が仕掛けたことは、クリス・マルケルの支援で制作された記録映画『チリの闘い』で明らかになっている。この内戦は文化大革命当時、核弾頭以外の兵器はすべて使用されたという林彪派の権力闘争と近いのかも。あれから二〇年過ぎている。『へるめす』一九八九年四月号の多木浩二との対談で私は、一九六八年の文化大革命は未遂のまま宙吊りになっている、歴史が停止したに過ぎないと発言して顰蹙《ひんしゅく》をかったけれど（『世紀末の思想と建築』）、翌年にベルリンの壁が崩壊、世界は騒然となった。ザルツブルク滞在はそのあげくの休暇のつもりだった。ウズベキスタン行きはキャンセルしよう。

　サマー・セミナーに集まる学生たちは厳選されていた。そのなかで目立って優秀だったのは、ソ連邦からいち早く分離、独立の手続きをすすめていた旧社会主義圏から苦労してヴィザを取得した学生たちだった。地政学的にはサンクトペテルブルクとヘルシンキに連続している。その間にいくつもの国境線があり、冷戦構造の視点では社会主義圏の辺境、資本主義圏の飛び地的孤島である（私はいま沖縄に居住してもっぱら東シナ海の西側の仕事をしており、この地はポジションとしてあの頃のバルト三国のようだと感じている）。その辺境で鬱屈した学生生活を送った若いアーティストたちが、バリヤーだった国境線を越えたとき、つまりジョン・レノンの『イマジン』（一九七一年）が単なる想像ではなく、それがリアルでありうる、と思えたとき、どんな形象《イメージ》を思い浮かべただろうか。

画家ゲルハルト・リヒターも劇作家ハイナー・ミュラーも東独で育っている。さきに全体芸術論で参照したボリス・グロイスも同じ経歴だ。前者は分断の前、後者は分断の後に西欧世界の芸術界に登場した。ということは、そのコンテクストに組みこまれたわけで、一九六八年の文化大革命で線形的思考により普遍性を担保するモダニズムが崩壊した後《ポスト》のことである。とはいえ、冷戦構造はまだつづいていた。文化的思考に変化が起こったとしても、社会的な制度は存続している。私が文化革命が未遂だったという理由は、制度だけでコンテクストが組み立てられている都市・建築デザインは、具現化《リアル》を求めるかぎりにおいて、守旧的にならざるを得ないからだ。制度に抵触すればアンビルトになる。とすれば、想像上の都市・建築を、紙上に空想的なイメージとして残すしかない。落選を覚悟でコンペに応募する。大量の討ち死に案が残った。モダニズムが危機に陥り、制度的にも解体する過程であった一九六〇—九〇年の三〇年間は、大量のペーパー・アーキテクチュア(紙上に描かれたアンビルト建築)がうまれたことで記録されよう。バブル期の日本では、自宅や近親者の住宅としてときに建ちあがることがあった。だが公共的な都市・建築は旧制度の枠内でしか実現しない。粗大ゴミになる。❖ ポスト・モダニズムが残した過剰の残骸である。ペーパー・アーキテクチュアはいまではデータ・アーカイブの収拾対象だが、粗大ゴミと化した空箱建築は焼却もままならぬ。性懲りもなくこの国では三〇年の間隔を経たあげく、五輪景気でバブルが反復され、ホワイト・エレファントと私が呼んだザハ・ハディド案の敷地では、大騒ぎの後にあらためて粗大ゴミが姿をあらわしつつある。しかし反復も限界に達したようで、あと二年間、セキュリティ不全をあおることで不安をかきたて、切り抜けようとしているようだ。

もういちど三〇年巻き戻して、全世界的に社会システムのパラダイム・シフトが発生した

❖ 一九九五年一〇月一八日の読売新聞への寄稿(「都内に残るバブルの建物「規模のみ拡大」の錯誤」)のなかで、東京芸術劇場(一九九〇年)、東京都庁舎(一九九〇年)、江戸東京博物館(一九九三年)、東京都現代美術館(一九九五年)に、建設中であった東京国際フォーラム(一九九六年)を加えた五つの建物が「粗大ゴミ」と呼ばれた。

一九九〇年頃、社会主義圏の辺境で育った都市・建築デザイナーが単なるペーパー・アーキテクチュアではなく、あらたなリアルに立ち向かうとき、どんな手掛かりが捜されたか。ザルツブルクで、バルト三国の若い建築家は何か面白い仕事をやるに違いないと思った。カタルーニャ、バスク、ガリシアのようなスペインの辺境、トルコ、イラン、マレーシア、中国のなかでは広州、成都のような中心から遠い地帯の建築家たちが、寡黙というべき仕事をはじめた。あらたなリアルに向かい合っていた。その頃私個人はまだ戒厳令がでたりするポーランド、クラコフでアンジェイ・ワイダのプロジェクト❖につき合っていた。パラダイムは確実にシフトしつつあった。だが軋んでいる。揺れていた。

日本のメディアでは、金正日は度を越した映画好きで、ハリウッド制作の映画すべて、日本で公開されたすべて、それをひとりで深夜まで観ている映画オタクだとされていた。お伊勢参りのセリフを借りれば「いいじゃないか」。ハイジャック事件の実行犯全員は保護されている。彼らはハイジャックという史上はじめてのシステム・アーキテクチュアの発明者だ。四〇年後にはホワイトハウスの地下のシチュエーション・ルームで殺人謀議がなされ、サテライトでGO！の指示がだされている。オバマ内閣のこの戦略を組み立てたのもアーキテクト達だとすれば、建築家金正日は、深夜ひそかにハリウッド映画を観ながら国家戦略を練っていたアーキテクトではないのか。スターリンがショスタコーヴィチの『ムツェンスク郡のマクベス夫人』を「音楽ならざる荒唐無稽」と批判したり、習近平が「不要搞奇怪怪的建築」と発言して、ウィアード・アーキテクチュアの蔓延に釘をさしたとき、これら導師《グル》たちの発想が、虚構と現実のはざまを行き来するオペラや詩学にどっぷりひたったあげくの発言であったとみれば、金正日

❖ワイダが一九八七年の京都賞の賞金によって計画した、クラコフ日本美術技術センター（一九九四年）のプロジェクト。

の戦略室は深夜映画のなかにあったといえるのではないか。

ピーター・グリーナウェイの『建築家の腹』は、実務的には成功したシカゴのアーキテクトが、自ら信じ生存の証とまで考えるアーキテクチュアの神髄が描きだされながらも、それを実現する機会を得ずに歴史から忘れさられた幻視の建築家《ヴィジョナリー・アーキテクト》ルイ・エティエンヌ・ブレ（一七二八―一七九九年、ミール・カウフマン『三人の革命的建築家――ブレ、ルドゥー、ルクー』）の展覧会を、『建築十書』（ウィトルウィウス）の著された建築の本拠都市ローマの中心で展覧会に組む物語である。パンテオン＝ニュートン記念堂＝妊娠した妻の腹＝癌に侵された自らの腹と、ドームの形態的連想が、ピーター・グリーナウェイ的悪趣味で徹しているが、展覧会企画が妻とともにアシスタントのイタリア人建築家に乗っ取《ハイジャック》られる。失意に陥るたびごとに、ブレあての手紙を記す筆跡がうつしだされ、それに署名するとき必ず、（Architect）と付け加える。建築家であることが自らの存在を支える最後の矜持になっている。

はたして建築家という称号がこれほどの重みをもつものなのか。主人公はシカゴで設計事務所をやっていたことになっている。近代建築の起源ともなると思われる一九世紀末のシカゴには、都市美化運動の先導者として都市計画史に名を遺すバーナム＆ルート設計事務所にたいし、天才的な建築装飾ドローイングの名手でありながら、抽象的コンポジションとして構造フレームを空間的芸術に結晶させたが、人生の敗北者として施療院で孤独死するルイス・サリヴァンがいた。バーナムのような成功者にもなった映画主人公、シカゴの建築家はアンビルトの建築家ブレをサリヴァンの不遇に重ね合わせていたと読めば、アメリカの近代建築家がテクノロジーだけを商業的に追跡し、その根源的本質であった建築《アーキテクチュア》が忘れ去られたとするアイロニーも浮かんでくる。この映画のリリースされた一九八七年頃、「大きな物語」は無効になったとするリオタールの言説❖が建築界にも波及し、〈建築〉という「大きな物語」が失墜をはじめていた。その矢先にグリーナウェイは時代がかった建築家像をパロディとして描きだす。興行的に失敗したこの映画をアーキテクト金正日は深夜映画オタクとして密かに観ていたのではないか。私の勝手な想像である。

ジャン＝フランソワ・リオタール『ポスト・モダンの条件』（一九七九年）

金正日著『建築芸術論』（*On Architecture*）は一九九一年五月二一日付で発表された。

あらためて日付に留意してほしい。このとき社会主義圏は自壊していた。ルーマニアでは平壌の「主体思想《チュチェ》」にもとづく都市再建の華麗さに惚れこみ、さらに巨大な「議事堂宮殿」（人民の館）を自らつくったチャウシェスク大統領が、民衆の一斉蜂起のあげく銃殺された。東欧諸国だけでなく、ソ連邦の周辺諸国も分離独立を開始した。共通したのは社会主義政権が軒並みに崩壊したことだった。中国では鄧小平の舵とりで一国二制度の導入で切り抜ける。北朝鮮だけは揺らいでいない。金正日が初代首領の六〇歳の誕生日を讃えるために、巨大な銅像を革命歴史博物館前（旧平壌神社跡）に建立し、これを首都平壌の全都市空間の起点（コンセプチュアル・センターポイント）に位置づけた。しかし南京中山陵に近い傾斜地であるので、七〇歳の誕生日記念に向かって中心軸を現在の『主体思想広場』へ移す。思想を都市中心軸に置く離れ技であった。

首領はさらに一〇年生存する。最晩年になって「檀君陵の改築方向について」（一九九三年一〇月二〇日）を発表する。これをみると、いささか誇大妄想的であり、科学的事実説明には誤りが多々あるが、神話をテーマパークとして、擬似的にフィクショナライズして、これを民族的な統治アイコンにつくりあげるとする構想は徹底している。スターリン言語学理論がおかしした誤謬は、ソシュールの組み立てた言語論への無知に起因することが今日の定説だが、金日成は檀君神話は神話であり、それが歴史的事実でないこともわかっており、神話時代よりもはるかに時代のさがるそれらしい古墳をテーマパークとして、つまり見せ物として整備し、あえて「つくりもの」を設計することを最高司令として指示する。クノッソス神殿の発掘復元をやったサー・アーサー・エヴァンズの当てずっぽうな復元よりは、はるかに好感がもてる。今日では歴史遺物の断片を手がかりにして、それに想像的復元を重ねることは禁じ手である。虚々実々という言い訳はきかない。実物を含めて丸ごとフェイクとみなされる。初代首領の政治的指示は「それらしい」場所に巨大なピラミッドの模造を実際に建造することであった。しかも見学者を考慮して玄室の広さも墓棺の配列やサイズも変える。映画撮影用のセットであると思えばいい。人類がはじめて月面に足跡をのこしたNASAの映像も、実はスタジオで撮影されたというまことしやかな報道もあった（木村恒久『キムラカメラ』）。タルコフスキーの『惑星ソラリス』や『ノスタルジア』も当然ながら深夜映画オタクは観ただろう。

この「主体思想」を核にした金正日の『建築芸術論』は正攻法のアーキテクチュア論である。グリーナウェイのように、パロディによって切り抜けたりしない。愚直なまでの正統的な建築論である。国家＝首都《キャピタル》＝記念碑《モニュメント》（都市広場）＝都市インフラ＝地域共同体《コミュニティ》＝住居（生活空間）＝情報メディアのすべてをアーキテクチュアが貫通する視点で徹底している。その初発点に「主体思想《チュチェ》」が置かれ、これがスターリニズム、マオイズムと一線を画す区切りとなり、フルシチョフのスターリン批判、マオ以降の胡耀邦の視点なども注意深くとりいれられている。

若年のときから海外情報研究所の特別試写室にいりびたり、国家的プロパガンダを扱う宣伝部長となった金正日は、三〇代初頭に都市平壌建設の総指揮者になった。『建築芸術論』は、二〇年かけて建設された首都平壌の成果を初代首領金日成に提出した報告書である。政治文書のかたちを借りた教授請求論文である。「主体思想」を芸術としての都市の核心に置くことを宣言するように、六〇歳の誕生日に巨大彫像《モニュメント》が、七〇歳の誕生日に合わせて「思想《イデオロギー》」が都市空間の核心に置かれた。その首領が八〇歳となった区切りの年に「アーキテクチュア論」が提出される。劇場国家として、北朝鮮を演出してきましたよ、世界各国で展開する最新のアイディアもすべてとり込みました。ドウデスカ、オヤジさん。こんな気分が伝わってくる長大な論文である。

「檀君陵の改築方向について」が首領の回答であった。これも政治文書のかたちをとっている。檀君は朝鮮民族の始祖王（古朝鮮《コグリョ》の建国始祖）。高麗《コリョ》の始祖東明王陵、王建王陵などの陵も整備する。朝鮮民族の諸王の正統を顕彰することが指示される。そして「祖国統一のための民族大団結」を訴える。言葉を代えれば、朝鮮民族のための国学をつくれ、これが首領の遺言であった。

朝鮮民族の大団結のためのプロパガンダに役立つならば神話の虚構化もいとわない。「つくりもの」で観光客をひきつけてもいい。金正日が後継になったとき北朝鮮は度重なった自然災害によって、経済的にも政治的にも危機的だった。政党が軍の上に立つ政治指導で徹底してきた中国を範としてきた先代にたいして、二代目は「先軍思想」を打ちあげる。政府と軍の関係を逆転させた。これは穏やかなクーデターだったと思われる。これを可能にしたのは、六〇年代に平壌市民の思想検査（一九六〇年頃）、さらに血脈調査による住民再登録（一九七〇年頃）がなされていたことである。「主体思想」を支持するものだけが市民の資格を得る。あの頃は集団洗脳だと噂されていた。だからこそ平壌はユートピア都市だという幻想もうまれた（赤軍派のハイジャック機が平壌に到着できたのは、彷徨ったあげくなのか、密かな目的地だったのか。誰も語っていない。私の建築論集⑥を『ユートピアはどこへ——社会的制度としての建築家』と題したときにも、あのときの幻想を確認できる手がかりを私は何ももっていなかった）。今日から振り返ると、金正日が首領の金日成の彫像を国土空間の中心に据えた一九七一年が「主体思想」をセレブレイトする、つまりひとつのイデオロギーが今日では二五〇万人の人口をかかえる平壌の都市全域に浸透することになる実験的プロジェクトの出発点であった(「未来都市のモデル」をうたったEXPO'70が隣国日本で開催され、閉幕した翌年のことである)。文革期を通じて毛沢東像が大小数億個も生産され、中国の全家庭にまで配され、天皇の御遺影が全世帯に配られたり(多木浩二『天皇の肖像』)した事例をすぐに思い浮かべるが、この旧い型のモダニズムとはまったく異なった手法が模索されていたのだった。

朝鮮戦争でマッカーサー軍が仁川上陸をして鴨緑江岸まで押し込まれたとき、新中国は義勇軍を組織してアメリカ軍を押しかえし三八度線以北が保持された。このとき破壊された平壌の瓦礫を片付けたのは一〇万人の中国軍兵士だったといわれている。金日成は両国から復興資金を得ながらも両者の支配からのがれる過程で「主体思想」を組み立てる。全国土が農村的だった社会体制下にあって平壌を首都につくりあげるため、中国とは真反対の対策をとった。「農村で都市を包囲する」戦略をとった毛沢東は、都市知識人が邪魔で彼らは思想改革のために農村へ下放される。たいして平壌はまず首都の体裁をもった容器を計画し(マスター・プラン)、ここの住民(市民)には金日成体制を支援する人々だけが選別された。さらに血脈調査により、住民の再登録が実施される。同時期に中国では文化大革命がはじまった。この過程で紅衛兵を煽動して、科挙制度によりつくられてきた都市を成立させてきた官僚制を徹底的に解体する。中国では伝統的に都市市民は官僚機構そのままだった。これが解体しつくされたところで、導師毛沢東の役目が完了する。同様に北朝鮮建国の導師金日成はゼロからつくりあげられる首都平壌市民を純血統種に絞りこむ。親衛隊たりうる構成員である。「主体思想」都市平壌の見通しが立った一九七〇年頃、その思想都市の具現化を任されたのが金正日だった。

これまでの中国と北朝鮮の都市建設を比較する。いずれもユートピアを目指していた。中国はやっと旧制度を一掃できたのにたいし、平壌はゼロから出発したため、純粋培養が可能だった。偶有的決定を重層させながら、あやうい舵取りで運転される金融資本主義がつくりだす棒グラフ状密集都市でもなければ、硬直した都市基盤の網目に均質化した標準設計だけが整列させられる社会主義的都市でもない。両者がひっくるめてモダニズムの産出物であることは、国際政治として冷戦構造が全地球を二分し補完し合っていたことで明らかだ。そのはざまに平壌は社会主義的でも資本主義的でもなく、ひそかに異物のように独自の「主体思想」都市へと進化(?)をはじめていた。安部公房の『第四間氷期』でＡＩによって実験飼育された水棲人間のようなメンタリティをもち、操縦不能に陥りつつある宇宙船「地球号」で発生する異常気象にも充分に耐えうるような〈しま〉都市へと、平壌を脱皮させつつあるといえないか。ブッシュ・ジュニアが「ならずもの国家」と呼んだリビア・イラン・北朝鮮のうち、秘密警察と親衛隊組織を完備できなかったリビアは失速したが、イランと北朝鮮はその純粋培養された社会システムがますます強靭になりつつあるようにみえる。私たちが手にできる情報は、表層的な断片しかない。そのなかから安部公房が水棲人間飼育の手がかりにし、私がプロセス・プランニング論の根幹に据えた「定向進化」を導き出す創発形質《エマージェント》を探す他に手がかりにできる説明はできない。

北朝鮮の近況をビジュアルに報道している『北朝鮮の内幕』(*INSIDE NORTH KOREA*, by Oliver Wainwright, 2018. TACHEN)では「お伽の国」、『巨人の箱庭』(荒巻正行、二〇一八年、駒草出版)では「ワンダーランド」と表現している。いずれも宇宙船「地球号」上で突然変異が発生している。ガラパゴスなのか、ＳＦ世界なのか。ともあれ、グローバル世界のなかではこれまでみかけなかったような種が棲息する二五〇万都市が出現している。国境線の内側には二五〇〇万人が住んでいる。

核開発し、大陸間弾道弾もつくった。檀君を始祖とする朝鮮民族という種らしい。退化も進化もしていない。だが、この世界とはまったく異なったメンタリティをもっているようにみえる。まるで『不思議の国のアリス』のようだ、とする視点では共通している。

私は、金正日が隣国中国共産党が堅持している政府と軍の関係を逆転した「先軍思想」は『四運動の理論』（フーリエ）の現代化ではないかと考えている。「ファランステール」は失敗した歴史的先例とされるが、かつてなかったユニークなアイディアで、情念引力の集団化《アソシエーショニズム》が試されるいとまもなく、エンゲルスによって空想的社会主義だと一蹴され、ウィリアム・モリスの稚拙な社会主義にとって替わられた。一〇〇年あまり過ぎた頃にミシェル・フーコーの講義『社会は防衛しなければならない』を受けたかたちで、フレドリック・ジェイムソンが『アメリカのユートピア』（二〇一六年）で提唱している国民皆兵制は、金正日がフーリエの規律をコモンズの骨格にしてマスソサイエティの統治規範としてつくりあげた「先軍思想」ではないのか。

ポスト・モダニズムのようにみえるこの「不思議の国」で、三代目を襲名した金正恩の世界舞台への登場を可能にしたのは、あのときに用意された秘密戦略である。機密情報は軍が握っている。それが国際政治を動かしはじめた。「建築家は創作家であり作戦家である」と金正日は強調する。「戦略室《シチュエーション・ルーム》」がアーキテクトのスタジオの同義になったのである。

シンガポールでの米朝会談を成立させたのは、両国の秘密警察長官の会談だった。

IV 平壌

I

祝祭

琉球列島のどん尻まで来て、いよいよ何もないということを見極めたとたんに、私の心は一つ大きく跳躍した。かなり以前から、わたしはこれを確かめる瞬間を待っていた。

(岡本太郎『沖縄文化論』)

1

「何もないことの眩暈《めまい》」は、一九六〇年日米安保批准反対の国会請願デモが高揚する最中に書き継がれた、石垣島紀行で行きついた核心だった。先島列島航路で「金属音をたてて米軍機が那覇泊港から出航する連絡船のマストをかすめる。……海面すれすれに轟音と余韻をのこして次々に降りていく」。その鼓動をよみがえらせたのは、青山通り(岡本太郎のアトリエのすぐ横)を国会へ向かうデモ隊の鬨《とき》の声とざわめきだったに違いあるまい。あのとき皇居付近から、東京の上空に波紋のようにひろがっていく微振動があった。都市の日常が非日常の時間へと切りかわる。それは「祝祭」の時だ。久高ノロは「何もない場」としての御嶽で神女になる。そのシャーマンの実在をこそさがしていた。シャーマンが紡ぎだす非日常の時間、あるいはもうひとつの世界からの時間が東京の中心に降臨する。イザイホウは久高島の女性が神を受肉する〈まつり〉である。おなじような〈まつり〉の時が二〇〇年前のシャン・ド・マルスにもあった。バスティーユ焼打ちのあと全国に展開された祖国（自由）の祭壇は一七九〇年七月一四日の全国連盟祭となる。このとき画家ダヴィッドがデザインしたコスチュームが登場。ドラクロワも三色旗の記章をくばる。


ロベスピエールによる最高存在にかかわる政令。

第一条、フランス人民は最高存在の実在と魂の不滅を認める。

第四条、神の観念とその存在の尊厳を人間に思い起こさせるために祝祭が創出されること。

第七条、フランス共和国は旬日ごとに次に列挙される祝祭を挙げること。


最高存在と自然の祝祭／人類の祝祭／フランス人民の祝祭／人類の恩人の祝祭／自由の殉教者の祝祭／自由と平等の祝祭／共和国の祝祭／世界の自由の祝祭／祖国愛の祝祭／暴君と反逆者への憎慈の祝祭／真理の祝祭／正義の祝祭／謙虚の祝祭／栄光と不滅の祝祭／友情の祝祭／清貧の祝祭／勇気の祝祭／善意の祝祭／英雄的行為の祝祭／無私無欲の祝祭／禁欲の祝祭／愛の祝祭／夫妻愛の祝祭／父性愛の祝祭／母性愛の祝祭／享心の祝祭／幼年の祝祭／青年の祝祭／壮年の祝祭／老年の祝祭／逆境の祝祭／農業の祝祭／産業の祝祭／祖先の祝祭／子供の祝祭／幸福の祝祭。

（アルベール・マチエ『革命宗教の起源』）

久高ノロ、撮影 岡本太郎（1959年）

最高存在の祭典が一七九四年六月八日に行われた。

四八セクションの市民たちが隊列を組んでチュイルリーへ向かう。ロベスピエールが松明を一本手にすると池の中央に建てられた「無神論」の像に点火、すると灰のなかから「叡智」の像が現れた。啓蒙主義者たちの守旧的な「無神論」を焼き捨て、灰のなかから叡智=理性をとりもどす演出である。行進の行列の中央に赤布がかけられた古代風の巨大な山車——そこに自由の木が植えられ、麦束のからんだ牛のひく犂と印刷機が積まれ——が黄金の角をもつ八頭の牛にひかれてシャン・ド・マルスへ。ここに築かれた大きい山の頂上に、宇宙樹のようにこの「自由」の樹が植えられる。ロベスピエールに先導された国民国会議員たちは山へ登る。数千人の集団と合唱団がとりまき、香が焚かれ讃歌がはじまる。

二年前の祝祭ではオリンポス山、女神、宇宙樹など古代的な借り衣がアイコニックなシンボルだった。そのフォーマットを受け継いではいるが、この式次第では最高存在=理性だけが浮かばせられている。先述した政令はロベスピエールが政権奪取して四日後に発令された。「祝祭」だけが革命を正当化する。「狂信という短刀と無神論という毒薬を懐に忍ばせながら、国王たちはいつも人類の殺害を企ててきた」（ロベスピエール演説）。「無神論」でさえ廃棄できるのは理性の祭典だけだ、と考えていた。

思想としての「最高存在」を全員で祝福する同じ思想がピョンヤンの首都広場をつくりだしたと私は考えている。このときの思想は「主体思想《チュチェ》」である。広場の名称も記念塔も大学習堂にも、すべて「主体思想《チュチェ》」が冠されている。これは二〇〇年後の至高存在である。

「エッファイ、エッファイ」。息を切るように声が切迫し、急激に高まる。はっとみると、ナンチュたちが七ツ橋を渡っている。一列になって、橋をふみこえ、神アシャギのなかにとび込み、また走り出してくる。またとび込む。往復七回。最後のナンチュが消えると、上位の女たちも続いて吸い込まれ、クバの戸がとざされる。そしてふっと静まってしまう。やがて、なかからゆるやかに、オモロの合唱がひびいてくる。

（『沖縄文化論』）

岡本太郎の語る沖縄の神事「イザイホウ」のクライマックスの描写。「至高存在の祭典」のチュイルリーからシャン・ド・マルスへと向かう行進。ピョンヤンのマスゲームとパレードをこれに比較してみれば、祝祭のクライマックスでは全員が憑依《ポゼッション》している。オモロが唄われる。オペラ風に作曲された讃歌が合唱される。集団で、何ものかの存在に向かって唄っている。神アシャゲの室内はゴザの敷かれた暗闇である。シャン・ド・マルスの築山には松明をかかげた国会議員たちがつづく。イザイホウの神は久高島に最初に上陸（降臨）したカミである。「至高存在の祭典」の神は理性である。「主体思想《チュチェ》」の神は人民である。イメージされる神の姿は違っている。超越的な一者である点は共通する。安保闘争デモのときの一者は何だったのか。私は批准が成立した日の深夜、首相官邸の門の前に置かれた装甲車と向かい合っていた。国会は炎上しなかった。皇居の森は黒々と静まりかえっていた。日常の時間が回復してからも、相変わらずここだけ暗闇にみえたらしく（神アシャゲのなかも暗闇だ）、ロラン・バルトは『表徴の帝国』でそれを「中心の空虚」といった。空虚という一者の喩えである。日本の祝祭はこの「空虚としての一者」をめぐって催されている。空虚は吸引する。闇は変身をうながす。不可視であることが共通する。これを透視できるのは巫ではないか。

芸術は呪術である。

ここではすべての理解はこえられてしまっている。——何でもないもの、これこそ至高だ。

何だかわからない。何でもないことさえわからない。その瞬間からそれが私にとって呪術をおびはじめる。

（『原色の呪文』）

この呪文のようなマニフェストは一九六四年一月、西武デパート催事場のはじめての大規模な回顧展『岡本太郎展』と同時に発表された。その展覧会の会場構成を私は担当した。前年の暮れに磯崎新アトリエを登記したので、これが私の仕事の第一作となった。沖縄行脚の最後に渡った久高島で久高ノロに出逢い、翔んでしまって、シャーマンさがしに東北や密教の聖地を歩いていた岡本太郎と付き合っていたわけで、こちらも翔ばないわけにはいかない。空海の呪符の文字の飛白体に変わりはじめた太郎の作品を闇に閉じ込める。その展示空間から、モダニズム美術を成立させてきた支持体《メデューム》であるフレームとペデスタルを消去してしまった。座ることを拒否する椅子を空中に浮かせた。オフ・ミュゼアムの場ではあっても、その空間はみえない制度にしばられていることを身にしみて体験した。岡本太郎は芸術のメカニズムとわたり合っていた。私はその現場にいて、芸術という制度こそがわが敵になりそうだと感じた。

一〇年あまり後のこと。文革の混乱のまだ醒めやらぬ頃、太郎のお供をして中国を旅行した。中国要人の前でも平気で中国批判をしゃべった。場の気色が変わるとぱっとジョークで切り抜ける。絶妙の芸術《わざ》であった。白酒でもうろうとしたとき、あの無茶をやったのは貴様だったのか！とお相伴をしていた私の顔をみていった。ひとこと返すいとまもなく、本人は高鼾。

赤い兎
を
上げ
ま
しょう

（「赤い兎」）

岡本太郎のシャーマン願望は、三〇年代のパリ、アンダーグラウンドの聖社会学グループ❖の黒ミサもどきと付き合った頃に芽生えたと思われる。「赤い兎」はマルセル・モースとアンリ・ユベールの『供犠論』をそのまま受けとったのだと私は思う。黒ミサもどきの仲間たちと、マヤ・アズテックのピラミッドの前に置かれた大きい石の台上で、犠牲者の身体からドクドクと脈うっている心臓をとりだし、血のしたたるまま頂上の神殿まで駆け登る供犠の儀式のことなどを話し合ったに違いない。血なまぐさい戦場から焼土となった列島にたどりついて、絵具や筆さえ焼失したなかで書きつけた短詩である。みずからの血のしたたる心臓を捧げる。つまり自分で自分を供犠するといっている。だが誰のために？

大壁画『明日の神話』（一九六七年）の中央に爆発する人が描かれている。これが岡本太郎の自画像であると私は思っている。

太郎は日本の絵画の歴史において殆ど唯一人アレゴリーとむかい合った画家であった。赤い兎（それは供犠のための心臓）、黒い太陽（それは悪魔の仕業といってもいいような破壊のエネルギー）、これらを作品の詩的主題にした人でした。

❖一九三七年にジョルジュ・バタイユを中心として結成された「社会学研究会」には、ロジェ・カイヨワ、ピエール・クロソウスキーなどが発起人として名を連ね、「聖社会学」の探求をその目的とした。（Cf. ドゥニ・オリエ編『聖社会学』兼子正勝ほか訳、工作舎、一九八七年）

核爆発は「巨大数」となった都市でさえ「消滅」させる事件だった。平和とか復興とかいい加減なことをいってくれるな。マルセル・モースから学んだように人類には供犠の心臓（赤い兎）が必要なら俺のものをさしだそう。大都市さえ消滅させる核爆発を停止させるには、俺自身の身体を爆発（黒い太陽）させ供犠としよう……。

（磯崎新『偶有性操縦法』、「フクシマで、あなたは何もみていない。」）

「芸術は呪術である」と西武デパートでの回顧展のとき宣言された。だが聖社会学に集った連中が求めた野生の思考とは、それが逆転された「呪術は芸術だ！」というべきではないのか。その言葉を語る証言者をさがした。ノロやイタコはシャーマンであるから芸術とは無関係だ。高野山に登って老僧にまでその質問をぶつける。「現実を扱うための方便でしょう」とそっけない。呪術を扱う高僧は芸術家ではない。こんな愚問に応えることはしない。あげくに『十住心論』の「秘密荘厳住心」（空海）という言葉に行きつく。これが「呪術は芸術だ！」であると納得する。「呪」一文字を護符に使われる飛白体で書きつける。『森の掟』から『明日の神話』に至るアレゴリーを扱う、日本では稀有の芸術家が呪術を扱う人になった。

そして、最後のアレゴリー絵画『明日の神話』で爆発する。このとき「秘密荘厳住心」を念じていたのかどうか、みずから呪者になっていた。

ＥＸＰＯ70の会場計画（基盤整備）の設計が終わり、地上施設の建設の配分がはじまったとき、基本構想段階で仕掛けられていた基幹施設と呼ばれる会場全体の骨組の総括者に丹下健三が決まった。デザイン・チームが編成され個別の担当建築家が指名された。大屋根は丹下チーム。

シンボル・タワー、劇場、美術館、駅、ゲート、動く歩道、地域冷暖房システム。お祭り広場と名付けた発案者西山夘三は、上田篤を代理に立てた。基本構想段階での作業チームのメンバーの担当貼り付けが終わる。私は万博会場とは催事空間だと考えていた。具現化されてみると、地上施設として通念になったビルディング・タイプばかりで、広場はその残余でしかない。名称はついている。だが建築物ではないから、私の居場所はないことが判明する。それは予想してあった。地震で壊滅したマケドニアの首都スコピエを再建する都市デザインの国際コンペで、初めて日本から丹下チームが当選。私はその実施案を国連チームが制作する現場に派遣され戻ってきたばかりだったので、万博の都市デザインとしての基幹施設でさえ、都市的建築と今日呼ばれるようになった合体施設のなかで、そこに組み立てるイヴェントの位置づけの困難さは身にしみて理解していた。大屋根は都市的スケールをもった被覆体である。その下に人工的に制御された空間がうまれる。環境的保護膜であるとはいえ、こんな施設が公共的に予算化された前例がない。万博は特殊解になりうる稀有のチャンスとみて、『日本の都市空間』の解析を通じてまとまった「見えない都市《インビジブル・シティ》」をもじって「インビジブル・モニュメント」という構想を提案してあった。そこで大屋根の下に可動装置《ムーバブル・アパラタス》を担当することになる。機械時代からメディア時代へと移行しはじめたことの恩恵であった。

　大屋根は私が予想した領域より小さくなり、さらに二分割され、テーマ館エリアとお祭り広場エリアになった。それぞれ一〇〇メートル×一〇〇メートル、天井高三〇メートル。丹下健三は総合プロデューサー、岡本太郎はこの時点でテーマ・プロデューサーに任命される。私はテクニカル・プロデューサーの役をもらう。大屋根に直径六〇メートルの穴があけられた。呪者岡本太郎がこの穴から顔を出した。

岡本太郎はお祭り広場の半分を呪術空間として彫りだした。私はのこり半分を電脳空間に編成した。同じ祝祭広場であるが闇と虚ほどの違いである。太郎が久高ノロに出会って琉球の「何もない」場として御嶽《うたき》を発見した文章を書き継いでいたとき、私は青山のアトリエ脇を鬨《とき》の声をあげて国会へ向かう隊列のなかにいた。国会周辺から波紋状になって広がる微振動は、〈まつり〉だと感じていた。非日常の時間が沸き上がる。恐山、高野山、熊野古道を闇の奥へと呪者としてわけいっていた太郎は、そのとき見出した闇をお祭り広場の奥に掘り下げる。私は宇宙にみなぎる虚空間で月着陸プロジェクトを組み立てたＮＡＳＡのシステムをモデルにして、可動装置の設計を行った。音、光、色彩の渦に観客を巻き込む。〈まつり〉である。あのデモは深闇のなかでうごいた。機動隊の投光器のまぶしい光がよぎるだけだった。テーマ館の展示も闇だった。蛍光塗料だけがあやしく光った。虚空間は眼にみえない領域の周波数に焦点をしぼった。ストロボフラッシュのリズムによって、脳のα波は容易に狂う。闇と虚、いずれも非日常の時間のなかで、非正常な感覚を体験させる。狂わせることにおいて共通していた。

至高存在の祭典では、人々は松明《トーチ》をかかげた。
熊野の火祭りでは松明を持った集団が山をかけ降りる。
春日若宮「おん祭」では大松明をひきずってのこった火の粉を踏んで姿のみえない
隠された神が下山する。
ウォール街の対岸の「自由」の像は灯《トーチ》をかざしている。
「主体思想塔」の頂部には焔のかたちをした灯《トーチ》がのせられている。
拝火《ゾロアスター》教（ツァラトゥストラ）の火は至高存在である。

闇のなかを照らして目標を示すのが灯台《ビーコン》である。その頃、火は光《イルミネーション》だった。ところが地上から闇が消えた。ケイタイにつかわれる液晶板も含めて、人類の住む場所には光がある。いま宇宙からの訪問者が上空から地球を観察すれば、人類は夜光虫の変種とみえるのではないか。寄り集まって街の灯になっている。地上を覆いつくしてしまった。至高存在は何というだろうか。

ゾロアスター（ツァラトゥストラ）の火は電灯にかわり、液晶の発光体となり、あげくに闇を消してしまった。モーツァルトの『魔笛』の夜の女王は啓蒙《イルミネーション》が駆逐した。それがドラマを組み立てていたはずだったのに、二〇〇〇年過ぎると啓発される必要もなく、地球上から闇は消されてしまった。闇はノスタルジアになる。神を受肉することも、神の存在を感知する儀式も、不可視のものとの交信さえもできない身体に私たちは転落してしまったのだろうか。闇のなかで、気配を感知する感覚を失ってしまいつつある。すべての存在から影が消去される。濃淡のさかいが消えて、フラットになる。浮遊感が起こる。いや起こしたい。テクノロジーを駆使してでも、こみいった仕掛けをつくってでも、無影、無音、無触の世界をつくりだしたい。岡本太郎展の会場を闇に閉じ込めようとして、これが今日の芸術展示の制度に抵触することを悟り、墨絵のような白黒の濃淡だけではなく、ひとつの色彩（単色）にとりかえる。サモンピンク、ペルシャンブルー、そして全色を混合したあげくにあらわれるグレイだけの空間に身体を押し込める。そんな試みを繰り返したあげく、それでも神を受肉できるような空間はうまれそうにない。人間の身体は度し

お祭り広場の大屋根模型の
中央の穴から顔を出す
岡本太郎
（現代芸術研究所提供）
1968年

難いほど、不自由なのだ。その頃、「メディアはマッサージだ」(マクルーハン)という声を聞いた。視覚だけではなく、全身体感覚(脳内までも)へと、音、光の振動をシャワーのように浴びせる。ストロボの点滅リズムを脳波に同調させることによってハイになることも知った。それは憑依《ポゼッション》だった。シャーマンがやっていたことだ。

秘密荘厳心(『十住心論』)はその儀式に参加する人々を呪文にかけることによって憑依する。岡本太郎がシャーマンさがしのあげく到達した境地であった。私はまったく異なった電脳テクノロジーの側から、アプローチしていた。共通した主題は「祝祭」であった。お祭り広場の大屋根の下の空間を背中合わせで担当することになった。「黒い太陽」がロイヤルボックスの後背として中仕切りとなった。

2

雑誌『空間』(空間社)は、一九八八年ソウルオリンピックの総合計画を担当した金壽根《キムスグン》によって創刊(一九六六年)された。彼は朝鮮戦争に動員され敗走する韓国軍から脱走、密航して日本に渡った。大学院生同志として私たちは知り合った。同年うまれでありながら、私は彼の生きてきたリアルに圧倒された。当時私は都市のデザインを、彼は国家のデザインを考えていた。共通する話題は建築と政治。これらの主題を貫通するのが〈アーキテクチュア〉であることにはまだ思いがおよばない。最若年の彼をチーフデザイナーとする在日チームが韓国国会議事堂コンペに当選。帰国の段取りが整い、みずからの活動を開始するときに、まず文化、芸術の総合雑誌として『空間』を発行する。アカデミーでも建築業界でもなく、まずメディアを介して行動を開始する戦略をとった点は私も同様で、「闇の空間」（一九六四年）、「日本の都市空間」（一九六三年）などを文化論として発表した。この頃はひたすら空間の正体をつかみとることだけに腐心している。初めての著作を『空間へ』（一九七一年）と題することになる。

〈空間〉の一語が、金壽根と磯崎新を結びつけた。

「オリンピックについて語りたい。金壽根」。メッセージがきた。ソウルで彼のデザインしたメインスタジアムが着工したという報道は知っていた。次回のバルセロナでは私の設計したパンタドーム構法によるパラウ・サン・ジョルディがまだ設計中であった。軍事政権が政争を繰り返していた韓国の権力中枢に接近してもまれつづけた金壽根は、過労のあげく末期癌で入院中だった。このときの会話が彼の最後のオフィシャルな言葉となった。

ソウルオリンピックのメインスタジアムの初期案は収容人員一〇万人であったが、実現過程で圧縮され六万九九五〇人となった。一九三〇年代になってオリンピックが国家的プロパガンダに使われはじめた頃、一〇万人収容スタジアムが話題となった。ル・コルビュジエもこれを目当てに「一〇万人スタジアム案」（一九三六年）を発表。とはいっても採用する都市はない。さしずめソウルの計画もその「数」から出発したと思われる。韓国はいずれサッカーワールドカップでは主催者の意向を受け日本と共催するが、まだ南北が組むには至らない。北朝鮮の首都、平壌の建設総指揮者であり文化政策の責任者であった金正日は、ソウルでのこの動きを細部にわたり観察していたと思われる。翌一九八九年に対抗《カウンター》オリンピックとして第一三回世界青年学生祭典（平壌祝典）を企画、一五万人を収容できる「綾羅島《ルンラド》メーデースタジアム」がその中核施設となった。今日に至るまでこの「数」を超えるスタジアムは世界のどこにもない。

韓国建築界にゲリラ的に登場し『空間』誌でみずからの思想を発表しながら、国家的プロジェクトをプロモートしてきた金壽根の仕事に金正日が注目しつづけたであろうと私が推量する理由は、『建築芸術論』末尾に「建築家」の章を置き、「建築家は空間の芸術家である」と定義し、さらに「創作家であり作戦家である」と〈アーキテクチュア〉の核心を突いていることである。西欧では建築書が無数に著されたが、すべてウィトルウィウスの『建築十書』の構成に準じている。その記述展開の順序を破ったのは、近代建築の始祖と考えられるゼセッション（分離派）のオットー・ワーグナー（一八四一―一九一八年）の『近代建築』（一八九五年）で、冒頭の章に「建築家」が置かれた。「主体思想」を「同志スターリン」と読み替えれば、西欧の正統的な建築書に基づく社会主義リアリズムを建築論風に展開している記述に突然「空間の建築家」がはさみこまれる。韓国で発行されている『空間』誌が頭をよぎったに違いない。この発行者はソウルオリンピックの施設を設計している。共催を申し入れたが埒があかない。対抗オリンピックを世界に呼びかける。五〇年前に事例がある。ファシスト国家のオリンピックであったベルリン（一九三六年）にたいして、人民戦線のバルセロナが反ファシスト国家の若者に呼びかけ同時開催をする。ところが、その開会式当日、フランコがクーデターを起こす。参加者は即日義勇軍を結成した。スペイン内戦のはじまりだった（一九九二年バルセロナオリンピックはこのときにスタジアムが建設されたモンジュイック丘を再編成した）。その義勇軍の物語から『誰がために鐘は鳴る』（ヘミングウェイ）、『一九八四年』（ジョージ・オーウェル）、ロバート・キャパの衝撃的なワンショット『崩れ落ちる兵士』などの抵抗芸術がうまれた。平壌の対抗オリンピックは同じ年に天安門事件、ベルリンの壁崩壊が起こり、冷戦崩壊の年として記録されることになる。

　初代金日成が指示した平壌再建都市計画のテーマは「世界最強」である。建築を空間の芸術として編成する術については「数」の均衡としてすでに語られてきた。最強とは都市空間内に強度にあふれたシンボルを投入することだ。綾羅島メーデースタジアムが「巨大数《グレーター・ナンバー》」として具現する。

量《クオンティティ》こそが力《パワー》である。

この対抗オリンピックに北朝鮮はＧＮＰに相当する額の予算をつぎ込んだといわれている。このときの負債に、数年にわたる自然災害が重なり存亡の危機となった。三〇年昔の新中国が大躍進政策の失敗により、二〇〇〇万人とも四〇〇〇万人（現在の北朝鮮の人口は二五〇〇万人）とも噂される餓死者がでたことに比較されるが、この危機を乗りきったのは、文民統治ではなく、「先軍思想」であったことに注目したい。

「先軍思想」は、金正日が一九九七年に二代目首領に選ばれたとき、みずからの政策の基本として発表した。根拠地から遊撃戦へ、そして全面展開により権力奪取を、とする毛沢東の内戦指導方針を、イタリアにおける反ファシズム闘争へ翻案したグラムシの理論が注目されてきたなかでさえ、共産党により軍を指導する文民統治の原則は維持されてきた。「主体《チュチェ》思想」を統治規範にした金日成は元来民族独立運動の先頭に立って軍を率いた武将だった。独立以来、軍が統治している。大統領制になった韓国とはワケが違う。日本のメディアでは首領を将軍さまといっている。日本の歴史に当てはめれば武家政治である。とはいえ封建領主は北朝鮮にはない。「主体思想」で貫通されている人民だけがいる。二代目はこの事実を明確にしてこれを「先軍思想」と宣言したと思われる。〈アーキテクチュア〉を建築空間にしぼり込んで論じた『建築芸術論』が政治空間へと展開している。「建築家は国家戦略を組み立てる作戦家」であるとすでに予告がしてあった。

国力を傾けるほどだったと語られる平壌、綾羅島メーデースタジアムは、「量《クオンティティ》こそが力《パワー》である」ことを誇示できるための国家的イベントであったとみれば、さしずめ聖武帝による全国国分寺配置、奈良東大寺大仏建立事業が先例である。いずれも外圧による国難を押しきって、桁外れの消尽がなされる。ポトラッチである。無目的に巨大な畏怖する力が現前する。そのクライマックスが大仏の開眼式であり、身分を問わず結縁が願われたと記録されている。綾羅島メーデースタジアムにとっては、初代首領、故金日成の九〇歳の誕生日を記念する「アリラン祭」であった。世界最大規模のマスゲームイベントが毎年夏に催されつづけている。


座席数一五万の世界最大のスポーツ施設、平壌の「メーデースタジアム」で八〇分にわたり開催された公演は、ディズニーランドやシルク・ドゥ・ソレイユのショーにも匹敵するものだった。唯一の違いは「アリラン祭」が、それらより大規模である点だ。

朝鮮半島の伝統民謡「アリラン」にちなんで名づけられた「アリラン祭」は、バレエやオペラ、ミュージカルなど多様な演目が披露される祭典で、学校や地方自治体を通じて動員された一〇万人以上の国民が参加する。スタンドでは一万八〇〇〇人の学生が一糸乱れぬ動きでカラフルなタイルを頭上に掲げ、次々とモザイクを作り出す技を披露。また、民族衣装を身につけた女性らが、走りながら北朝鮮国旗の図柄を作り出す演技も見られた。

アリラン祭におけるもう一つのテーマは、半世紀以上にわたり分断されてきた南北朝鮮の「統一」。式典は「アリラン国家」「アリランの再統一」「繁栄する強国アリラン」など。

（二〇〇七年四月一五日　ＡＦＰ通信）


「アリラン祭」の準備が進行していた世紀のかわり目の頃、ソウルでは首都移転を公約にかかげた盧武鉉《ノムヒョン》が大統領となり、大統領府（青瓦台）と中央省庁を忠清道圏（かつての百済の首都があった地域）へ移転する構想が発表された。もしこれが実現したとすればブラジリア以来の快挙である。だが野党から憲法違反に問われ「行政中心複合都市」にせざるをえない。大統領府と関連機関、つまり首都を首都たらしめる施設はソウルに残る。筑波新学園都市が骨抜きにされたのに比べればまだましで、八〇パーセントの国家行政機関を移転させる決定は残されている。

この世宗《セジョン》のマスター・プラン構想は国際コンペになった。デヴィッド・ハーヴェイと私が海外審査員として呼ばれた。ほかは韓国の識者と政府の官僚たち。「リング都市にやっと決まったよ」。デヴィッドから連絡が入った。二人でひそかに推した案だが、激論がつづいて最終決定が延び、私は彼に投票紙を預けて仁川に向かう途中だった。

まだ世宗《セジョン》の名称もなかった。建設工事につかわれるバラックが建ち、応募案がところせましと展示されている。主催者は応募の数に満足している。審査はそのなかから、一点を選びださねばならない。建前は首都である。一国の未来のかたちにかかわる。ソウルも世界大都市共通の「大都市病」を患っている。ここで大手術が可能か。何が決め手になるか。平壌は廃墟のゼロから出発している。世宗《セジョン》は地図上では白紙だ。丘の起伏が連なっている。指定地区のほぼ中心部に小高いピークがあり、村山智順の『朝鮮の風水』の知識しかもたぬ私の眼にも絶妙な風景である（北漢山を背景にしたソウル青瓦台の光景を思い浮かべよ）。これをとり込めば、飛鳥川のほとりの耳成山、天香久山、畝傍山の大和三山をとりこんだ藤原京に近い光景ができあがるかもしれないが、まてよ……。再考した。この光景を「にわ」として保存する案はないか。大部分はその地域を開発の中心点にして諸機能を配置する。効率が無意識のうちに最優先される。たとえば北京や平壌のような、つまり国家的中心がシンボリックに表象されている。目立たないひとつの案がみつかった。開発予定地を帯状にピークの背後においてある。推定するに、円環的に周辺地区から開発をはじめ、ソウルに取り残される行政府などの二〇パーセントの用地を保持するための空地を残す。都市の展開を囲碁の勝負展開に例えるとわかりやすい。周辺をまず埋めて最後に中央で勝負する戦略である。私はこんな説明をデヴィッドにした。だがソウルの行政府は動かせられない。リングの中心部は空虚だ。他の審査員は納得するだろうか。空港行のドライバーが後ろに待っていた。荷物を畳みながら、こっそりと彼に耳うちした。……ピョンヤン……。

デヴィッド・ハーヴェイが如何に他の審査員を説得したか、私は知らない。

大都市病、近代主権国家の首都が患う人口一極集中のあげくの交通麻痺、循環器不全（イムニタス機能低下）、生活空間の欠乏、耐用年限を超えた都市基盤（成人病）、空室率の増加（アポトーシス排泄不能）、不動産所有権の細分化……。世界大都市問題の全データを列挙しなければならず、対策が提案されても対案でつぶされ骨抜きになる。あげくに切開手術が提案される。首都移転。一国の行政府と関連機関を心臓にたとえれば、これを大都市病にかかった死に体の身体からとりだして、移植するのに似ていよう。ソウルは世宗《セジョン》を人工心臓として建設しつつある。いま移転がはじまった。中国は同じく雄安新区に非首都的機能を切り離して移植しようとしている。アジア諸国の今世紀に入ってからのこれらの試行が、成功するか否か。

平壌では万寿台の金日成像をコンセプチュアル・センター・ポイントにした都市像を、現在の「主体《チュチェ》広場」の中軸線に移行し、一五万人収容のメーデースタジアムを完成した時点ですでにこのような切開手術を完了させていた。「アリラン祭」の一貫したテーマであるアリラン国家の再統一とは朝鮮民族の国家の喩えであるから、近々実現するだろう。そのとき南北はそれぞれの制度を維持するだろうから、首都《キャピタル》は二つあってもかまわない。首都が二つに割れていた東西ドイツは、二〇年かけて、いまでは自由主義的社会主義国家に変成したではないか。朝鮮半島がアリラン国家に脱皮する契機はすでに熟成していると私は考える。それを予感させるのは都市空間で催される祝祭の型だ。

ソウルの中心街路を四〇万人の市民が埋めるローソク・デモ。

綾羅島メーデースタジアムの一〇万人が参加するマスゲームと二万人のスタンドの人文字。いずれも「巨大数」である。街頭の光景である。大集合が都市に非日常空間を発生させる。〈まつり〉である。

アンドレアス・グルスキー(一九五五年—)は、巨大スーパーマーケットの商品陳列棚やアマゾン配送センターなどの、眩暈を起こすような大量の商品が埋める広大な建築空間に焦点をしぼって撮りつづける写真家である。

アハマド・マーテル(一九七九年—)は、メッカのマスジド・ハラームの中央広場にある黒い立方体(カアバ神殿)に向かって世界中から押し寄せる巡礼の津波を、その周辺の巨大開発、マスジド・ハラームの拡張建設過程と共に記録しつづけている(*Desert of Pharan* Lars Muller Publishers)。

モノとヒト。商業施設と宗教施設。撮影する対象は相互に無縁だ。エンドレスに連なる陳列棚の商品《コモディティ》の群、同じく磁石に引き寄せられる鉄片のつくりだす波紋のように、押し合いながら渦状のパターンをつくりだしている信者の群。それぞれ今世紀になって特徴化した社会現象である。ひとつの都市空間を微粒子が埋めつくす。アンドレアス・グルスキーとアハマド・マーテル、二人の写真に共通するのは巨大な群となっている被写体の全貌をひとつのかたちとして写

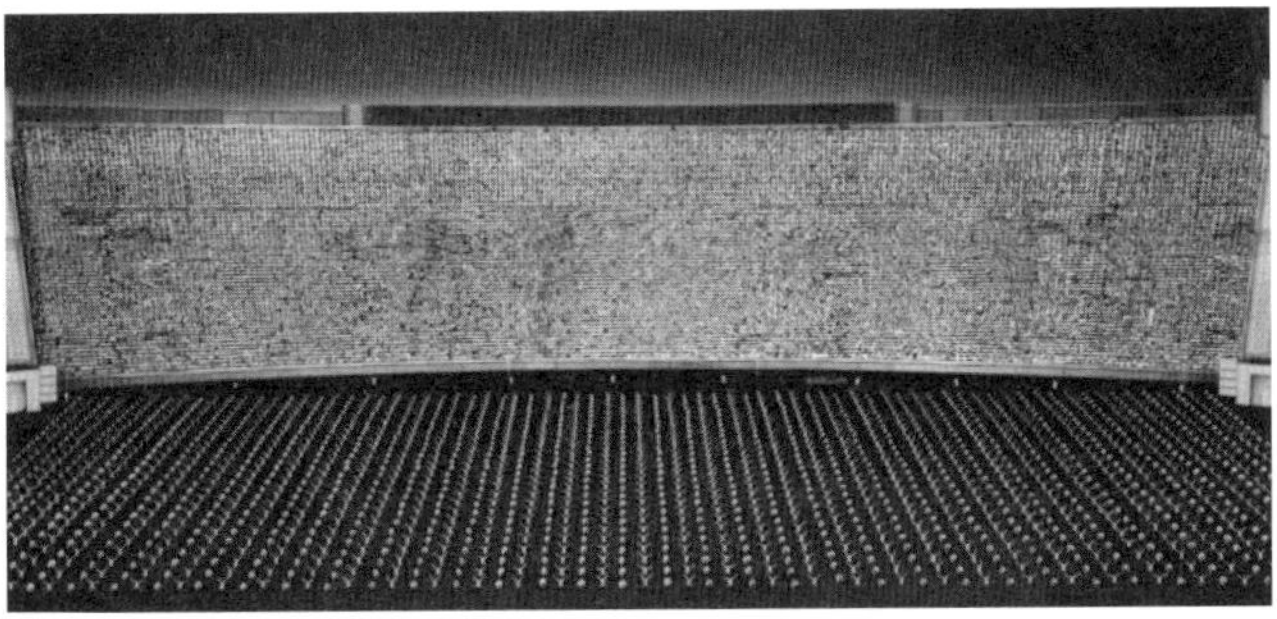

Andreas Gursky
"Pyongyang III", 2007

しとる従来の手法ではなく、その群のうみだす一瞬を、さらにその一部を切りとることによって被写体が巨大な数であることを暗示していることである。空や海、砂漠の部分をとりだして広がりを暗示することはやられてきたが、そのときは、人間の手の届かない自然を崇高性として表現していた。たいしてスーパーマーケットやメッカのモスクはひとつの文明が人工的につくりだした空間である。モノやヒトが消えればあっけらかんとした空間にすぎないのに、それが充満されると、かつて存在しなかった力《フォース》があふれでるような光景として現象する。崇高《サブライム》を凌駕する超絶的《ハイパー》な力《パワー》である。モノもヒトも「巨大数」としてこの都市空間に埋め込まれている。

英語版『建築における「日本的なもの」』(*Japaness in Architecture*, The MIT Press)の書評「茶匠たちが作り上げたもの」(『新潮』、二〇一〇年九月)で、フレドリック・ジェイムソンは書評のフォーマットを超えて、今日の文化状況は「商売化《コマーシャリゼーション》、商品化《コモディフィケーション》、消費主義《コンシューマリズム》によるディズニー化《ディズニフィケーション》プロセス」を避けては語れなくなったと、私がオーランドでディズニーの仕事をした頃、テーマパーク論を彼の編集する『SAQ』に寄稿したことにひっかけて、話題を広げた。私は新世界システムのなかでの都市論でこれに応答することにした(「〈やつし〉と〈もどき〉」『新潮』、二〇一〇年一〇月)。同時期に彼はもはや文化論ではおさまりきらない『アメリカのユートピア――二重権力と国民皆兵』を執筆していた(九・一一以降、私はアメリカへ入国しないことにしているため、その頃催された彼のためのニューヨークでの集まりは欠席したから、確実な事情はつかめない)。そこで私の応答はジェイムソンの『カルチュラル・ターン』(一九九八年、邦訳二〇〇六年)が『ジャパンネス・イン・アーキテクチュア』(二〇〇三年、英訳二〇〇六年)を、新世界システムが環球を席捲した時代に読んでいるという設定にした。英文

Ahmed Mater
“Desert of Pharan”, 2016

がネイティヴによって推敲される過程で、和様化の特性がより浮かびあがる。私にとっては二〇世紀の日本のモダニズム受容が歴史的に同型を反復していることを批判的に語ったはずだが、英語ネイティヴの手にかかると、その和様化こそが売りなんだと読まれる。こんなノスタルジアに浸ることはないだろう。新しいリアルとなぜ向かい合わないのか。「3Cによるディズニー化プロセス」は彼の親切な提言だと受けとった。そこで、私は「新世界システムにおける都市論」で応答した。

その頃、辺境の閾上《しきい》にあるプロジェクトに私は新しいリアルをさがしていた。江南開発プロジェクトにノイトラ風プールサイドとキャデラックを提案するようなスッとん狂なイメージを温めている、アジアの孤児のような北朝鮮の学生案に注目したのも、閉ざされた場にありながら壺中天のように世界をさがす学生が世界のどこかに居ると感じたからだった。北京七九八芸術区に万寿台という名前の画廊があった。ひと頃、黄土高原が隆起する過程で化石化した象や亀の原型種が大量にみつかった地域につくる化石博物館で、パノラマ展示を提案し、その背景画を描けるようなアーティストをさがしていた(勿論、企画はつぶれた)。「アバター」程度ではリアリティがでない。この画廊が扱っている北朝鮮のアーティストなら、一〇万年むかしのリアルを再現できるのではないか。あの国には、この半世紀間に金融資本主義がばらまき起動させてしまった表層だけのイメージとは違う奇妙なリアルがある。ジェイムソンが渾身の力をしぼって書いたと思われる「二重権力」論による国民皆兵制の提案は、二代にわたる金体制のやってきた体制そのものを後追いしているだけじゃないのか。

アンドレアス・グルスキーの撮影した二〇〇七年「アリラン祭」の光景は、二〇世紀の都市的スケールの巨大スペクタクルを、これまで世界に実在しなかった都市空間を、象徴させるシーンである。ニュルンベルク、ナチ党大会におけるリヒャルト・ワーグナー『ニュルンベルクのマイスタージンガー』をバック・ミュージックにする、一四〇台の軍用サーチライトの一斉点灯光景《シーン》に匹敵する。いやそれよりもはるかに強度のあふれた二一世紀のスペクタクルが出現したとみることができよう。あのときは、新しいテクノロジーをひとつの国家の出発として世界に誇示するおぞましい意図があった。「崇高性《サブライム》」という形容がより適切な光景だった。たいして「アリラン祭」の一〇万人の一糸乱れぬマスゲームと、二万人のスタンドを一幅のバックドロップとして、各自が巨大なモザイクのひとこまとして色変わりのパネルを挙げて動画に組み立てる。世界最大のアニメーション空間である。すべて人力である。ローテクノロジーである。パネルの波の一枚一枚に、ひとりひとりの異なった顔がついていることに注目してほしい。「巨大数」がうみだす「超絶性《ハイパー》」である。

今日では一〇万人規模の野外のロックコンサートやオリンピック開会式イベントはごく普通に企画される。このとき決め手になるのは大音量の音響設備と強力な映像投影装置である。テクノロジカルな増幅によって圧倒する演出はニュルンベルク党大会の演出の延長である。たいして一五万人「綾羅島メーデースタジアム」の「アリラン祭」演出は、大量数の参加者が厳密に規律訓練されていなければ成立しない。巨大数が確実に制御されている。グルスキーの「アリラン祭」のショットは、構成する粒子がすべて均等にみえるような徹底したパンフォーカスでフラットな画面である。彼独特のこの技法が巨大数《グレーター・ナンバー》の力《パワー》にもっとも接近している。二〇万人の観客を集めようとしたピンク・フロイドの『ザ・ウォール』のように、ベルリンの壁を崩壊させる背景のスペクタクルも、記録映画から推しはかるかぎりでは宣伝するほどの迫力はない。パフォーマンス技法そのものが崩壊している。「巨大数」を売りにしたエンタメ・スペクタクルが拡張メディア・テクノロジーに依存するかぎりにおいて無効になりつつある。これに較べ、「アリラン祭」マスゲームは人の力だけを頼っている。この力《パワー》の由来は何か。

単なる芸の練習ではなく、「巨大数」の「規律訓練」がこの落差をうんだと私は考える。

フレドリック・ジェイムソンが『アメリカのユートピア』で提案した、二重権力論による国民皆兵性が金体制の後追いをしていると私が考える理由は、「ファランステール」で実験されようとした、社会統治に必須な「規律訓練」の成果が字義通りの劇場国家として壮大な社会的スペクタクルとして現前しているからだ。消費社会がうみだしたスーパーマーケットやアマゾン配送センターの特異な光景を写しとることで独自の手法をつくりだしたひとりの写真家が、この統制のとれた規律訓練による人力アニメーション・シーンを写真に定着する。

世界の異なる起点から、「黒い立方体」をめざして集合する巡礼が渦となり、最終到達地点ではスパイラルを描く。その巨大な〈うごき〉をまるごと記録しようとしているアハマド・マーテルの*Desert of Pharan*とともに、私は二一世紀に発生しつつあるあらたな型の都市空間は、二〇世紀末期までに精密に組み立てられてきた建築(人間)的空間にかかわるすべての言説を無効にしたのだと考える。

いま発生している現象を読み解く鍵は、

〈アーキテクチュア〉による統治と制御。

それが都市空間のスペクタクルだ。毎日を〈まつり〉にする。

2 巨大数

1

ジョン・ケージの『シアター・ピース』(theatre piece)は、舞台上に電器コンロを置きフライパンで料理するときの音を聴く作品で、日本で上演されたとき(一九六二年)は、旧草月会館の舞台上の上手に、ナプキンをエプロンのように巻いた作曲家本人が小さい食卓に座り、デヴィッド・チューダーがコックよろしく、ソーサーをピアノ演奏のようにふりまわした。水分の弾ける音だけがコンタクト・マイクで増幅されて会場に流れた。

この作品を『床屋・ピース』(Hommage à John Cage : Music for Tape Recorder and Piano)と読み替えたナム・ジュン・パイクは、ケルンでのコンサートにおいて演奏会場に座していたジョン・ケージの席へと飛び降りて、やおらシャンプーを頭上にふりかけあわまみれになった作曲家のネクタイをハサミで切りとった。ハプニングという言葉が世界のアバンギャルドのなかで流行語になった。そのナム・ジュン・パイクの『TVブッダ』(一九七四年)は小型仏像がテレビのハンディカメラと対面して、側面に置かれたTVモニタには仏像の全姿だけが映っている。骨董屋の店頭で売られている置物と、一般化しはじめたハンディカメラという誰でも手に入れられる日常品が並んでいるだけの作品ではある。その場に走るさまざまな目線に注目する。ブッダの眼とハンディカメラのレンズは向き合っている。とはいえ視線が実在しているかどうかわからない。みえない。だがカメラの目線はTVのブラウン管に映しだされている。それを確認するのはその場にいる観客の目線である。その視線が交錯することによってひとつの場を成立させた関係のはじまりが、模造の仏像のうつろな眼の存在である。つくりものにすぎない仏像が放射したはずの目線は存在しないことは誰もが承知している。にもかかわらず、あると思い込んだとたんに、その関係がつくりあげる虚空間が増幅する。トートロジーすなわち同語反復のトリックである。虚像でさえも実在させることになる。メディア・アートのはじまりの頃になされた原理的説明が一瞬に感知できるというわけだ。

ひとりの仏僧が、拡大していくヴェトナム戦争に抗議して、ヴェトナムの街頭で焼身自殺した。私は仏僧の炎にまかれている写真に衝撃を受けた（タルコフスキーも衝撃を受けたと思われる。亡命以後の全作品は核の戦争による世界破滅の不安におののき焼身自殺する主人公が登場する）。そのときの姿勢が私の眼底に焼きついて、ナム・ジュン・パイクに「あの仏像を燃やしたら……」とくだらない感想を述べたことがあった。

「ヴェトナムにはもっとすごい奴がいるんだ。ヘンリー・ミラーに面と向かって――ヘンリー・ミラー、俺はお前を殺す！――といい放った奴。「逢佛殺佛（佛に逢えば佛を殺せ）」だよ。ヘンリー・ミラーの家の壁に大書したらしい。そいつに比べればあのブッダは優しい眼をしているだろ」。このスゴイ奴の名前をナム・ジュン・パイクは教えてくれた。ファン・コン・ティエン（私のヴェトナム文化の知識不足で発音もできず、記憶もあやしい）。最近彼の別の言葉がみつかった。「――一八七四年、〈哲学〉という訳語が生れた瞬間に、ヒロシマ・ナガサキには原爆が炸裂していたのだ」。

『挑战：反观建筑思想、教育与实践』(北京中央美術学院、二〇一八年一一月二日)で、基調報告のパネルの発言の順が二人のハーバード大学教授(レム・コールハースとモーセン・モスタファヴィ)に挟まれていることに気づき、二〇〇〇年来のアーキテクチュアにたいし一〇〇年余り前に訳された建築とのズレを問題化することを思いたった。一つの不等式と三つのタイプの建築家オフィスのイメージだけを用意した。

——建築≠アーキテクチュア

つづいて、アーキテクト・オフィスの三枚の写真を並置する。まずアーティストとしてタリアセンのフランク・ロイド・ライト、エンジニアとしてテームズ河畔のノーマン・フォスター、戦略家としてホワイト・ハウスのシチュエーション・ルームの面々。そのオフィスの主人公はいずれもアーキテクト(流行り言葉ではスターキテクト)と呼ばれている。それが漢字文化圏で理解する建築家なのだろうか。≠ではないのか。

「「アーキテクチュール」は之を建築術と訳すべきものにして造家学と訳すべき理由甚だ薄弱なりとす、然るに爰に我日本帝国の「アーキテクト」等が組織せる一個の協会あり其事業の「アーキテクチュール」の研究たるにも係らす之れに造家学会なる名称を附せるは事実頗る経むべきに非るか」❖(一八九四年)。伊東忠太のこの提言は、建設工学としての造家を芸術としての建築(裸の躯体に装飾をつけたデザイン)として理解するものであったが、漢字文化圏においては、はじめての提言で、ただちに漢字文化圏にひろがり、今日では簡略体文字の中国、ハ

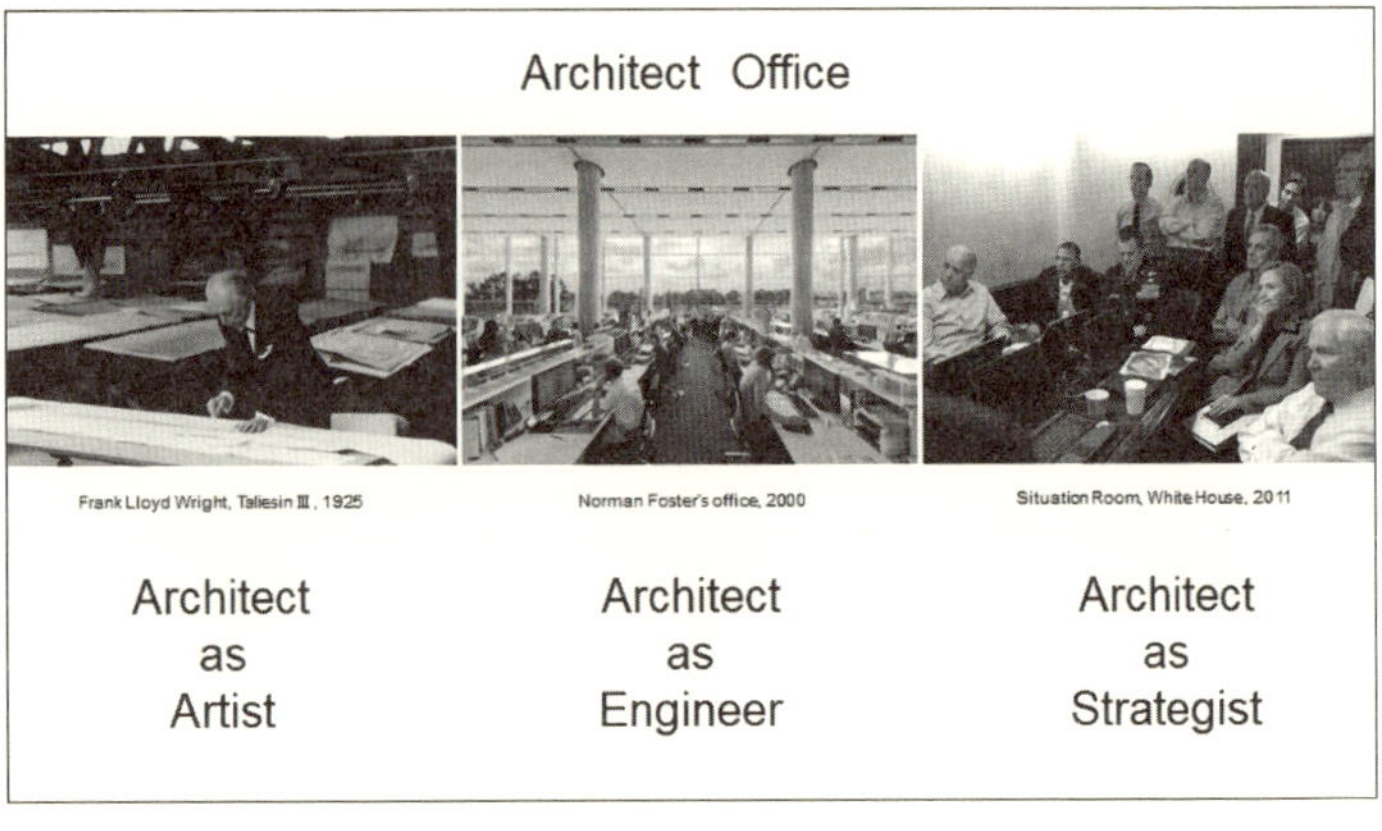

Architectural Academic Forum at CAFA on Nov. 2, 2018

ングルの朝鮮半島、アルファベットのヴェトナム、漢字仮名交じり文の日本では、共通の発音(KENTIKU)である。アーキテクチュアにアルス(芸術)とテクネ(技術)の両方が含意されていることに由来して、芸術系(ボザール)と工学系(ポリテクニーク)に分離して、教育システムだけでなく、職業的にも両方の系列がうまれてきた。ヘーゲルの『美学』では、「建築は諸芸術の母」と呼ばれる共通理解を根幹に据えている。ところが中国では官許の『営造方式』であり、日本では大工棟梁の鉤縄規矩の術であり、これが秘伝とされ奥義は口伝でのみ伝授された。今日でいえばシステム・デザイン全般の基本原理にあたる規矩術は芸ではなく術であるから、これを武術と同じく、秘匿して、秘術につくりあげ、市場での付加価値を高める手段にした。棟梁の仕事は堂祠居と分類された生活道具のたぐいの建造であり、大工は身分の低い職人であった。

造家学会が建築学会になった。現在では中国も建築学会である。UIA(国際建築家連合)の支部になっている。日本では建築家協会がその支部で建築学会はかやの外。ねじれている。おそらくその本部の定義するアーキテクトは、ウィトルウィウスのローマ以来のアーキテクチュアを職業的になりわいとすると考えているのだろう。この国際的な連合組織はアーキテクトというプロフェッションが国家的に成立して制度化された後に成立したわけだが、新中国が建国宣言を発した(一九四九年)頃、日本の辺境で育って大学受験の用意をしていた私にとって、建築《アーキテクチュア》はみたこともない。なにしろ周辺は建物もない焼け跡だったし、世間の常識はいまだに造家だった。工学部でありながらデッサンの実技を教えている唯一の学科に進級した。伊東忠太教授はとっくに退職されており、すべてはエンジニアリングの授業であって、建築そのものは教科になかった。ジークフリード・ギーディオンの*Space, Time and Architecture* (Harvard University Press, 1941)の新版は発売後半年以上たって丸善に入荷した。『空間・時間・建築』(太田實訳、丸善、

伊東忠太「『アーキテクチュール』の本義を論して其譯字を撰定し我か造家學會の改名を望む」(『建築雑誌』、一八九四年六月号)

一九五五年）と訳されたこの原書が、私がはじめて手にした〈建築〉にかかわる「本」だった。私は都市デザインを志望していたので、ワルター・グロピウス、ル・コルビュジエ、ミース・ファン・デル・ローエ、アルバー・アールトについて、CIAMの事務局をやっていた時期に書かれたそれぞれの建築家論の前後に、ギーディオンが渡米して後に研究したシカゴ派の展開とロックフェラー・センターの開発の章がつけ加えてあった。アメリカの都市空間論に当たるこの部分を下敷きにして、メトロポリスが超高層（建築）をうみだしてしまった不動産業の動勢の追跡を卒業論文にした。❖ モダニズム都市は時空間（四次元）概念によってはじめて分析可能になるという含意が、ギーディオンのかくされた意図であることは理解できたが、何しろ二〇世紀になって超高層が林立するマンハッタンの都市的イメージの実感はない。しかも漢字文化圏で思考を開始した私は建築と呼ばれるべき実例さえみたことがなかった。復興がはじまっていたとはいえ、東京は焼け跡にバラックが立ち並び、ヒロシマにいたっては見渡す限り瓦礫にうずまる焼土だった。空間（三次元）に時間（t）を加えた四次元空間のイメージが、相対性原理の通俗的理解から、未来主義（時間論）・構成主義（空間論）の解説にも利用されるだけでなく、これが原子爆弾の開発につながったことまでぐらいは中学生も知る知識になっていた。とはいえ新たに発生しつつあるメトロポリスの建築を、時空間論によってのみ分析するのは不十分ではないか。都市・建築を成立させる実体的な根拠を不動産の投機性と結びつける。これがあのときのまだ稚拙な私の論文の意図だった。

以来、半世紀間、機会をみつけて私は世界中を放浪した。さまざまに出自の異なる村落、町、大都市の空間《スペース》・時間《タイム》・建築《アーキテクチュア》の内部を体験した。背後からささやく声、足裏に残る感触、そして内側から湧きあがる文字にならないイマージュを目前の光景に重ねることを心がけた。あげく

❖「高層建築の諸問題　スカイスクレーパーの史的分析」として東京大学工学部建築学科に提出された。

に、カントが批判対象から除外してあったSpace, Time, Architecture（これがギーディオンの本のタイトルであることは、彼にはそれらをあらためて批判する意図があった）が空間・時間・建築という訳語では不充分（≠）という単純な事実に気づいた。意味はほぼ重なっている。だがそれぞれの文化圏において意味する範囲が違っている。そのズレがますますひろがってきた。建築はよりモノとして理解されるのにたいし、アーキテクチュアはシステム・デザインとしてコトの側でつかわれる。わかりやすい事例として建築家のオフィス（アトリエ）の光景を並置した。

建築家のオフィス（アトリエ）を三つのタイプとして提示した。

このときの会議に招待されていた報告者のうちアーロン・ベツキーはタリアセン建築学院学部長、モーセン・モスタファヴィはノーマン・フォスターの事務所出身、ノンフィクション・ライターであったレム・コールハースは世界の現代建築・芸術・状況のなかから思想的に隠された視点をさがしだし、文化状況を撹乱するようなプロジェクトに組み立てる戦略家《ストラテジスト》である。パワーポイントスライドを編成する段階では彼らが出席するか否かわからなかった。全員が目下のところ建築教育に携わっている。聴衆は留学生をふくむ中国の建築系大学の関係者である。海外からの報告者が語る〈アーキテクチュア〉が、伝統的に中華文化が求める単一の基本原理としての〈建築〉として理解されるだろうか。すでに伊東忠太が提言した時点で、〈芸術〉と〈技術〉はコンフリクトを起こしていた。それに今日ではメディアが介入し、社会システムとして〈制度〉の側に用法が傾いている。最近では日本語の表示として建築《アーキテクチュア》とルビをふる用法がうまれた。かつてひとつの文字が音読みと訓読みで漢語と日本古語の二種の含意をつたえたように、ひとつの翻訳語が対立する文化の交錯をたえず問題化させている。まどろっこしいが私は重宝している。

ファン・コン・ティエンが、西周が〈哲学《フィロソフィア》〉の訳語をつくった一八七四年を名指ししたのは、哲学の延長として展開した西欧の科学技術（サイエンス&テクノロジー）的思考を東洋の漢字文化圏が受けとった象徴的な日付であるためで、ヴェトナム戦において枯葉剤が散布され、原爆使用も検討されていた時期だったことに注目すべきである。核持ち込みはないと日本政府は表明していたが、沖縄がヴェトナム本土を攻撃する基地であり、B－52（核搭載、枯葉剤散布）が巨体をみせていたことは周知の事実である。にもかかわらず米軍は黙秘し、日本政府は事実はない（聞いていない）という公式答弁だけを繰り返したことは、五〇年後の今日、機密文書の公開で指摘されている。永久亡命することになるアーティスト、ファン・コン・ティエンにとってアジアの災厄、とりわけヒロシマ・ナガサキの悲惨さとヴェトナムの悲惨さは同根である。ナム・ジュン・パイクはテクノロジーが際限なく崩壊することを作品化した。たくさんの墨書きでアフォリズムをメディア・アートにつくりあげた。ファン・コン・ティエンも同様で、テクノロジーの誤用で打ちひしがれたアジアに育ったという点では私も同様だ。文化大革命のさなかに林立果（林彪の長男）が謀反したときに暗殺目標とした首魁の暗号名もB－52であった。『大鴉』（エドガー・アラン・ポー）のようなB－52の影に、韓国、ヴェトナム、日本、中国の私の同世代は等しくおびえさせられた記憶をもっている。『大鴉』が〈アーキテクチュア〉にみえる今日、〈建築《アーキテクチュア》〉はあの討論会でどんな受け取られかたをしたのだろうか。

一九六八年、五月革命のさなかにミラノ・トリエンナーレの現場ではじめて逢ったハンス・ホラインとピーター・クックとは、家族ぐるみで今日までつき合う間柄であるが、活動の場（オフィスの住所）はウィーン、ロンドン、トウキョウでありながら、私が「見えない都市」（一九六七年）の存在根拠にしたロサンゼルスに共通の想いをもっていた。何しろここは都市の姿をしていない。

しかし都市と呼ばれている。三つの都市は旧市街に加えて郊外がある。だが、ロサンゼルスには両方の区分がなく、それでも「都市」と呼ばれている。私は同じ光景を「みた」。焼土と化した日本の都市を「歩いた」。ヒロシマは巨大爆発で地上物件は消滅した。それでも「都市」と呼ばれている。消え去ったにもかかわらず、その幻影に重ねて地上の街路を人々は歩いている。地上物件がほとんどみえないロサンゼルスの光景と、消滅した直後のヒロシマの光景は私には同じに「みえ」た。ヒロシマにはグリッド状の道路だけがあった。ロサンゼルスには街灯の光がグリッド状にひろがっていた。地上物件とはかかわりなく、グリッド状のインフラさえあれば〈都市〉だ。「ふたたび廃墟になったヒロシマ」(一九六八年五月)をあのとき制作した。

ピーター・アイゼンマンと一緒にヒロシマを訪ねたことがある。アメリカ文化センターで私がモデュレーター、ピーターが講義する企画であった。市長以下、市の重要人物は多数出席予定と聞かされたのに、誰もいない。アメリカ文化センターの担当者(CIA職員)と広島市広報担当者の二人がテレビモニターを気にしながら、うろうろする。俺は学生の頃アーミーとして板門店に行ったんだ。それをヒロシマとつないで語りたい、と意気込んでいたピーターは落ち込んでしまった。偶然のめぐりあわせでその夜は広島カープが最初の優勝を果たす決勝戦が催される日だったのだ。講演をキャンセルして球場にかけつけた。ホームグラウンドでは勝てないジンクスがあるためか、その夜カープは負けた。ヒロシマ球場は当時、原爆ドームのすぐ横にあった。丹下健三の平和記念公園のマスタープランではグラウンド・ゼロのドームを際立たせるための公園緑地になっている。公園法に基づいて、そこに野球

巨大数
Greater Numbers

磯崎新 "ふたたび廃墟になったヒロシマ"

場がつくられた。スタンドが障壁になった。予定が狂った。人の気配がなくなり、最後の照明が消えるまで、私たちはスタンドに座っていた。広報担当者がつぶやく。

――広島球場には亡霊が現れるんですよ。ひとりだけでなく群衆です。焼けただれた皮膚がペロリとはげたまんま、黙々と歩きます。

「ゼロ」の光景。地上物件が消滅しても幻影《ファンタスマゴリー》は実在する。「巨大数」が「空間・時間・建築」を吹きとばしたのだった。

ロサンゼルスを「見えない都市」モデルに見立て、二〇年過ぎた頃、私はその街ではじめての「現代美術館（MOCA）」をインスティチューショナライズする仕事を担当することになった。この企画にはアメリカ（いずれは世界）の近代美術界を支配しているニューヨークの「近代美術館（MOMA）」にロサンゼルスの文化界が対抗するプライドがかかっている。ミュージック・センターもニューヨークより先駆けて建設したが、後発のリンカーン・センターに追い越され、主導権をとられた。とすれば「美術館《ミュゼアム・オブ・アート》」の概念を転換させ現代美術（作家はまだ生存して活躍中）を展示するミュゼアムをつくりだす。アメリカ西海岸はアヴァンギャルド文化発祥地だというハリウッド神話を美術世界で開始する。意気込みはすばらしい。だが実現過程では混沌状態。ポンピドゥー・センターから引き抜かれたポンテス・フルテンはイーライ・ブロードと衝突、帰国した。私はマックス・パレフスキーと衝突、解雇されそうになるが、ニューヨーク・メディアの助力によって、実現することができた。その過程で、この街のメンタリティは西部劇の時代と変わりないことを思い知る。あの無法者の時代にも暗黙の掟があった。ロサンゼルスは、いまだに西部劇の舞台である。「馬のかわりに自動車にのり、用心棒を雇うかわりにロイヤーを呼ぶ」。運転をせず、法廷劇も理解できなかったイノセントな他国者の私は、無法者のような荒くれアーティストの作品こそがもっとも見映えするような展示空間をつくりだすことだけに専念した。あげくに観察したルールだった。

ヒロシマは爆発でゼロになった。ロサンゼルスは砂漠を潅漑してゼロからはじまった。西部劇のメンタリティはゼロ度からうまれる掟だった。MOCA設計でロサンゼルス滞在中、ハンス・ホラインを三つのスポットに案内した。①クリスタル・カテドラル、②ディズニーランド、③ハリウッド丘の天文台。いずれもゼロ度文化がうみだした特異点であると考えている。茫漠とした空間（都市？）のなかのようにみえるが、いまやそのメンタリティは世界を覆いつつある。

「巨大数」が回転を……

とここまで書いたときに避難命令がでた。

私の住む地区は沖縄戦では激戦区であった。不発弾がまだたくさん残っている。ここではまだ戦争がつづいている。核戦争がはじまろうとしている。

2

「巨大数」が回転を……とここまで書いたとき避難命令がでて中断。上海から沖縄にもどって書き継いでいる。「巨大数」が回転を惹起した、とつづけるつもりだった。

ジークフリード・ギーディオンの『空間・時間・建築』*Space, Time and Architecture*（改訂版一九四九年）ではじめて私は〈アーキテクチュア〉なる言葉に接した。この著作において建築《アーキテクチュア》が時空間によって論じられていることに違和感をおぼえた。文字

不発弾処理のお知らせ

平成30年8月20日（月）に宇栄原3丁目11番地で発見された不発弾（旧軍製20センチ砲弾・1発）の安全化処理作業を平成30年12月9日（日）午前8時00分【現地対策本部設置時刻】から行います。

処理当日は、不発弾処理現場を中心に半径300メートルの円内の区域が避難対象区域となり、処理作業中は立入りが禁止されます。避難対象区域内に居住又は勤務されている皆さまは、万が一の事態に備え、避難対象区域外に避難していただくことになります。

作業が安全かつ迅速に実施できますよう、市民の皆さまのご協力をお願いします。

避難対象区域（裏面の地図参照）

- 不発弾の安全化処理作業に伴い裏面の地図に記載されている避難対象区域内の全ての一般世帯と事業所が避難対象となります。
- 処理当日は、避難半径周辺のバス運行にも変更があります。バスの迂回路については、周辺の各バス停に貼付致しますので、ご確認下さい。

避難対象区域内の立ち入り禁止時間

- 午前10時00分 から処理作業終了まで（16時頃予定）
  - ・午前8時30分には避難を開始となっております。午前10時00分（交通規制開始）までには避難対象区域外へ避難してください。

住民避難場所

小禄中学校体育館・高良共同利用施設自治会館

※駐車スペースが少ないため、避難所への避難の際は原則、徒歩での避難をお願い致します。
※避難所では、飲料水のみ準備しております。その他必要な物はご持参下さい。

不発弾処理に伴う緊急連絡・状況確認

- 下記のＱＲコードにアクセス（那覇市防災気象メール）し、登録して頂いた方へ不発弾の処理状況について配信します。

問い合わせ先：那覇市 防災危機管理課
電話　８６１－１１０２（直通）
不発弾処理に係る緊急連絡先
電話　０９０－７５８６－７８７０

が伝えるイメージ、すなわち意味は、身体のセンサーを介して、意識の内部に現象しているわけだから、身体=媒体（メディウム）へのインプット量（データ）を増やさねば語ることもままなるまい。建物設計《デザイン》の実務においては、空間・時間・建築とは文字を媒介せずにかたちとして実在し、これを文字に置き換えをして認識している。言語的、実体的、形式的など、それぞれの階梯で相が違っていても、媒体《メディウム》が変換を司っている。そんなプリミティヴな思考を手探りしながら空間論（「闇の空間」）、時間論（「プロセス・プランニング論」）、そして「間——日本の時空間」展へと寄り道をつづけ、建築論（『造物主義論』）にやっと到達した。あげくに、これらの論は身体の感知能力の限界である「数」の安定した比例感覚と、この感覚をゆさぶるおぞましさ《アンキャニィ》の範囲を超えるものではない。すべての思考が「数」の均衡感覚に支配されつづけたことに気づく。ピタゴラス学派の宇宙の音楽的律動、ウィトルウィウスの「シュムメトリア」、スパイラルへと収斂するフィボナッチ級数を実用化したル・コルビュジエの「モデュロール」、「数」の体系は東洋の規矩術の原理にも浸透し、大工棟梁は曲尺《かね》と一本の尺杖で建築物のすべての細部を割りだす木割術を開発、秘伝書がうまれる。いっさいの歴史的様式と絶縁してテクノロジーが産出する形態のみを利用すると宣言してきたモダニズムの建築においても、やはり「数」の原理はそのまま残存する。むしろ均整が芸術《アート》を選りわける基準になった。ひとつの身体の感知機構の全体は「数」の限界に等しい。細部にわたるまで分布している身体の全記憶量が身体が感知できた限界である。これは「数」に換算できるかぎりにおいて計測可能である。アルゴリズムが抽出できるかぎりにおいて演算もされる。アヴァンギャルド運動のなかから共通の建築的言語として抽出された近代建築《モダン・アーキテクチュア》（インターナショナル・スタイルとも呼ばれた）の基本文献とみなされていた先述の『空間《スペース》・時間《タイム》・建築《アーキテクチュア》』のそれぞれの概念に違和感を抱き、これを批判することによって異説を組み立てたいと考えていた私は、当時すでにトンデモ本の類いとみなされていた『生物のかたち』*On Growth and Form*（ダーシー・トムソン、一九一七年）、『現象としての人間』*Le Phénomène Humain*（ピェール・テイヤール・ド・シャルダン、一九五五年）、『サイバネティックス』*Cybernetics : Or Control and Communication in the Animal and the Machine*（ノーバート・ウィーナー、一九四八年）の三冊を建築論として読み解きたいと考えていた。

中肉中背だったル・コルビュジエがもっと低いアインシュタインと並んで撮った写真を建築的構成原理の発明証拠のようにかかげた『モデュロール』（吉阪隆正訳）では、人間尺基準に一・八三を使っている。丹下健三は同じフィボナッチ級数を使ってこれを近似的に尺寸換算した（一・八〇）丹下モデュール（と私たちは呼んだ）を研究室のスタッフ全員に使用させた。一九五五年以降のＵＲＴＥＣの仕事はすべてこのモデュールに基づいている。勿論私も「大分県立図書館」（一九六六年）までは丹下モデュールを使った。このとき、意図的に違犯した。このモデュールを使用すると細部にまで木造的な木割りの黄金分割的プロポーションが出現することを知っていたので、敢えて比例《プロポーション》が成立しない正方形《スクエア》を多用した。「数」による均衡が安定した美をうみだすことがモデュロールの目標であると私は理解していた。対面する壁の間に発生する緊張感、架構がうみだすみえない力。眼にみえない、写真にもうつらない、だが身体がなにものかを感知している。

『色彩と空間』展（一九六六年）につづいて『空間から環境へ』展（一九六六年）に参加した。存在を消す、痕跡、影、陰翳《いんえい》。はたしてこれらを建築的設計の主題にできるか。「見えない都市」（一九六七年）を発表し、サイバネティック・エンバイラメントを定義した。とはいえ「数」の呪縛から逃れたとは思えなかったとき、第一四回ミラノ・トリエンナーレの出品依頼がとどく。そのときのテーマが「巨大数《グレーター・ナンバーズ》」。『電気的迷宮《エレクトリック・ラビリンス》』（一九六八年五月）として『ふたたび廃墟になったヒロシマ』

をコラージュする。壁画の大きさのスクリーンで、この上に未完のユートピア都市イメージをプロジェクションする。あのときのテーマ「巨大数」が、二〇年過ぎた世紀末にあらためて浮上する。いったん細片になって、スモールやミクロや断片化が流行になっていた。グローバリゼーションにより、細粉が大きい流れとなって動きはじめる。ビッグ・データが社会的思考の基準になった。未完のユートピアのイメージに替えて、「巨大数」をその上の空白にプロジェクションした。「巨大数」が回転を惹起した。「数」の均衡としての空間、時間は後退し、建築がアーキテクチュアとして浮上する。「二〇世紀末期までに精密に組み立てられてきた建築(人間)的空間にかかわる言説をすべて無効にした」と書いた。漢字文化圏で建築と訳され歴史的に慣用語になった主旨をふまえて私は情況判断した。ルネサンスの人間主義的思考の代表的な文人アルベルティがウィトルウィウスの『建築十書』にあやかる同名の書を著し、その視点を明確に方法化して独特のデザインを展開した過程を想像的に復元追跡する『ヒューマニズム時代の建築原理』*Architectural Principles in the Age of Humanism*(ルドルフ・ウィットカウアー、一九四九年)、和訳は『ヒューマニズム建築の源流』(中森吉宗訳、一九七一年)。〈アーキテクチュア〉が人間主義に限定的に解釈されていたその用法を伊東忠太がすでに建築という訳語に含意させていたとみれば、〈建築〉≠〈アーキテクチュア〉の不等記号が成立するだろう。つまり建築は人間主義的に限定されていた。とすれば〈アーキテクチュア〉は非人間主義的となる。これが、「巨大数」がかたられはじめた一九六八年の思想である。だが、それが文化論的転回に到達するには世紀末まで待たねばならなかった。

マン・レイの『天文台の時に——恋人たち』(一九三六年)は、当時マン・レイの愛人だったリー・

ミラーの唇がパリの天文台の上空に浮いている光景だと説明されている。だが私は、制作されたその時期に、グリフィス公園に建造の是非が議論されていた(完成一九三五年)ことから推量して、唇の下にひろがる山並みはハリウッドの丘に相違あるまいと考えている。証拠はない。マン・レイ特有のネーミングが、英語、仏語にまたがる、描かれたもののなかに隠された対象との間の地口《パン》遊びであるためで、たとえばサン・シュルピス教会脇の小路に面した敷地の馬舎小屋を改造したみずからのアトリエの前を、「イジドール・デュカスの謎」と名付けられる謎めいた梱包物体をリヤカーにのせて引いているオイル・ペインティング『フェロー通り』(一九五二年)の謎は、シュルレアリスムの核心と語られていたロートレアモンの『解剖台の上で、ミシンと雨傘が邂逅する』にちなんでいる(イジドール・デュカスのペンネームがロートレアモン)。とするならば、ドイツ軍の侵略から逃れて帰国した際にまずロサンゼルスを目指した理由も浮かびあがる。『天文台の時に――恋人たち』をコレクションしていた、といってもこの作品の展覧会をやったビル・コプリが売ることができず仕方なく所有しており、たまたまセントラル・パークに面しているダコダに隣り合うツインの塔(天文台もツインドームだ。ビル・コプリはペア〔双〕に惹かれていた)のあるアパートにまねかれて、丸々とふとった赤ん坊がそのまま成長したかのような奇妙な体感のアーティスト＝コレクターの主寝室の壁にかかる実物をみた。離婚費用捻出のため、エルンスト、ルネ・マグリットなどダダ・シュルレアリスムの作品は手放したが、ベッドの頭上に三〇年間かかげてきた『天文台の時に――恋人たち』だけは身近に置いておきたかったと語っていた。それもままならず最後にオークションのために運びだされた。グリフィス天文台は両翼にドームがあるが、中央にさらに大きいドームがあり、マン・レイの描くパリ天文台の全景とは異なる。両翼のドームが女性の乳房の暗喩であることに相違ない。グリフィスの中央ドームは劇場として付加されたのだと私は考える。並んだ二つのドームと山並みのシルエット、これは女体だ。そして唇が浮きあがる。マン・レイの視線、ここでは筆先の感触、タイトルが複数型のレザムールになっている。筆先で愛撫している。

あの女体のような山並みはハリウッドの丘に違いない。天文台のテラスからみはらすロサンゼルスの夜景から、私は「見えない都市」を構想した。眼下にひろがるグリッド状の街燈が〈都市〉であることの存在証明に想えた。五〇年間ほとんど変わっていないこの光景を決定的に写真におさめることができたのはアンドレアス・グルスキーのたった一つのショットである。その一瞬にほぼ一〇〇年にわたるイルミネーションの集積が収まっている。同じ地点から何百回もシャッターが押されただろう。だが、アンドレアスの撮った一枚のイメージがすべてを語っていると私は考える。撮影のテクノロジーは「数」に制限されていた。時間、空間は律動《リズム》と奥行き《デプス》として記録された。人間が感知できる限界までは到達した。ヨーロッパの諸都市とその延長であるマンハッタンまでは、鳥瞰図的に全貌を地上で体験できる都市空間として撮影されてきた。ロサンゼルスはその限界を超えていた。私は形容する手がかりがつかめないので「見えない都市《インビジブル・シティ》」と表現した。ベンヤミンがメトロポリスの幻影《ファンタスマゴリー》を捜した八〇年前では一九世紀のテクノロジーしかなく、たとえばパッサージュのような室内化された歩行者空間の集積として都市の文化空間を解読できた。〈都市〉もその枠内で説明できた。私はほぼ一〇年おきにグリフィス天文台のテラスに立った。そのたびに眼下の光のグリッドを写しとろうと試みたが、すべて失敗した。アナログ写真技術段階のカメラには、隣家を訪れるにも自動車を使う都市空間でも空間であることに変わりないはずなのに、その空間は写っていない。やっぱり「不可視都市」かと、あきらめ加減だったときに、グリフィス天文台のテラスからアンドレアスが撮影

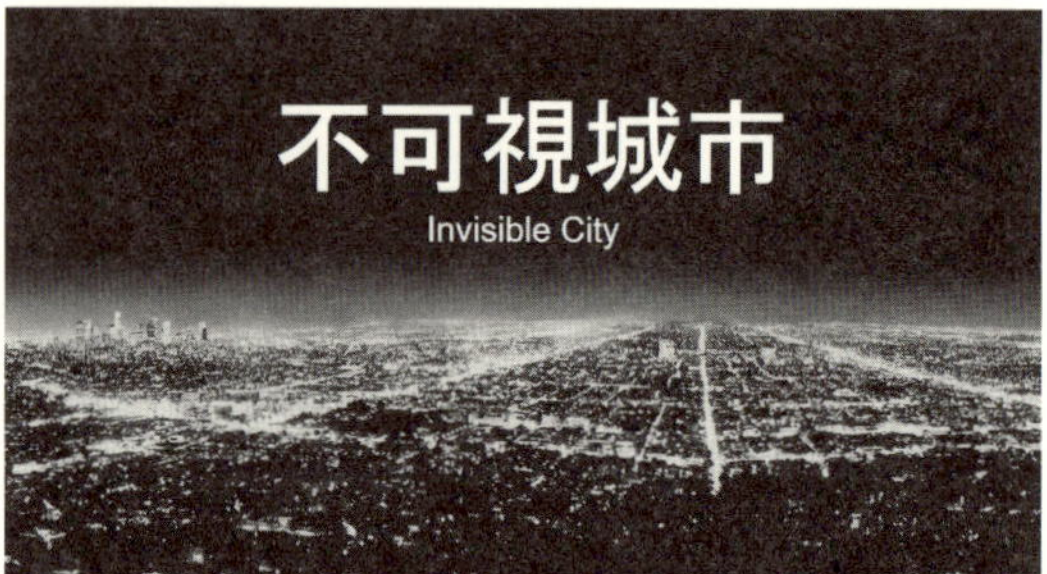

Andreas Gursky
“Los Angeles”, 1999

したロサンゼルスの夜景のショットをみつけた。ここには「巨大数《グレーターナンバーズ》」が写っている。五〇年前とまったく変わりない光景なのに、巨大数を強度として感知できる。密度であり深度であり張力度である。このことを「巨大数」がうみだす「超絶性《ハイパー》」と私は書いた。

天文台から谷を介してつづく丘にHOLLYWOODの巨大なサインがある。エド・ルシェは夕焼けを背景として巨大なこの「ハリウッド」の九文字を強調したパースペクティブとして描いた。最初に発表したのは一九六九年。私はこの年にロサンゼルスのアートブック専門書店で、当時は無名の新人だったこのアーティストの『サンセット・ストリップ』を入手した。この経本のような折り畳みの写真集を連載中の『建築の解体』（美術出版社）で紹介した。「見えない都市」ロサンゼルスの空気が、的確に表現されていると感じた。サンセット・ストリップはハリウッドの丘が大きくうねってマリブの海岸まで到達する。かつてダウンタウンからハリウッドへ軌道電車《トラム》が走ったその跡のリミテッドアクセス（スピードをだせる都市内高速道）に面したキッチュな看板建築の街並をデザイン。サーベイ手法で連続写真として帯状に印刷した「本」であった。グリフィス天文台のある丘はサンセット・ストリップの中間点にあたる。

巨大なHOLLYWOODの看板を巨大な口唇と読み替えると、この夕刻のハリウッドの丘は『天文台の時に——恋人たち』に重なり合う。鰯雲の空と夕焼けの空。低い丘陵の上に浮かぶ巨大なイメージ。私は年齢は違うが、縁があってこの二人のアーティストとかなり親密につき合った。立ちいった裏話を敢えて記したのは、そんな接触のなかでの言葉の端々から、巨大な口唇と巨大なサインが、澄んだ空気のなかに浮かびあがる光景が、「巨大数」都市の天文台のテラスに立った

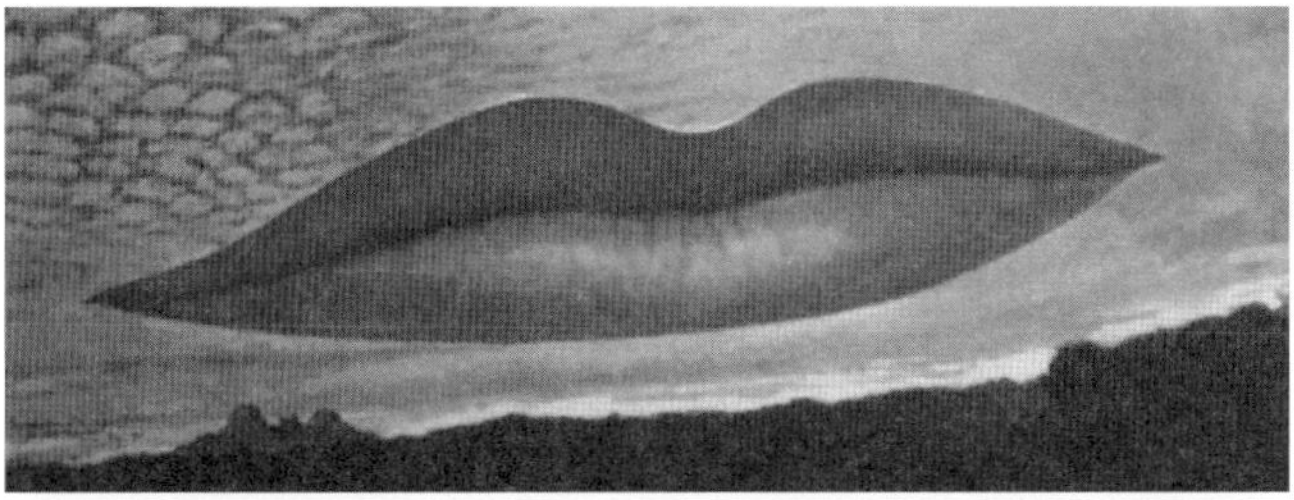

上段
Man Ray『天文台の時に—恋人たち』、1936
下段
Edward Ruscha
“Hollywood Study”, 1968

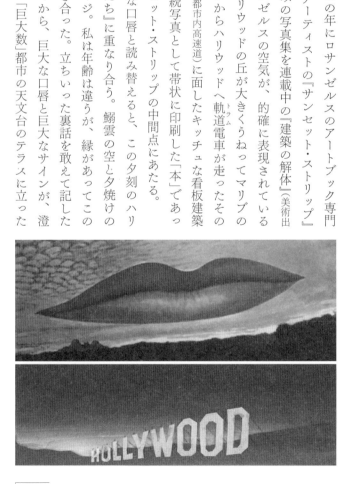

ときの気分そのものだ、と私は理解したからだ。マン・レイとエド・ルシェはそれを横長のオイル・ペインティングにした。私は「見えない都市」論につくりあげた。アンドレアス・グルスキーは横長一枚の写真*Los Angeles*に仕立てた。少なくとも五〇〇〇年にわたり人類が地球上につくりあげた無数の〈都市〉文明とはまったく違う虚空間が存在している兆候が、「グリフィス天文台からの眺め」であった。アレクサンドル・コジェーヴのいうアメリカン・ウェイ・オブ・ライフの「動物性《アニマリティ》」❖がうみだしたカランカランに乾いた光景である。私は「見えない都市」の発祥地点だと考えている。マン・レイとエド・ルシェがイメージの伝達者になった。

グリフィス天文台のテラスに立つことは夕刻に予定してあった。その前にまずアーバインに向かう。クリスタル・カテドラルの日曜朝のサービス（礼拝儀式）にもぐり込むことが目標だった。一九五〇年代、アメリカの大都市郊外、サバービアのひとつの特徴的な光景はドライヴ・イン・シアターだった。巨大なパーキング・ロットに、大スクリーンを立て、観客は自動車の運転席から、ハンバーガーを頬張りながら映画をみる。昼間は単なる空地でしかない。そこを借りて日曜礼拝のスピーチをはじめて評判をとったロバート・シュラーはこれをラジオ中継する。

本拠のサンクチュアリーとベル・タワーの設計をリチャード・ノイトラに依頼。つづいて三〇〇〇人収容可能な総ガラス張りの大パフォーミング・スペースをクリスタル・カテドラルと名づけて建設した。その命名は建築史の知識をもったフィリップ・ジョンソンに違いあるまい。一八五一年、第一回世界万国博（ロンドン）の中心建物が温室設計家パクストンによって建設され、ギーディオンの『空間・時間・建築』において、歴史的に近代デザインのはじまりを象徴していると位置づけられており、クリスタル・パレスと呼ばれた由来がある。これに新案が加わる。ケープ・カナベラル（ケープ・ケネディ）の月面着陸ロケット発射台の一〇〇メートルに及ぶ扉の開閉機

❖アレクサンドル・コジェーヴ『ヘーゲル読解入門』（一九四七年）

構である。日曜礼拝の演出はひとつの大スペクタクルであった。前座で霊歌がうたわれ、モーツァルトのレクイエムが何人かのソロシンガーによって劇的に盛りあがり、副司祭による朗読がこれにつづき、オペラ的にはいよいよマイスターの登場となる。最上壇に人影が立つ。すると背後の三〇メートルの背の扉がゆったりと開く。フロリダの発射台へと巨大なロケットが静々と移動するシーンを思い浮かべる。最後の幕が開いたのだ。トランスパレンテと呼ばれているヨーロッパの教会の祭壇の背後は、ひとつのマリア像を両面から眺めるものだ。ここでは伝道師ロバート・シュラー、ドライヴ・インのパーキングからはガラスの反射角によってよくみえていなかった伝道師本人の姿がはっきりみえる。そして真打ちの説教がはじまる。大スペクタクル・イヴェント「アワー・オブ・パワー」の実演である。

ドライヴ・インからはじまるロバート・シュラーは、一九五〇年代にはじまるメディアの時代を体現している。フィリップ・ジョンソンがノイトラの次に呼びこまれたことは、二〇世紀の中期にアメリカ文化が質的な転換をする象徴的な事件であった。ノイトラはウィーンから白いモダニズムをハリウッドの丘に持ち込み、たった一作でインターナショナル・スタイルのカリフォルニア型住宅作家の代表となった。その頃、若年のフィリップ・ジョンソンは、MOMAを創設しようと努力していたアルフレッド・バーのアシスタント建築デザイン・キュレーターとして、ヨーロッパの近代建築の展開をかなり精密にサーベイした。その成果が、『近代建築』展(MOMA、一九三二年)である。ヒッチコック+ジョンソンの共著として『インターナショナル・スタイル』(一九三二年)を出版。未来主義、構成主義、立体派など、ひとつの主張《マニフェスト》をかかげる運動《ムーブメント》によって時代の流れをつくりあげることをやってきた二〇世紀前半の美術運動にたいして、後発のアメリカ、しかも東西の海岸ではまったく文化が異なっているとみられており、まとまりがないなかで、共産主義者が主張した国際主義《インターナショナリズム》を敢えて建築の時代精神《ツァイトガイスト》だとにおわせる用法で打ちあげる。ヨーロッパの近代建築運動の中核とみられていたバウハウスが左翼的原理主義に傾斜していくなかで、みずからはそのバウハウスを潰した張本人であるナチズムに接近し、アメリカのファシズム運動をやっていたカフリン司祭のための説教台(演説台)をデザインする(一九三六年)。野外に白い巨大な壁を建て、その前にはやはり全面白塗りの演壇を置く。それがファシスト的なデザインだとは地元メディアの理解だが、インターナショナル・スタイルであることに違いはない。丁度その頃ドイツでは、ヒトラーのために、白大理石で演壇が建設された。

サバービアの空地に巨大な壁を建てる。その光景は、二〇年後にアメリカの郊外に次々に出現したドライヴ・イン・シアターとまったく同じである。そこをみずからの伝導のはじまりにしたロバート・シュラーが知っていたかどうか。フィリップにとっては大群衆に向かう演壇という、小さい都市的な施設のタイポロジーだったかもしれぬ。何しろ共産主義者が使うインターナショナルを資本主義のブルジョワに売り込むことがＭＯＭＡの戦略だった。とすれば、白い大きい一枚の壁はスクリーンでもあるし印象的な背景《バックドロップ》でもある。イデオロギーなんて、着せ替え人形の衣装のようなものだ。演技をやっていればいつのまにか消えている。スタイルもイデオロギーにみえたらもう終わりがみえている。

私はフィリップが資産家の未亡人相手にテーブル・トークをやる現場に何度も居合わせた。感動的な伝道師の語り口だった。神でも政治的イデオロギーでもない。アーキテクチュアを讃える。ファシストのカフリン司祭も、メディア伝道師シュラーも説教の語りだけで評判をとった。ジョンソンとは殆ど美術財団のファンドレイジングのためのガラ・パーティの席上で会った。決してゴマスリの科白はない。〈アーキテクチュア〉を神のように讃えるのみだ。

ある公開の席で私は九〇歳のフィリップ・ジョンソンに質問した。〈アーキテクチュア〉を讃えるのはまぜ? 他のものには皮肉や批判を混ぜるのに、なぜ讃えるの? ひとことだけの返事だった。

――母親《マザー》の悪口はいえないいじゃないか。

ゲイで生涯を通した人だけが語れる科白だ。

スプートニク打ち上げの余勢を駆ってアメリカ訪問の旅にでたフルシチョフは、行く先々で冷たい視線に晒された。ロサンゼルス訪問のときしびれを切らした。ディズニーランドになぜ行けない。駄々っ子のジェスチャーを交えて荒れた。この演技が奏効して、アメリカ・メディアは奇妙な訪問者扱いをはじめ、突如人気キャラクターになった。子供の遊園地がアメリカ文化の代表になる、とはいっても東部海岸では低級文化としか評価されない。三〇年過ぎて、グローバリゼーションが語られたとき、大規模開発の手法はテーマパークしかない。ハイ・アートとして都市、建築をつくる官僚機構が推進する計画の制度が陳腐化して、ロー・アートだと馬鹿にしてきたテーマパーク手法しか残っていない現実に、全世界の知識人たちがうろたえるが、もう遅い。西海岸のアナハイムのディズニーランドとラスヴェガスが、東海岸のコニー・アイランドとアトランティック・シティを圧倒したのだった。

クリスタル・カテドラルとディズニーランド(アナハイム)は隣り合わせにある。メディア・アートを駆使した日曜礼拝とメディア・テクノロジーを駆使したテーマパーク。メディアの時代にならねばうまれなかった文化である。創業者、今日でいえばベンチャー企業の創業者はそれぞれ、二〇世紀末のアメリカ的文化の代表のようにみられてはいるが、その英雄たちの最後は悲劇的な結末になった。ロバート・シュラーのクリスタル・カテドラルは破産、本人は孤独死する。ディズニーは一九八〇年代にはウォール街のハゲタカ・ファンドに狙われ、あわや乗っとられる寸前に、再建CEOとして呼びこまれたマイケル・アイズナーの立てた世界戦略によってきり抜ける。いまでは神話的なモデルになったが、たまたま私はテレビ・プロデューサーだったアイズナーのつくる映画制作モデルの企画にキャスティングされ、「チーム・ディズニー・ビルディング」(一九九〇年)の設計を担当し、その世界戦略の一端を垣間みた。

——世界中の人間が一生のうち一度は行ってみたい場所をつくりたい。

マイケル・アイズナーを世間は企業経営者とみているが、私はリスクをいとわない戦略家、つまりアーキテクトだなと考えている。この建物にかかわっている頃に金正日は『建築芸術論』(一九九一年)を発表した。先にも触れたが、彼はここで「建築家は創作家であり戦略家である」と定義している。彼もまたアーキテクトである。それぞれ立場も思考形式もまったく関係ないほどかけ離れた世界に住んでいる。だが「巨大数」をアーキテクトとして設計していた点では共通している。

3

——ナチの制服姿でオープンカーに乗る若きフィリップ・ジョンソン。この写真を手に入れたいんだ。

ピーター・アイゼンマンは毎週末、ニューカナンの「ガラスの家」(一九四九年)に通って、オーラル・ヒストリーをテープ収録していた。マンハッタンのアヴァンギャルド建築界の狂言廻し役よろしく、最初のゲイ体験はカイロ美術館のガードマンだったことを聞きだした。黙っていられないのが性分、さっそく「モーニング・コール」(限られた仲間うちでの早朝七時の情報交換)で喋ったらしく、噂がひろまる。ハイデガーのナチズム加担に関連して、フィリップ・ジョンソンのアメリカ・ファシズム運動にいれあげて秘匿されていた五年間(一九三五—四〇年)の記録、ナチスのポーランド進駐に従軍した証拠物件などが発掘目標にされはじめた。マラパルテやエズラ・パウンドはファシズム運動のシンパであったことによって、今日では、ジャーナリスト、文学者としての評価が定まっている。だが現役のフィリップ・ジョンソンにとっては建築事務所の経営上好ましくない。わが狂言師は録音テープを召しあげられ一万ドルで口封じされてしまった。

まとまった「フィリップ・ジョンソン伝」は目下のところ二冊ある。フランツ・シュルツ *Philip Johnson*(The University of Chicago Press, 1996)。マーク・ラムスター *The Man in the Glass House*(Little, Brown and Company, 2018)。前者はゲイの相手が実名で記録され、後者では秘匿されたナチズムとの関係が掘り起こされている。さらには、ワンブロックの距離で向かい合いそれぞれ事務所をかまえていた、ディベロッパーとしてのドナルド・トランプとマンハッタンの美術建築界のゴッドファーザーと呼ばれていたフィリップ・ジョンソンとの詳細なやりとりが、後者の伝記本の売りになっている。

わが狂言廻しピーター・アイゼンマンは、ゲイについても、仮装趣味についても、数々の事項を嗅ぎつけてはいた。これをゴシップネタでもらしたが故に「本」にまとめることに失敗。いまだにアメリカ建築史上、ジェファーソンの「モンティチェロ」(一八〇九年)が占めていた地位に

「ガラスの家」がとって代わろうとしている理由を誰も説明できないままになった。
「ガラスの家」の眼下の谷を見下ろす大きいガラスの窓ぎわに、「メメント・モリ」と題されたプッサンの風景画が、額なしの状態でイーゼルに掛けられている。アルカディアが描かれている。谷間の牧歌的な光景のはずれに棺桶を担ぎだす行列が描かれるのが定番で、これが「アルカディアに死はない」という喩である。親の資産を受け継いだときに、大量のコレクションは売りはらわれた。これだけを残しておいたんだ、と私は説明された。だが偽物だよ、とにたっと笑う。全面ガラスの箱に隣接する窓のない「ブリックハウス」(なかは密閉されたベッドルームだけ)とともに完成して建築雑誌に発表するとき、このコンプレックスを構成する全要素がすべて先行する美術《アート》か建築物《ビルディング》のコピーであることの種明かしとして、十数項目の引用源が羅列されている自虐的なエッセイ❖が発表された。

――ミース・ファン・デル・ローエを招待したとき、彼はここに一歩踏み込んだとたん「天井が高すぎる」と一言いってそのまま帰ったよ。追っかけたんだけど、二度と戻らなかったね。

ミースの「ファンズワース邸」も引用元のひとつに挙げられていた。「にせもの」、「模倣」、偽悪、ファシスト、ゲイ、これらの羅列が、建築、美術界のゴッドファーザーと呼ばれ、ひそかに恐れられた生前のフィリップにあびせられていた。この罵声そのものが「ガラスの家」の方法だった。アメリカ独立宣言文の起草者、第三代大統領トーマス・ジェファーソンのいかに贔屓目にみても二流のパラディアニズムでしかない「モンティチェロ」に代わり、すべてが偽の《フェイク》「ガラスの家」が歴史的建造物のランキング・トップに登場する。これが独立二〇〇年祭(一九七六年)

❖ Philip Johnson, "House at New Canaan, Connecticut", *Architectural Review*, September, 1950.

頃までのアメリカ建築史であった。

いずれ度重なる破産に追い込まれるとしても、ディベロッパー、ドナルド・トランプはアトランティック・シティに金ピカホテル「タージマハル」を建設、さらなる開発をフィリップ・ジョンソンに依頼。投資目当てに集めたご婦人をまえにトランプは「マイ・アーキテクト」と紹介する。本物の悪趣味と偽悪趣味同志である。ブルーノ・タウトの日本文化論の要点は、日本のデザインを「ほんもの」＝天皇的、「いかもの」＝将軍的と、骨董で使われていた隠語をあらたな評価基準に仕立てたことだが、トランプ／ジョンソン・コンビには、もはや本物＝正統《オーセンティシティ》はないことだけが確実で、西欧美学の核心にあったオリジナリティはきれいさっぱり忘れ去られている。

とはいえ偽悪趣味とは、本物を知っているが、それが実現不能であることを知り尽くしたあげくのことであり、私はフィリップの仮装趣味はその現れだと考える。ナイル河下りのときのイスラム・シェイク風のターバン姿、大西洋航路上の夜会服姿、アクロポリスの廃墟にたむろするボヘミアン・アーティスト風ポーズ、週末住宅としての農場小屋《バーン》でのムッソリーニ愛用のケープ姿などは「伝」に登場するが、ナチ将校風の軍服姿はみあたらない。いまだに禁句なのか破棄されたのか。いやマイケル・ソーキンが発掘した「ヒトラーとアメリカの将来」と題された稚拙な檄文に署名しているフィリップ・ジョンソンは偽名だったのか❖。さらに想像的に連想をひろげると、三島由紀夫が市ヶ谷自衛隊討ち入りの際にまいたチラシのダサイ檄文にも似ている。神がかりした巫が自動筆記した他者の声だったのか。その時期それぞれはワープしていたともいえる。フィリップ・ジョンソンは熱狂から醒めて、正気にもどり、ハーバードデザイン大学院に入学する。三島由紀夫は自作自演の映画『憂国』をもどいてみずからの首をはねさせた。

フィリップ・ジョンソンがファシスト運動に参加した一九三五—四〇年の五年間は、三島由

❖ Michael Sorkin, "Where Was Philip?", Spy, October, 1988.

紀夫が天皇霊の継承者としての天皇に覚醒を呼びかけた一九六五―七〇年の五年間に等しい。両者ともに憑依している。絶対者の霊に憑かれている。アーティストとしての日常の表現活動に重なり合うように、他者の声が重なる。出口なおのお筆先や井上有一の東京大空襲の火災に巻かれて死界をさまよった「噫横川国民学校」のように、記述者として彼らが記した文章はいたってわかりやすく通俗的である。しかし、両者のキャリアにおいて、降霊の時期が、人生のはじまりとおわりだった。まったく異なった結末になる。無意識を支配している嗜好の相違である。両者とも純正なモダニストであった。そのなかで個性が違って、三島はクラシシストであり、フィリップはマニエリストである。前者の死は日本のモダニズムにとどめをさした。後者のAT&Tビル(一九八四年)は公共財としてのスカイスクレーパーの歴史主義的ポストモダニズムの始発を示した。

ミース・ファン・デル・ローエの「天井が高すぎる」エピソードは、モダニズムの象徴であるミースとはすでに絶縁していたのだよ、と私に伝えたかったのだと思われる。人体の端部を妙に引き延ばしたポントルモやロッソ・フィオレンティーノのように、「ガラスの家」は「ファンズワース邸」の天井高を引き延ばした。そのような操作を意図的にやったとみると、全建築史からの引用がマニエリストの手つきであることが理解できる。私の考えではAT&T以後の膨大な仕事はゴミである。トランプにはゴミを売りつけてやればそれで充分。設計料をふんだくればいいじゃないか。

誰も理解していないが、ダンバートン・オークス(ワシントンD.C.、一九六三年)の極小のギャラリーだけでフィリップのデザイン特性は語りうると私は考えている。アウト・オブ・プロポーション。まったく不均衡なほどに太い良質のトラバーチンの円柱に、ジョン・ソーン風の浅いドーム天井がのっかる。透明ガラスの円筒内にプレコロンビアンのジュエリーや金のマスクが展示される。庭園中のフォリーである。マントヴァのパラッツォ・デル・テの奥の一室の「巨人の間」(カルロス五世の訪問に合わせて、ジュリオ・ロマーノが仕立てた世界終末の光景)の天空へ吸い上げられるような空間の気分を伝える写真がないのと同じく、ダンバートン・オークスのギャラリー空間の「ポートノイの不満」❖とでもいうしかない、柔らかくつつみ込まれるが究極で拒絶されるような気分を撮った写真もない。撮ったつもりでも写っていないのだ。

ひとつの世紀(時代)から一点を私が選んで篠山紀信が激写する『磯崎新+篠山紀信　建築行脚』全一二巻(一九八〇—九二年)をみて、通念とは違う選択にすべて同意するよ、ただし「クライスラービル」(一九三〇年)はいけない、とフィリップは、はっきり私に語る。MOMAの『近代建築』展(一九三二年)は二〇年代のマンハッタンのスカイスクレーパー建設ブームが一様にアール・デコの衣装をまといはじめたときに、その流行に対抗して〈インターナショナル・スタイル〉を打ち出す意図だったから、当然だ。だが、AT&T以来量産された超高層オフィスは程度の差はあれ、アール・デコである。二〇世紀になってフレーム構造に基づく都市的建築型は、ただひとつのアメリカが開発したオリジナルである。ハインズをはじめとする投機的開発業者にフィリップは着せ替え人形を次々に提供、後発のトランプもその影を後追いした。クライスラーはいけないの一言は、「クライスラービル」は彼の追い抜けない邪魔者だと知っていたのだった。

ダンバートン・オークスのギャラリーでは、みずからMOMAでキュレートしたモダニズム・デザインが終わったことが作品化されている。そして退行を開始する。クライスラーに対抗してAT&Tがつくられ、そしてロシア・アバンギャルドと脱構築をひっかけた『デコンストラクティヴィスト・アーキテクチュア』展(一九八八年)に到達、金融資本による世界都市開発がはじ

❖フィリップ・ロスによる同題の小説(一九六九年)による。

まる。六〇年代の中期までは、三島由紀夫と似た感性をもっていた。仮装して、つかみきれない一者を求めていた。ラジオ説教師ロバート・シュラー「クリスタル・カテドラル」やドナルド・トランプ「アトランティック・シティ開発」などが寄ってきた。メディア時代の小物の世俗的権力指向者たちだ。三島にとっての天皇、アルベルト・シュペーアにとってのヒトラーのような一者はみつからない。ウォール街、成金趣味の向銭奸ばかり。ガセを売りつける他の手だてはみつからない。「ほんもの」、「いかもの」の区別はきちんと承知していたフィリップは、一者としての〈アーキテクチュア〉をこそ求めたのだった。

三島由紀夫は肉体の鍛えかたに失敗したのではないか。筋肉が盛りあがりはじめた。仕方ない、鉄の肉体（『潮騒』）の側に向かい、サン・セバスチャンを『薔薇刑』で実演する。世界一周の新婚旅行記『アポロの杯』に未完の『アンティノウス』が付録になっている。アンティノウス願望が彼の本音ではなかったかと私は思う。アンティノウスは両性具有《ヘルマフロディテート》だった。ローマ時代には神として崇拝された。ハドリアヌス帝の小姓であったがナイル河のイシス神へ供犠された。帝はその姿を彫らせた。ギリシャ神像の模造ばかりのローマ時代を通じて、アンティノウス像はただひとつのオリジナルといわれている。三島は新婚旅行中にはじめてこの「アンティノウス像」に接して、その作品化を試みる。中断の理由は知らない。ミケランジェロのパラッツォ・ベッキオ前に置かれた「ダビデ像」はアンティノウスのポーズだといわれている。『仮面の告白』ではじめて性欲の対象になった男性像も、やはりゲイであったミケランジェロの彫りだした肉体であった。すでに三島はこのとき仮面《ペルソナ》を意識していたのだ。みずから、両性具有を演じようとした。

「楯の会」の制服は堤清二がセゾンの仕立部（島津貴子女史は顧問だった）にデザインさせて提供し

た。グリーンベレー系のダサイ自衛隊の軍服と違いナチスの制服に著しく近い。ワイマール時代ベルリンで写真館を開いていた写真家ヘルマー・レルスキによるフィリップ・ジョンソンのポートレートがある。ノイエザッハリッヒカイトの写真である。この顔の若者に「楯の会」の制服を着せたら、さしずめゲッベルスの発行したプロパガンダの表紙にただちに採用されただろう。三島由紀夫の日の丸鉢巻き姿と比べると、凄味がある。だがニヒルでうつろな眼つきは晩年まで変わらない。

北京の天壇、ソウルの宗廟、奈良東大寺南大門。そのアーキテクトは特定できないが、東アジアではお国自慢にしている。アメリカにこれらに比肩できる歴史建造物はあるか。ヴァージニア大学キャンパス(ヴァージニア州シャルロッツヴィル)を挙げる人もいる。アメリカ建国宣言起草者、第三代大統領に選ばれた建築家トーマス・ジェファーソン(一七四三―一八二六年)がその設計者とされている。近くのモンティチェロの丘に自邸を構えた。ジョージア様式の別荘《ヴィッラ》である。アメリカ建国二〇〇年祭の頃のアメリカ建築史では、この「モンティチェロ」がランキング一位を占めていた。

そのポジションをフィリップ・ジョンソンの「ガラスの家」が襲おうとしている。とはいえ、五〇年後の今日、建築型のカテゴリーとしての別荘《ヴィッラ》としては、フランク・ロイド・ライトの「落水荘」が独走しているように私には思える。「モンティチェロ」と「ガラスの家」は評価基準に、モダニズムの双璧だったル・コルビュジエとミース・ファン・デル・ローエの影を引きずっている。いずれもアンドレア・パッラディオの『建築四書』に由来する。たいしてライトは駆け落ちしてフィエーゾレの丘に隠れ住んだとき、古典主義建築の宝庫といわれたフィレンツェを見下しながら、「ルネサンスは日没を曙光と間違えた」(『ライト自伝』)と語っており、生涯を通じて古典主義的なものを忌避した。一九世紀から二〇世紀にかけてアメリカ建築の正統であったパラディアニズムを敵に見立てたのだった。日本、マヤ、イスラムなどを自作にとりいれた。だがヨーロッパ的なものは全面的に拒否した。「モンティチェロ」も「ガラスの家」もそこからの眺めはアルカディアを想わせる。地中海文明起源の証拠である。たいして「落水荘」はアパラチア山脈の裏側、ここから中西部の大草原がひろがる。ライトは草原住宅《プレーリーハウス》で開発した水平スラブを流れにそって積層した。大草原が隠れ里のような楽園に見立てられたのだった。

私はアンドレア・パッラディオ生誕五百年記念展に参画して、これまで公開されなかったドローイングを直接みる機会があった。アーティストが描くスケッチとは異なる製図法である。この石工の徒弟だった製図工は、ローマの遺跡の実測の過程でみえない下敷き線をみいだし、これを手がかりとして推定復元した。そのスケッチにはテンタティヴに引かれた仮定線が重ねられている。実現した建物では消されている。多数の可能性が想い浮かべられながら、その手先は迷っている。横暴なクライアントや貧しい予算にも対応している。震える線のブレのなかに幻の姿が浮かびあがる。未来は偶有的にしか出現しない。それが〈アーキテクチュア〉だ、と私は理解した。

アンドレア・パッラディオはその下敷き線をポリビウスの戦争図の挿図にした。戦闘の陣形を変成して宿営にする。これが定住する都市の原形となった。トーマス・ジェファーソンはシャルロッツヴィルの軸線をアメリカ大陸全体に延長した。地形にかかわらず直線の国境線や州境線がジェファーソン・グリッドと称されている。シカゴで開発された剛接合立体フレームをグリッドの囲いのなかで垂直に上昇させると超高層塔の骨組みがうまれる。立体格子の都市空間となり、フィリップ・ジョンソンは着せ替え人形のように、そのスキンをデザインした。さらに金融資本主義の投機性が巨大都市のスカイラインを棒グラフ状にした。「巨大数」がその生成を稼働させている。

――〈古典的〉な建築は死んだ。

私は工事現場でプロジェクトを構想した。ブルネレスキに立ち還る。

磯崎新（“CORRIER DELLA SERA” 2008.12.8）

「起源《オリジン》を問うな、始源をもどけ《ビギニングミメーシス》」（『始源のもどき』、一九九六年）。伊勢神宮の式年造替が永遠という時間をうみだした。〈アーキテクチュア〉はそんな時間のなかにこそ存在する。このインタビューを受けたのは、西欧の文脈において〈建築《アーキテクチュア》〉という言説の始源とされているフィレンツェであった。ここでは〈建築《アーキテクチュア》〉はモノ（物体）として存在している。だがイセではコト（出来事）である。始源にあった儀礼を二〇年ごとにそっくり反復する。風化していた実物がまるごと儀式とともに再現され上演される。たいして「花の大聖堂」は実在する。眼前にそびえ立っている。内部空間も感じとれる。クーポラのダブルシェルに挟まれた階段で頂上のランタンまで登ることもできる。だが、イセはすべてのアクセスを拒絶する。森のなかに気配としてだけ存在している。四重に垣がめぐらされ、本殿の床下に埋められた白布で巻かれた心柱（御神体）は誰にもみせない。可視／不可視、可触／不可触……と対立項を並べても、両者が与える聖性を説明する手がかりにはならない。両者ともに〈アーキテクチュア〉である。〈建築（アーキテクチュア）〉と表示できるとすれば、オリエント／オクシデント、コロニアリズム／グローバリズム、プレ／ポストなど、時空にかかわる些末な枠組みなど無視していい。

生成するアーキテクチュアが神の代理人としてのデミウルゴスであろうと見当つけて、中世東大寺再建の大勧進・重源を、透視図法の発明者、無支柱足場によって「花の大聖堂」のダブル・シェル・ドームを建設したテクノクラート、ブルネルスキと同列に並べたことがあった（「重源という問題構制」「一九九七年」、『建築における「日本的なもの」』所収）。ひたすらプロジェクトの建設現場を指揮した両者ともにテクノニヒリストである。具現化する過程で雑物の混入もいとわなかった。人智を超えた巨大建造物を組み上げた。先行する時代の遺物が混入しているので、純粋形になり切れずに、デザインとしては評価されない。プロチノス派が神の間違った設計図さえそのまま造り出すと解釈するデミウルゴスが漢字文化圏では造物主と訳されていることにひっかけて、私はデミウルゴモルフィスム＝造物形象主義を造語した。フィレンツェでのインタビューでブルネルスキを召喚しようと答えたのは、フィッチーノがミケランジェロをデミウルゴスに喩えた街だったためである。アルベルティの人文主義《ヒューマニスム》的建築解釈により、「古典的」が「古典主義的」となり、人体の「数」的均衡を図解したレオナルドの一枚のスケッチがモダニズムの時代まで影響する。私はこれを「人体形象主義《アントロポモルフィスム》」と呼んだ。これも造語だが、ときに使用する人もいる。一九六八年頃「巨大数」はまだ予兆であった。世紀末になってビッグデータによって物体間のインターネット制御が可能になる。古典主義的なヒューマニズムの建築が後退して、「造物形象主義《デミウルゴモルフィスム》」がリアルの世界に浮かびはじめる。

上海同済大学で六〇年間の実務の最終講義のつもりで「媒体論《メディウム》」をやっている。芸術《アート》・建築《アーキテクチュア》・都市《ユルバニスム》でアナウンスしたが一本化した。本人は世間にたいしてさまざまなプロジェクトを編成し、これにどっぷりつかり、かき回されたが、いったい何を職業にしたのか本人にも説明できないでいた。

四〇歳（一九七一年）まではアーティスト　『反建築的ノート』
六〇歳（一九九一年）まではアーキテクト　『建築家捜し』
八〇歳（二〇一一年）まではアーバンデザイナー　『瓦礫《デブリ》の未来』

と、二〇年毎にみずから区切りをつける日付のついたエッセイを書いた。翁《おきな》と呼ばれる年齢になって、アート・アーキテクチュア・アーバニズムのそれぞれを貫通しているのは〈アーキテクチュア〉であることを悟る。カテゴリーの階梯をメタレベルに引きあげた。この仕事を司るのは漢字文化圏では造物主、ラテン語文化圏ではプラトンの『ティマイオス』に語られるデミウルゴス、インド文化圏では『ヴェーダ』のプラジャーパティ。これにプロジェクトのデザインで目標とされるかたち＝形象《モルフィスム》を重ね合わす。造物主＋デミウルゴス＋モルフィスムを簡略化して、造物形象主義《デミウルゴモルフィスム》と呼んだ。人体主義的形象主義《アントロポモルフィスム》、神像形象主義《テオモルフィスム》につづく、ＩoＴ、ＡＩなどのテクノロジカルな思考が支配的になった今日の段階におけるデザイン指標たりうると考えた。「巨大数」がかたち《イメージ》を創出しはじめている。

デミウルゴスは『ティマイオス』においては造物主、グノーシス主義においては神の他者、フィッチーノにおいては芸術家、フリーメーソンでは大宇宙の建築家、ニーチェにおいてはツァラトゥストラと姿を変えて語られてきた。そして今日ではテクノクラートのなかにエイリアンのように寄生しているようにみうけられる。自らが産出した〈建築〉を、その出自と振舞いを確認するために召喚されたにもかかわらず、ときに、デミウルゴスは〈建築〉を扼殺しようと試みもする。（『造物主義論』、箱書きより）

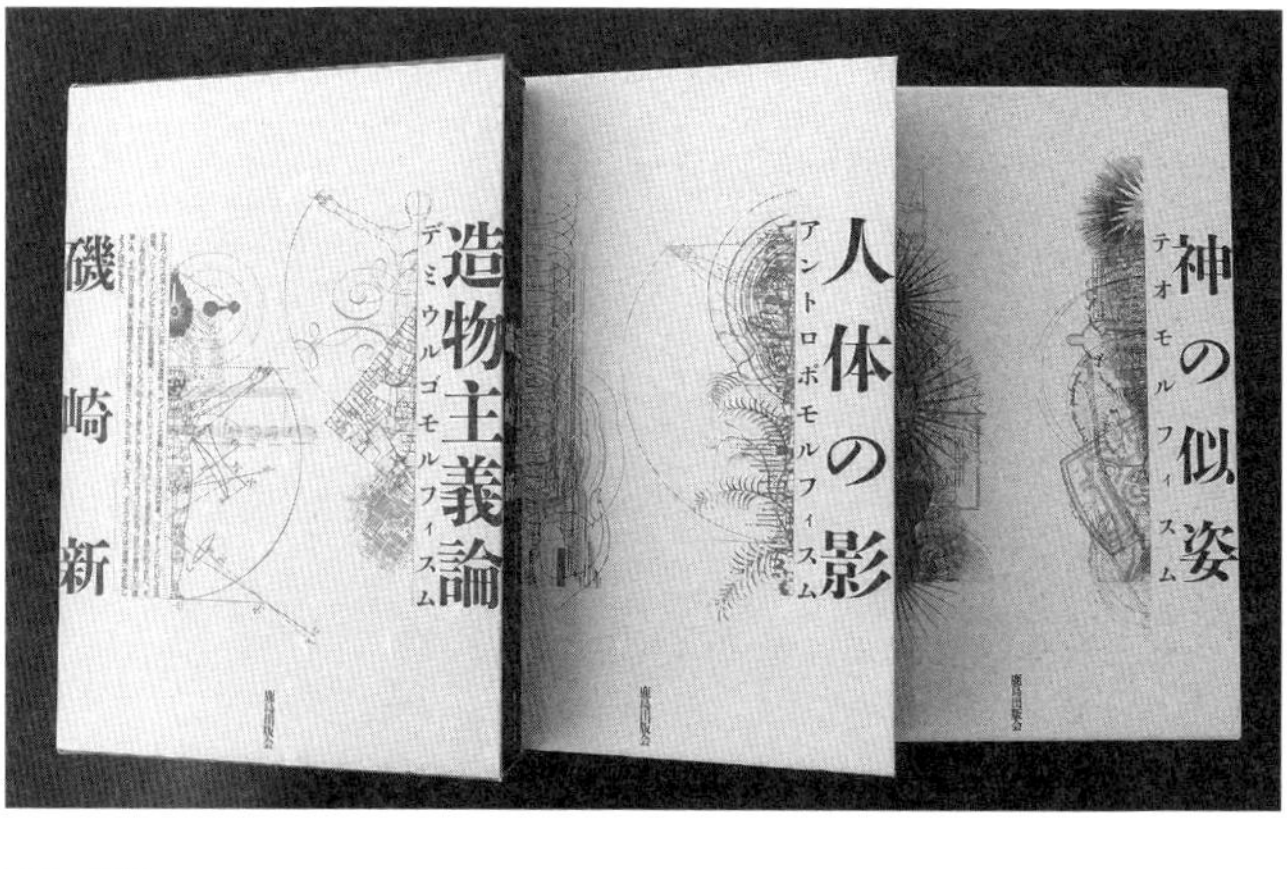

『造物主議論（デミウルゴモルフィスム）』
（1996年、鹿島出版会）
『人体の影（アントロポモルフィスム）』
（2000年、鹿島出版会）
『神の似姿（テオモルフィスム）』
（2001年、鹿島出版会）
ブックデザイン：鈴木一誌

後記

『偶有性操縦法《コンティンジェンシー・マニュアル》』につづく「日付のついたエッセイ」集である本書は、『現代思想』二〇一六年五月号から二〇一九年三月号までの連載に大幅に加筆・修正を施したものである。毎回読み切りにしたかったが、時事的なトピックスを割りこませたりしたので、濃淡がでている。

「ポスト・コロニアル」以後（ポスト）になって、環球的な事件は辺境にこそ発生すると考えた。諸国家の首都や文化的中心などでの仕事をしながら、機会があれば好んで辺境を訪れた。六〇年前に、建築家として出発して以来、私の実務的な仕事は近代国家がみずからを表象するようなインスティテューションを設計することにしぼられた。美術博物館《ミュゼアム》、図書館《ライブラリー》、劇場《シアター》、演奏会場《コンサートホール》など公共的文化施設を思考対象にしてきた。時代が情報社会へ移行し、クライアントの主体が公共自治体から私的機関に移行しはじめ、権力志向まるだしのクライアントと渡り合う機会が増えるなかで、次なる主体として群衆《マッス》が登場する。文化施設をみずからの権力意志の代理表象と考える点では変わりない。権力側、被抑圧者側、公共財代理人としての官僚、金融市場成功者、旧士族首領、社会的階級的に立場が違い、いまでは格差が問題にされているとしても、この点では異口同音である。桁違いの建設費でもニッと笑うか、セルフメイドしかあるまいと首を垂れるかの差しかない。権力意志の強度の差である。〈アーキテクチュア〉をめぐる駆け引きこそを見定めねばなるまいと思いながら、辺境の物語を反転させて「造物主＝デミウルゴス」にしぼりこむ次の連載をつづけている。東京直下型地震の予知確率のように、いつ、どんな結末に到達するのか、まったく見当がついてない。

押川淳氏、本田英郎氏、梅原進吾氏、印牧岳彦氏、鈴木一誌氏にお世話になった。

初出一覧

＊
『現代思想』（青土社）における特別掲載と連載の初出論考に、大幅に加筆修正を施して再構成しています。

縁起——序に代えて	書き下ろし
I　ザハ、無念	2016年5、6月号
	2017年7月号
II　クルディスタン	
1　アララット山	2017年8月号
2　大洪水	2017年9月号
3　第四間氷期	2017年10月号
4　虚船	2017年11月号
5　津波前	2017年12月号
6　結界	2018年1月号
7　影向	2018年2月号
8　夢告	2018年3月号
9　海原	2018年4月号
III　安仁鎮	
1　土法（1）	2018年5月号
土法（2）	2018年6月号
土法（3）	2018年7月号
2　導師（1）	2018年8月号
導師（2）	2018年9月号
導師（3）	2018年11月号
IV　平壌	
1　祝祭（1）	2018年10月号
祝祭（2）	2018年12月号
2　巨大数（1）	2019年1月号
巨大数（2）	2019年2月号
巨大数（3）	2019年3月号
後記	書き下ろし

磯崎 新（いそざき・あらた）

建築家。都市デザイナー。1931年大分県大分市生まれ。1954年東京大学工学部建築学科卒業。丹下健三に師事し、博士課程を修了。1963年磯崎新アトリエを設立。半世紀以上にわたり、国際的な建築家として活動する。また、世界各地の建築展や美術展にてキュレーションやコンペティションの審査を務める。

ハーバード大学、コロンビア大学などで客員教授を歴任。建築の枠を超えて、美術、デザイン、思想、音楽、映画、演劇、政治、メディアなどを横断するプロジェクトを組み立て、多くの理論的著作も発表する。

主な建築作品に、大分県立図書館（現アートプラザ）、群馬県立近代美術館、つくばセンタービル、水戸芸術館、奈義町現代美術館、山口情報芸術センター、ザ・パラディアム（ニューヨーク）、ロサンゼルス現代美術館、チーム・ディズニー・ビルディング（オーランド）、パラウ・サン・ジョルディ（バルセロナ・オリンピック・スタジアム）、深圳文化センター、北京中央美術学院美術館、カタール国立コンベンション・センターなど多数。

主な著作に、『空間へ』『手法が』『建築の解体』『見立ての手法』『造物主義論』『神の似姿』（鹿島出版会）、『Anywhere』（編、NTT出版）、『磯崎新建築論集 全8巻』（岩波書店）、『偶有性操縦法』（青土社）など多数。

建築界のノーベル賞と呼ばれるプリツカー賞を2019年に受賞。

瓦礫《デブリ》の未来

2019年9月10日　第1刷印刷
2019年9月20日　第1刷発行

著　者　　磯崎　新

発行者　　清水一人
発行所　　青土社
〒101-0051　東京都千代田区神田神保町1-29　市瀬ビル
電話　03-3291-9831（編集）　03-3294-7829（営業）
振替　00190-7-192955

装幀・本文基本設計　　鈴木一誌＋吉見友希

組版・印刷・製本　　双文社印刷

ISBN978-4-7917-7195-0　C0052